L'Allemagne et le nucléaire

Pouvoirs comparés

Collection fondée et dirigée par Michel Bergès
Professeur de Science politique

– NATHALIE BLANC-NOËL (dir.), *La Baltique. Une nouvelle région en Europe?*

– David CUMIN et Jean-Paul JOUBERT, *Le Japon, puissance nucléaire?*

– Dmitri Georges LAVROFF (dir.), *La République décentralisée.*

– Michel Louis MARTIN (sous la direction de), *Les Militaires et le recours à la force armée. Faucons, colombes?*

– Constanze VILLAR, *Le Discours diplomatique.*

– Gérard DUSSOUY, *Traité de relations internationales : Les Théories géopolitiques (I); Les Théories interétatiques (II) ; Les Théories de la mondialité (III).*

– André YINDA YINDA, *L'Art d'ordonner le monde. Usages de Machiavel.*

– Dominique D'ANTIN DE VAILLAC, *L'Invention des Landes.*

– Michel BERGÈS (dir.), *Penser les relations internationales.*

– Joseane Lucia SILVA, *« L'Anthropophagisme » dans l'identité culturelle brésilienne.*

– Arnaud MARTIN (dir.), *La Mémoire et le pardon. Les commissions de la vérité et de la réconciliation en Amérique latine.*

– Hourya BENTHOUHAMI, Christophe MIQUEU (dir.), *Conflit et démocratie. Quel nouvel espace public?*

– Bernard Sionneau, *La Construction du conservatisme moderne aux États-Unis.*

David Cumin, Jean-Paul Joubert

L'Allemagne et le nucléaire

L'Harmattan

Cet ouvrage a pour origine un rapport commandité en octobre 1998 par la Délégation aux Affaires stratégiques du ministère de la Défense à l'ancienne Fondation pour les Études de Défense et destiné à l'État-Major des Armées.

Il montre qu'historiquement, le nucléaire allemand évolue dans un « triangle » national, atlantique et européen. La République fédérale d'Allemagne a adhéré à la dissuasion élargie atlantique. Elle a constamment recherché la constitution d'une dissuasion « concertée » ou « partagée » européenne. Elle a politiquement renoncé à l'arme nucléaire, tout en gardant la possibilité technique d'exercer une dissuasion autonome.

L'illustration de couverture représente un tableau de Madeleine Martinez-Ubaud, intitulé « Éclats ». Il est publié avec l'autorisation de l'artiste-peintre, comme nombre de premières de couverture de la présente collection, « Pouvoirs comparés ».

5-7, rue de l'École-Polytechnique, 75005 Paris

http://www.harmattan.fr
diffusion.harmattan@wanadoo.fr
harmattan1@wanadoo.fr

ISBN : 978-2-343-01829-4
EAN : 9782343028294

Sommaire

Acronymes 7

Introduction 11

Une puissance « civile » partisane de la dissuasion nucléaire 12
Le tabou de la solidarité euroatlantique en question 17
La balance allemande 19
L'Allemagne, puissance du seuil 21
La sortie du nucléaire comme prix à payer de la réunification 25
Un pays au centre des enjeux nucléaires 26
La fin du consensus nucléaire 27
Un renoncement définitif aux armes nucléaires ? 30
L'inconnue européenne 34
Quatre options possibles 38

L'Allemagne et l'Alliance atlantique durant la guerre froide

La recherche de l'égalité nucléaire 44
Le projet de Force multilatérale (MLF) 49
La consultation nucléaire OTAN 55
La crise des euromissiles 58
La négociation sur les FNI 65
L'évolution des forces nucléaires depuis 1987 69
La stratégie nucléaire atlantique dans l'après-guerre froide 73

Les représentations nucléaires allemandes

Les perceptions allemandes de l'arme nucléaire 80
Les perceptions allemandes du système international à l'ère nucléaire 86
La RFA et les autres États 91
L'Allemagne, l'Europe et l'Occident 96

La Tentation nucléaire allemande

Adenauer et l'arme nucléaire 102
La tentation nucléaire I 106
La tentation nucléaire II : la négociation du TNP 108
La tentation nucléaire III : la signature et la ratification du TNP . . 114
La tentation nucléaire IV: les clauses du TNP 119
La tentation nucléaire V : l'après-réunification 124
Le potentiel nucléaire allemand 128
L'Allemagne nucléaire vu par les néoréalistes américains 132

L'ALLEMAGNE ET LA NON-PROLIFÉRATION

La politique internationale de non-prolifération .137
L'adhésion allemande au régime de non-prolifération .140
Le droit nucléaire allemand .146
Le resserrement de la législation sur le contrôle des exportations .148
Le désarmement nucléaire de l'ex-URSS .153
Les risques de prolifération en Europe .155
La garantie américaine dans le « second âge » du nucléaire .156
Les intérêts de sécurité nucléaire de la RFA .161
Non-prolifération et Europe nucléaire .162
Le désarmement nucléaire et l'Europe .167

L'ALLEMAGNE ET L'EUROPE NUCLÉAIRE

La Communauté européenne de l'énergie atomique .170
Le projet de communauté stratégique entre la France, la RFA et l'Italie .175
La Ve République, l'Allemagne et le nucléaire .182
Les discussions nucléaires franco-allemandes .186
La consultation nucléaire franco-allemande .193
Les projets de coopération nucléaire .196
La concertation nucléaire européenne .199
Le débat allemand sur la concertation nucléaire européenne .201
De la PESC à la PESD .204
La France, le nucléaire et l'Europe .207
L'Union européenne et le statut nucléaire .209
La dissuasion européenne .211
Le problème de la décision nucléaire .213
Europe nucléaire et relations euro-américaines .215

LE RETOUR À LA NORMALITÉ ET LA POLITIQUE ÉTRANGÈRE ALLEMANDE

Les deux recueils de la DGAP .219
L'Allemagne au centre .227
« Retour à la normalité » et nation .229
La restructuration des forces armées .233
L'industrie de défense .239
La « normalisation » et la culture de « puissance civile » .244'
« Retour à la normalité » et multilatéralisme .247
« Retour à la normalité » et Europe .249
La prépondérance à l'Est .253
BIBLIOGRAPHIE .257
NOTES .265

Acronymes

ABC : atomique, biologique, chimique
ABM : Anti-Ballistic Missile
ACE : Allied Command Europe
ACLANT : Allied Command Atlantic
AED : Agence européenne de défense
AEN : Agence de l'énergie nucléaire de l'OCDE
AFCENT : Allied Forces Central Europe
AFNORTHWEST : Allied Forces Northern Western Europe
AFSOUTH : Allied Forces Southern Europe
AGNU : Assemblée générale des Nations unies
AIEA : Agence internationale de l'énergie atomique
ASLP : air-sol longue portée
ATAF : Allied Tactical Air Forces
AWG : Aussenwirtschaftsgesetz
BAFA : Bundesausfuhramt
BCE : Banque centrale européenne
BAW : Bundesamt für gewerbliche Wirtschaft
BERD : Banque européenne de reconstruction et de développement
BITD : Base industrielle et technologique de défense
BMD : Ballistic Missile Defense
BMU : Bundesministerium für Umwelt, Naturschutz und Reaktorsicherheit
BVA : Bundesverteidigungsamt
BWC : Biological Weapons Convention
BWR : Boiling Water Reactor
C3I : control, command, communications, intelligence
CAEM : Conseil d'aide économique mutuelle
CCF : Cour constitutionnelle fédérale
CE : Communauté européenne
CEA : Commissariat à l'énergie atomique
CEC : Central European Command
CECA : Communauté Européenne du Charbon et de l'Acier
CED : Communauté Européenne de Défense
CEE : Communauté Economique Européenne
CEEA : Communauté Européenne de l'Énergie Atomique
CEI : Communauté des États Indépendants
CEMA : chef d'état-major des armées
CEMPP : chef d'état-major particulier de la Présidence de la République
CENTAG : Central Army Group
CEPE : Centre d'étude de politique étrangère
CERN Centre européen pour la recherche nucléaire
CIA : Central Intelligence Agency
CIJ : Cour internationale de Justice

CINCENT : Commander-in-Chief, Allied Forces, Central Europe
CINCEUR : Commander-in-Chief of US Forces in Europe
CINCLANT : Commander-in-Chief of US Forces in Atlantic
CINCPAC : Commander-in-Chief of US Forces in Pacific
CINCSAC : Commander-in-Chief of US Strategic Air Command
CNE : concertation nucléaire européenne
COCOM : Coordinating Committee for Multilateral Controls
CPE : Coopération politique européenne
CPEA : Conseil du Partenariat Euro-Atlantique
CSCE : Conférence sur la Sécurité et la Coopération en Europe
CSNU : Conseil de Sécurité des Nations Unies
CWC : Chemical Weapons Convention
DGAP : Deutsche Gesellschaft für Auswärtige Politik
EDAN : État doté d'armes nucléaires
ENDAN : État non doté d'armes nucléaires
FAR : Force d'action rapide
FCE : Forces conventionnelles en Europe
FMI : Fonds monétaire international
FNI : Forces nucléaires intermédiaires
FOFA : Follow-on-Forces Attack
FORATOM : Forum atomique européen
FRG : Federal Republic of Germany
FRR : Force de réaction rapide
FSS : full scope safeguards
G7 : Groupe des sept pays les plus industrialisés
G8 : G7 + Russie
GAEO : Groupe de l'armement de l'Europe occidentale
GB : Grande-Bretagne
GFIM : Groupe de forces interarmées multinationales
GLCM : Ground Launched Cruise Missile
GPN : Groupe de planification nucléaire
ICBM : Inter-Continental Ballistic Missile
IDS : Initiative de Défense Stratégique
IESD : Identité européenne de sécurité et de défense
IFRI : Institut français de relations internationales
IISS : International Institute for Strategic Studies
INFCE : Instrumental Nuclear Fuel Cycle Evaluation
IRBM : Intermediate Range Ballistic Missile
JCS : Joint Chiefs of Staff of the USA
JSTPS : Joint Strategic Targeting Planning Staff
KWKG : Kriegswaffenkontrollgesetz
KWL : Kriegswaffenliste
LF : Loi Fondamentale
LRINF : Long Range Intermediate Nuclear Forces
MAD : Mutual Assured Destruction
MBFR : Mutual Balance Force Reduction

MDCS : mesures de confiance et de sécurité
MLF : *Multilateral Force*
MOX : *plutonium-and-uranium mixed oxide*
MTCR : *Missile Technology Control Regime*
NBC : nucléaire, biologique, chimique
NCA : National Command Authority
NDAC : Nuclear Defense Affairs Committee
NEACP : National Emergency Airborne Command Post
NMCS : National Military Command System
NOP : Nuclear Operations Plan
NORTHAG : *Northern Army Group*
NPG : Nuclear Planning Group
NSA : Negative Security Assurances
NST : Nuclear and Space Talks
NVCTCE : nouvelle version consolidée du traité sur la Communauté européenne
OCCAR : Organisation conjointe de coopération en matière d'armement
OCDE : Organisation pour la Coopération et le Développement Economique
ONU : Organisation des Nations Unies
OSCE : Organisation pour la Sécurité et la Coopération en Europe
OTAN : Organisation du traité de l'Atlantique Nord
OTB : Organisation du traité de Bruxelles
PCC : Politique commerciale commune
PDV : Pacte de Varsovie
PECO : pays d'Europe centrale et orientale
PESC : Politique étrangère et de sécurité commune
PESD : Politique européenne de sécurité et de défense
PIB : produit intérieur brut
PSA : Positive Security Assurances
QG : quartier-général
R/D : recherche/développement
RDA : République démocratique Allemande
RFA : République fédérale d'Allemagne
RPC : République populaire de Chine
SAC : Strategic Air Command
SACEUR : NATO's Supreme Allied Commander Europe
SACLANT : NATO's Supreme Allied Commander Atlantic
SALT : Strategic Arms Limitation Talks
SEEA : Société européenne d'énergie atomique
SEEN : Société européenne de l'énergie nucléaire
SHAPE : Supreme Headquarters of the Allied Powers in Europe
SIOP : Single Integrated Operations Plan
SNF : Short Nuclear Forces
SNLE : sous-marin nucléaire lanceur d'engins
SORT : Strategic Offensive Arms Reduction Treaty

SRINF : Short Range Intermediate Nuclear Forces
START : Strategic Arms Reduction Treaty
TCE : traité sur la Communauté européenne
TCEE : traité sur la Communauté économique européenne
TIC : technologies de l'information et de la communication
TICEN : traité sur l'interdiction complète des essais nucléaires
TMD : Theater Missile Defense
TNP : traité de non-prolifération
TUE : traité sur l'Union européenne
UE : Union européenne
UEM : Union économique et monétaire
UEO : Union de l'Europe occidentale
URSS : Union des Républiques Socialistes Soviétiques
USA : United States of America
VCTCE : version consolidée du traité sur la Communauté européenne
WWACPS : World Wide Airborne Command Post System
WWMCCS : World Wide Military Control and Command System

INTRODUCTION

Nous défendons dans ce travail une thèse : l'Allemagne n'est pas une « puissance civile », un « géant économique » appelée à demeurer un « nain politique », mais un pays qui retourne dans le club très fermé des grandes puissances. Nous pensons que l'Allemagne, qui pendant longtemps a tenté de devenir un État doté de l'arme nucléaire, a renoncé provisoirement à cet objectif comme prix à payer pour réaliser la réunification du pays, et qu'elle l'a fait d'autant plus sincèrement qu'elle ne voyait aucun avantage à poursuivre cet objectif qui relevait plus d'une volonté politique d'égalisation des rapports politiques et d'un retour à la normale, que d'impératifs liés à sa recherche de la sécurité, même si cette dernière motivation n'était pas absente.

Depuis la réunification, l'Allemagne a opéré pas à pas un véritable tournant politique conduisant le pays à s'éloigner de plus en plus du nucléaire. Dans les années 1995, a commencé une discussion entre représentants du patronat et SPD pour parvenir à un consensus sur les modalités d'un abandon des activités nucléaires civiles autour de trois propositions : pas de nouveaux programmes, fermeture des centrales nucléaires selon un plan négocié et maintien de la « veille » scientifique et technologique.

Dans le même temps, l'Allemagne qui avait été, avec le Japon, l'un des opposants les plus farouche au TNP et qui avait été leader dans la prolifération nucléaire et balistique – on retrouve les activités allemandes dans à peu près tous les programmes militaires des pays ayant cherché à briser le monopole des EDAN, du Brésil à l'Afrique du Sud, en passant par Israël, l'Irak, l'Inde et le Pakistan, sans oublier la Corée du Nord et l'Iran – est devenu le bon élève de la classe et se place désormais résolument à la pointe de la lutte contre la prolifération nucléaire. Ce paradoxe d'un ENDAN qui se comporte aujourd'hui comme un EDAN suscite bien des interrogations. L'Allemagne agit en tout cas comme un pays qui n'a plus rien à apprendre dans le domaine des armes nucléaires et qui, fort de cette puissance virtuelle ou latente, se considère comme membre du club des *happy few* et cherche, comme les puissances nucléaires reconnues, à fermer derrière lui la porte du club.

Une puissance « civile » partisane de la dissuasion nucléaire

À la différence par exemple d'États comme l'Australie ou la Nouvelle Zélande qui « militent » contre le nucléaire, l'Allemagne n'a pas remis en cause le recours à la dissuasion nucléaire. Elle ne remet pas en cause son intégration dans l'OTAN et laisse la porte ouverte à une dissuasion nucléaire européenne. Elle a été plus que modérée lors des essais nucléaires français et n'a pas emboîté le pas, lors de la discussion devant la Cour Internationale de Justice, aux critiques, pourtant nombreuses, de la dissuasion nucléaire. L'Allemagne ne semble pas vouloir s'engager dans une évolution à la suédoise. On sait que, après avoir constitué un complexe nucléaire sur le modèle japonais ou français, et s'être approchée des armes nucléaires, la Suède a interrompu assez brutalement ce cours, ne conservant que des activités de veille technologique réduites au fonctionnement d'un laboratoire souterrain. Les tenants de la « virtualisation », Schell, Mazaar, voient dans le modèle suédois la solution de l'avenir. L'Allemagne semble au contraire vouloir maintenir des activités nucléaires importantes, sur le marché des centrales essentiellement en Asie, en direction de l'ex-Union soviétique, autour des programmes de démantèlement des armes nucléaires, sur le plan enfin de la recherche fondamentale nucléaire avec le laboratoire de Garching qui associe un accélérateur de particules et un réacteur à l'uranium de qualité militaire qui est l'exemple même de la dualité et de la virtualité : recherche de la fusion contrôlée, d'une part, et possibilité, d'autre part, de simulations pouvant être utiles à la fabrication d'une bombe thermonucléaire Autrement dit, dans ce nouveau cours, l'Allemagne semble encore laisser une porte ouverte.

Rejoindra-t-elle tôt ou tard le club des pays détenteurs de l'arme nucléaire ? Tel n'est pas aujourd'hui son intérêt. Tout s'y oppose : l'hostilité de son opinion publique qui condamnerait à l'échec tout homme politique tentant de s'aventurer dans cette voie ; les protestations de ses voisins qui ont eu tant de mal à se rassurer des bonnes intentions allemandes ou qui veulent garder, comme la France, un avantage comparatif au registre de la puissance; l'hostilité enfin de la puissance hégémonique, l'Amérique, qui ne souhaite pas voir apparaître un *peer compétitor*. Un tel choix conduirait l'Allemagne, pays du « milieu » qui n'est aujourd'hui entourée que d'amis, à un isolement redoutable. La sécurité allemande, aujourd'hui garantie, ne s'en trouverait pas augmentée, mais affaiblie. Seule une orientation de revanche impliquant une profonde contre-révolution culturelle pourrait conduire à une telle extrémité.

Il demeure que l'Allemagne garde la « porte ouverte » et on peut même penser qu'elle sera contrainte, dans l'avenir, de préciser son statut d'État virtuellement nucléaire, non par goût mais tout simplement parce que le monde n'a pas fondamentalement changé de nature et que les États y sont toujours à la recherche de la puissance et de la sécurité.

Dans un tel monde, l'arme nucléaire, si elle n'est plus aussi centrale qu'elle le fut lors de la guerre froide, demeure un attribut essentiel de toute grande puissance et un enjeu de la lutte pour la puissance. L'histoire des trois derniers siècles est en grande partie celle de la lutte des États pour devenir de grandes puissances. Une douzaine d'États sont parvenus à ce statut à un moment ou à un autre. Au début de la seconde Guerre mondiale, sept États pouvaient encore être considérés comme de grandes puissances. En 1945, deux grandes puissances seulement ont subsisté. La bipolarité avait brisé la logique antérieure qui voyait une puissance ascendante prendre la place d'une puissance sur le déclin. Mais la bipolarité appartient aujourd'hui au passé – le système nucléaire est déjà oligopolaire – et une redistribution des cartes de la puissance est à nouveau à l'œuvre dans un monde qui évolue vers un système dans lequel six ou sept acteurs régleront l'ordre du monde. L'Allemagne, avec le Japon et la Chine, et indépendamment même de sa volonté, est, en raison de sa situation géopolitique comme de sa puissance économique, l'un des candidats à ce statut.

Mais elle revendique ce statut avec prudence. Toute l'histoire moderne de l'Allemagne est en effet celle d'une tragédie qui trouve sa source dans la recherche de la puissance. En voulant devenir par la force une grande puissance et dominer le continent eurasiatique, elle qui avait réalisé avec finesse son unité sous Bismarck, a été conduite au néant. Elle est parvenue, en adoptant un profil modeste et rassurant à recouvrer cette unité en 1990, au moyen d'une stratégie de coopération qui s'est révélée d'une redoutable efficacité. La réunification de 1990 constitue un exemple pratiquement unique, dans l'histoire, d'une redistribution sans violence de la puissance et du territoire. Il en a résulté une réorganisation complète de la distribution de la puissance dans la région décisive du centre-Europe. L'Allemagne a tout intérêt à poursuivre cette politique de petits pas à l'ombre du Plan Marshall (qui lui a permis en temps utile de rénover tout son potentiel industriel et de devenir, ruse de l'histoire, une alliée des États-Unis). Cette attitude lui est d'autant plus facile à adopter qu'elle n'a pas totalement achevé sa Rédemption et qu'elle demeure marquée par des inhibitions fortes, héritages de la Seconde Guerre mondiale, qui s'affaissent cependant doucement avec les changements de générations. Les générations qui n'ont pas eu de responsabilité dans la guerre, et qui ont clairement intégré, à la différence du Japon, la responsabilité allemande passée, sont aujourd'hui au pouvoir. Elles seront d'autant moins enclines à accepter la poursuite de la dépendance du pays qu'elles ont renoncé à la domination.

Les inhibitions héritées du passé ajoutent leurs pesanteurs aux contraintes géopolitiques plus lourdes et expliquent la prudence des aspirations allemandes au prestige et au pouvoir. La puissance se conjugue sous différents modes : taille de la population et du territoire, ressources, capacités économiques, force militaire et stabilité politique. Aucun de ces facteurs à lui seul n'est suffisant et ils ne peuvent, ensemble, devenir efficaces que par la compétence politique. On ne devient pas une grande puissance sans une décision consciente sous une direction politique se donnant ce but. Ce facteur, plus peut-être que tous les autres, est décisif. On le voit pour l'Amérique où la crise du mode de gouvernance met en péril la puissance sans rivage. De ce point de vue L'Allemagne s'est encore interdit d'avoir une grande politique et ne procède encore que par touches prudentes et ajustements limités.

L'une des questions cruciales de l'équation de la puissance et de toute grande politique est inévitablement celle des armes nucléaires. Dans le passé prénucléaire, les rapides mutations technologiques intensifiaient la compétition et permettaient de modifier assez rapidement la place des États sur l'échelle de la puissance, ce qui poussait ces derniers à prendre le risque de modifier par la force l'ordre de la puissance. Avec les armes nucléaires, les seules modifications qui pourraient être décisives consistent en l'accès à une capacité de frappe en premier ou à une capacité de défense effective. Pour l'instant, en dépit des progrès faits dans la défense antimissile, aucun progrès technologique décisif n'a été fait, que ce soit dans le domaine de la défense ou de l'attaque, et n'est venu modifier la situation sur laquelle repose la dissuasion. Aussi longtemps qu'un pays pourra riposter après avoir été frappé, les forces nucléaires ne seront pas obsolètes. La dissuasion nucléaire demeurera, même si son efficacité, n'est que partielle.

Cette capacité de frappe en second reste la base de la dissuasion. Elle peut en conséquence être de dimension relativement modeste, voire virtuelle, avec la réserve importante qu'une telle solution laisse en suspend la redoutable question de la capacité de frappe en second. Il en résulte que la stratégie des différents pays nucléaires peut en conséquence être relativement découplée. Un pays armé jusqu'aux dents peut être dissuadé par un pays possédant une capacité minimale ou, comme dans le cas de l'Allemagne, une virtualité forte. La capacité pour un pays de fabriquer des armes nucléaires rapidement n'est pas sans effet sur les perceptions de ses adversaires potentiels. Sans doute seules des armes réelles peuvent assurer la capacité de frappe en second sans laquelle il n'y a pas de dissuasion achevée. Mais le risque d'attaque soudaine appartenait aux logiques de la guerre froide et de la bipolarité. Dans le nouveau contexte *post*-guerre froide, la crédibilité d'une dissuasion virtuelle est aujourd'hui largement fonction de la nature du potentiel mobilisable et de la nature des menaces. Elle est faible pour des états pauvres du seuil. C'est la raison pour laquelle Inde et Pakistan procèdent à des essais. Seule des armes actualisées peuvent leur apporter une certaine crédibilité et jouer un rôle dissuasif. Ce n'est pas le cas pour un État comme l'Allemagne ou le Japon. La puissance des moyens scientifiques, technologiques, mais aussi, pour l'Allemagne, la capacité d'emploi des armes nucléaires qui résulte de son expérience au sein de l'OTAN, confère à la virtualité nucléaire une réelle efficacité. Compte tenu de son environnement le Japon a été conduit à évoquer, face à la Chine et à la Corée, la menace de sa puissance nucléaire latente. Dans un environnement beaucoup plus favorable, l'Allemagne n'en a même pas besoin.

Aucune menace directe ne pèse en effet actuellement sur cet État qui dispose en conséquence de temps et d'un glacis sécuritaire. Cette situation est exceptionnellement favorable. Pour la première fois dans son histoire, l'Allemagne n'est entourée que d'amis et la seule menace éventuelle, celle de la Russie, a reculé de près de 1500km. L'Allemagne n'est pas contrainte de définir dans l'urgence une grande politique. Elle peut se consacrer à l'achèvement de son unité et à la consolidation de sa zone d'influence en Europe de l'Est.

La question de l'accès de l'Allemagne au club fermé des grandes puissances contient la question de la façon dont elle assurera avec le maximum d'autonomie sa dissuasion nucléaire. L'Allemagne est encore entre deux eaux. La fin de la bipolarité et celle de la guerre froide sont encore incomplètes. Il y a en effet maintien partiel de la guerre froide et de la bipolarité, tout particulièrement en Europe, parce que l'Amérique ne s'est pas (encore) retirée d'Europe, alors même que le retrait soviétique a retiré sa raison d'être à cette présence. Le maintien en activité de l'OTAN et même son activisme sont une composante décisive du débat. L'un de ses effets est le maintien de l'Allemagne sous tutelle. La volonté américaine de contrôler l'Allemagne a-t-elle été un élément décisif dans la décision américaine d'extension de l'OTAN ? Cette décision, prise contre l'avis de la majorité des experts, demeure bien mystérieuse. Ce qui l'est moins, c'est qu'il ne peut y avoir d'accès de l'Allemagne à la puissance globale sans retrait américain d'Europe. Le fait que l'Amérique demeure en Europe a pour conséquence de maintenir des éléments importants de la guerre froide et de la bipolarité, alors même que leurs ressorts ont disparu, rendant rend plus difficile la réintégration souhaitable de la Russie dans le concert européen.

Le tabou de la solidarité euroatlantique en question

L'Allemagne acceptera-t-elle longtemps encore cette tutelle ? La question n'est d'ailleurs pas de savoir ici si l'Allemagne acceptera longtemps de rester dans l'OTAN –Oscar Lafontaine avait proposé que l'Allemagne s'en retire– mais bien plutôt de savoir si elle acceptera longtemps de rester dans l'OTAN en situation de dépendance. L'Allemagne a accepté cette dépendance durant la guerre froide parce qu'elle ne pouvait pas faire autrement et parce qu'elle assurait la sécurité du pays. Ces contraintes ayant disparu, il est vraisemblable qu'elle demandera une voix au chapitre plus importante qui concernera inévitablement les armements nucléaires. Le dilemme de la sécurité allemande est en effet incontournable : un pays non nucléaire peut-il compter sur la dissuasion d'une superpuissance alliée ?

Le retrait de la menace soviétique en Europe de l'Est et la réunification n'ont pas levé les incertitudes que les armes nucléaires posent à la sécurité de l'Allemagne. Le dilemme de la sécurité allemande demeure en effet celui de savoir jusqu'à quel point un pays qui a officiellement renoncé à une dissuasion nucléaire autonome peut concilier l'aversion profonde et croissante du pays envers le nucléaire en général, civil comme militaire, et le besoin reconnu de continuer à compter sur une superpuissance nucléaire « alliée » –mais contre qui ?–, les États-Unis, dont les intérêts divergent souvent avec ceux de l'Allemagne. Cette dernière, en effet, tient à maintenir ses propres alliances, tant en Europe, au processus d'unification delaquelle elle est liée, qu'à l'Est, avec la Russie, voire avec la Chine, qui consitutent des partenaires conséquents dans le jeu de ses relations bilatérales spécifiques, notamment sur le plan énergétique et commercial.

Durant la guerre froide, en dépit de nombreuses tensions, l'Allemagne a finalement trouvé plus d'avantages que d'inconvénients au maintien de la dissuasion élargie américaine. Cruel dilemme d'ailleurs, comme l'écrivait le Chancelier Schmidt – un des meilleurs connaisseurs allemand des questions nucléaires – les armes nucléaires sont une dissuasion qui, si l'on venait à s'en servir, « *ne défendraient pas l'Europe mais la détruirait* ». La question est maintenant posée de savoir si les bénéfices demeureront longtemps encore supérieurs aux coûts, ce d'autant que l'usage de la dissuasion est devenu infiniment moins clair dans ce que Colin Gray a appelé « le second âge nucléaire ». Paul Yvan de Saint-Germain a fait remarquer que la dissuasion nucléaire ne fonctionne bien que lorsqu'il y a un ennemi à la fois clairement identifié et que l'on pourrait qualifier d'« absolu ». « *En l'absence d'une telle configuration, écrit-il, il n'y a plus ni doctrine stratégique explicite, ni concept opérationnel certain* ». Pour s'exercer la dissuasion nucléaire exige la clarté. Clarté s'agissant de l'agresseur, clarté quant à ses intentions, clarté enfin de la réponse. La logique de la dissuasion est parfaitement claire lorsqu'il s'agit de prévenir une agression massive et non provoquée et lorsque l'agresseur reconnaît qu'il est effectivement l'agresseur et non l'agressé. C'était effectivement le cas durant la guerre froide ou la dissuasion s'inscrivait dans un cadre de symétrie bipolaire. Le contexte est aujourd'hui moins dangereux, mais infiniment plus complexe. Il se prête mieux aux stratégies paradoxales, biaisées et indirectes : la dissuasion nucléaire marche mieux contre l'ennemi que contre le tricheur !

Le maintien de la « garantie nucléaire » américaine continue en tout cas de fermer la porte de l'accès de l'Allemagne aux armes nucléaires. Le premier secrétaire général de l'OTAN, dans une formule ramassée devenue célèbre avait défini les trois fonctions de l'OTAN vis à vis de l'Europe : « *to keep the Soviet Out, the Americans In and the Germans Down* ». La première fonction de l'OTAN (bouter les soviétiques) n'ayant plus de raison d'être, subsistent les deux autres : maintenir le protectorat américain sur l'Allemagne et garantir les intérêts américains en Europe. Pour de nombreux responsables de l'OTAN, l'équation est simple: si la RFA demandait le retrait des systèmes déployés sur son territoire, un effet de dominos pourrait conduire à la fin de la présence nucléaire américaine en Europe, puis de la présence américaine tout court, ce qui pourrait mettre en cause l'existence même de l'Alliance. En l'absence d'ennemi commun le tabou de la solidarité transatlantique est en tout cas en cause.

La balance allemande

Dans toute son histoire, l'Allemagne a toujours balancé entre l'Est et l'Ouest de par sa position « terrienne » sur le plan géopolitique. En dépit des mauvais souvenirs que la balance rappelle, en dépit des déclarations fracassantes affirmant l'attachement indéfectible de l'Allemagne à l'« Ouest », en dépit de la volonté affirmée des nouveaux dirigeants allemands de rompre avec les vieilles règles de la lutte pour la puissance, la « balance » de l'Allemagne est inévitable, à moins d'une fédéralisation rapide de l'Europe qui en supprimerait la raison d'être. Elle découle de la position même du pays, de sa puissance et des contraintes systémiques d'un monde qui demeure composé d'États souverains guidés par la recherche de l'intérêt national. L'Allemagne a d'ailleurs « balancé », même à l'époque de la guerre froide, où ce jeu était à la fois difficile et interdit. Elle l'a fait en particulier pour approcher les armes nucléaires. La construction européenne a été souvent perçue par ses dirigeants comme une alternative à un protectorat américain défaillant ou oppressant. Mais l'Allemagne a aussi balancé, avec l'*Ostpolitik*, du côté de l'Union soviétique, pour atteindre la réunification.

Elle met aujourd'hui tout son poids, derrière l'Amérique dans la lutte contre la prolifération et la dénucléarisation du continent, solution qui correspond le mieux à son « intérêt national », cette vieille notion d'origine française qui n'est plus tabou aujourd'hui en Allemagne. Mais elle laisse la porte ouverte à l'alternative d'une dissuasion nucléaire européenne. Une « dissuasion concertée » européenne commencerait sans doute par un processus complexe, sur le modèle du GPN de l'OTAN, permettant à l'Allemagne, d'avoir un doigt sur le cran d'arrêt, puis un doigt sur la gâchette des armes françaises et anglaises. Elle se terminerait sans doute inévitablement par une « copossession », c'est-à-dire en dernière analyse, une « possession ». C'est d'ailleurs bien ainsi qu'une fraction, aujourd'hui minoritaire, de la droite allemande l'entend, qui n'est favorable à l'européanisation de la dissuasion nucléaire que parce qu'elle y voit la possibilité d'accès à des armes nucléaires allemandes.

Depuis 1949, l'Allemagne a poursuivi trois options, parfois en même temps, parfois de façon contradictoire, dans trois directions : la dimension atlantique, celle de l'Europe, et celle de l'Est. Tout l'art de la politique allemande a été de travailler dans ces trois sphères en évitant les chocs entre elles. Ces trois dimensions subsistent mais dans un contexte bien différent. La notion même d'« Est » s'est profondément transformée. L'Est n'est plus le lieu de la menace. L'Allemagne n'est plus entourée que d'amis. La dissuasion nucléaire n'est plus, comme elle l'a été durant la plus grande partie de la « guerre froide », au centre de la question européenne et allemande, et son efficacité est désormais partielle. Enfin l'Allemagne réunifiée aura été, sans l'avoir vraiment recherché, le grand vainqueur de la guerre froide. Elle est placée désormais devant la lourde responsabilité d'avoir à gérer sa nouvelle puissance. Le premier usage qu'elle en fit, en Yougoslavie fut, on pourrait ajouter, hélas, sans grandeur et conforme aux vielles règles de la lutte pour la puissance. L'histoire dira quelle responsabilité exacte l'Allemagne porte dans la dislocation d'un pays dont les conséquences ont été et demeurent effroyables, et qui se sont déroulées dans l'OTAN, en dehors de l'ONU et sous tutelle américaine. Au lendemain des élections gagnées par la coalition SPD/Verts, les vainqueurs se présentent comme les partisans d'une nouvelle approche des relations internationales rompant avec les logiques mêmes de la puissance. Ils disposent incontestablement d'une grande marge de manœuvre dans un système oligopoliste en formation imposant des contraintes systémiques relativement faibles.

Si les armes nucléaires ont rendu beaucoup plus difficiles les guerres entre grandes puissances, elles n'ont pas supprimé la vieille loi de la « balance des pouvoirs » qui a été pendant des siècles au cœur de la gestion des relations internationales. Il est souvent de bon ton de qualifier cette loi de « vieillerie dépassée par les interdépendances ». Même si son efficacité est peut-être moins totale que dans le passé, il est sans doute prématuré de ranger cette théorie géniale au musée des accessoires. En effet, cette théorie historique laisse prévoir que des puissances, seules ou coalisées, tenteront toujours, comme par un réflexe ou un maléfice, de balancer la puissance américaine hégémonique. L'Amérique est d'ailleurs parfaitement consciente de la nécessité d'éviter l'apparition d'un *peer competitor* ou d'une coalition antihégémonique. Par son poids spécifique l'Allemagne ne pourra rester en dehors de cette balance. Pourra-t-elle le faire sans être elle-même maîtresse de sa sécurité et cette sécurité pourra-t-elle être garantie autrement que par une dissuasion nucléaire propre ? La question est posée à l'Allemagne, puissance du seuil.

L'Allemagne, puissance du seuil

Le programme *Plutonium* japonais a donné lieu à de nombreuses études (dont la nôtre, publiée dans la présente collection en 2003 sous le titre, *Le Japon, puissance nucléaire ?*) sur le thème de la latence ou de la virtualité nucléaire. On a soupçonné, en partie à juste titre, le Japon d'avoir l'ambition ou l'intention de se doter d'une arme nucléaire propre. Tel n'est pas le cas de l'Allemagne. La question ne semble pas faire problème de la même façon pour elle. Personne ne la soupçonne de vouloir réaliser un programme clandestin, mais tous les experts posent comme indiscutable le fait qu'elle a les moyens scientifiques, techniques, militaires et financiers de fabriquer et de délivrer rapidement des armes nucléaires. La plupart reconnaissent que, si elle venait à le décider, en dépit des entraves juridiques existantes, personne ne pourrait l'en empêcher. Certains, comme John Mearsheimer, vont même plus loin, et dans une perspective qui relève de la « prolifération stabilisatrice » défendue par K.Waltz, appellent même cette décision de leurs vœux.

Dès les années cinquante, la *Bundeswehr* a été nucléarisée. Il faut entendre par là que la plupart de ses équipements étaient de nature duale, capable de porter des armes conventionnelles ou des armes nucléaires. Bien entendu, le contrôle des armes nucléaires demeurait américain, mais l'Allemagne disposait de toute la panoplie de ce qui a pu être mis sur le marché. Même la mise à disposition de sous-marins nucléaires a été envisagée. Outre les moyens techniques à caractère dual, la *Bundeswehr* a acquis une culture nucléaire au sein de l'OTAN qui fait d'elle l'une des armées au monde les mieux préparées à la conduite d'une guerre nucléaire, autant que ces mots puissent avoir un sens. Tant sous l'angle de ses équipements que sous celui de son commandement et de son entraînement, elle est formée à l'usage du nucléaire. Sur le plan des doctrines d'emploi, à la différence de la France, où une doctrine de non-emploi et de dissuasion pure a été très tôt adoptée, la *Bundeswehr* a l'expérience, parfois douloureuse, de toute la panoplie stratégique venue d'Amérique, des représailles massives à la riposte graduée. Elle est parvenue à influencer ces doctrines stratégiques pour définir des stratégies nucléaires conformes à l'intérêt national allemand qu'elle a réussi en partie à faire adopter par l'OTAN, comme ce fut le cas avec la « bataille de l'avant ». Le problème difficile était de bénéficier des avantages de la dissuasion nucléaire, mais aussi d'envisager leur emploi si la dissuasion venait à échouer, tout en évitant leurs inconvénients, à savoir une bataille en nucléaire sur le sol allemand. Il était donc essentiel pour l'Allemagne de combiner, ce qui ne fut pas toujours facile, une implication nucléaire américaine crédible avec un emploi le plus tôt possible ou le plus tard possible, selon les conjonctures, mais en tout cas le plus loin possible des villes allemandes.

L'Allemagne est parvenue à acquérir ce savoir-faire nucléaire, par ses capacités propres qui tiennent d'abord à la valeur de la science allemande. Ces capacités sont anciennes. Il ne faut pas oublier que le programme *Manhattan* était une réponse au projet allemand de bombe nucléaire et que si l'Allemagne s'est vu interdire la construction de missiles, ce sont les ingénieurs allemands réfugiés ou récupérés après 1945, qui ont joué un rôle très important dans les savoir-faire américains en la matière. Cette culture scientifique a été complétée par la pratique d'un savant jeu de balance entre la France et les États-Unis qui a permis à l'Allemagne d'accéder à des collaborations fructueuses dont il est bien difficile de déterminer les résultats en raison du caractère classifié de la documentation. L'histoire du laboratoire de détonique de Saint-Louis est en tout cas un bon exemple de processus complexe de coopération dont il n'est pas évident de déterminer lequel des partenaires a le plus profité de l'autre. Les États-Unis furent conduits à céder aux demandes allemandes pour éviter que l'Allemagne ne fasse cavalier seul ou ne se tourne vers la France, et la France s'est à plusieurs reprises montrée prête à s'associer avec l'Allemagne pour des raisons qui ne relevaient évidemment pas de la philanthropie et qui allaient de la recherche de moyens financiers pour ses propres programmes – par exemple pour réaliser la bombe à hydrogène – à des raisons plus politiques : contrôler l'Allemagne et éviter qu'elle n'aille seule au nucléaire ou qu'elle ne devienne le partenaire par trop privilégié des Américains.

L'Allemagne est sans doute capable construire, sans simulation, c'est-à-dire sans posséder de lasers de puissance, des armes nucléaires. Si l'on en croit Garwin, les simulations – qui ont constitué l'argument le plus important en faveur des essais nucléaires et les puissantes installations de calcul sont de la « poudre aux yeux », tout comme les raisons données par les militaires américains pour justifier la même démarche conduisant à des dépenses colossales. Elles servent principalement selon lui à maintenir des équipes capables de conserver le niveau scientifique qui existait pendant la période bénie de la course aux armements effrénée. Garwin explique que, avec des lasers ou avec des installations de puissance pulsée, on pourrait générer, dans un tout petit volume, des rayons X semblables à ceux émis par la charge nucléaire primaire et étudier certains aspects de leurs effets sur l'assemblage de la charge secondaire. En conséquence les lasers n'aident pas à résoudre les problèmes qui pourraient être posés par la charge primaire, mais ils peuvent servir à étudier certains détails de mise au point de la charge secondaire. Ils peuvent répondre, par exemple, à des préoccupations relatives à la corrosion qui nécessiterait une nouvelle fabrication dans des délais très courts. Mais, conclut Garwin, « *les pays qui n'ont pas de grands lasers ne sont donc pas désavantagés* ».

Charpak note de son côté que le temps nécessaire pour fabriquer des armes nucléaires est considérablement réduit si l'on dispose d'uranium hautement enrichi ou de plutonium de qualité militaire. Les capacités de calcul et la technologie industrielle ayant énormément progressé depuis 1945, la prévention de la prolifération dépend donc de plus en plus des structures politiques et juridiques permettant de barrer l'accès aux matériaux de base pour faire les armes : l'uranium très enrichi en uranium 235 ou le plutonium. C'est la raison pour laquelle la lutte internationale contre la prolifération s'est traduite par la substitution de l'uranium faiblement enrichi à l'uranium très enrichi dans tous les réacteurs de recherche. Or, la principale exception à cette nouvelle règle, est précisément le réacteur de Garching, près de Munich. Ses responsables souhaitent tirer profit de la disponibilité de l'uranium faiblement enrichi de haute densité, mais en le combinant à un combustible très enrichi pour améliorer les performances techniques du réacteur. Cela va à l'encontre, écrit Charpak, « *du programme mondial qui vise à éliminer, dans tous les centres civils, l'uranium très enrichi qui peut être une source très tentante de détournement clandestin par des proliférateurs* ». Un bras de fer très important s'est tenu entre les Américains, qui ont refusé de fournir l'uranium hautement enrichi pour le réacteur de Garching, et les Allemands, qui tentent d'obtenir cet uranium de la Russie. La RFA disposait en tout cas d'une infrastructure de recherche et d'une puissance électronucléaire hautement développées qui incluaient jusqu'à la décennie 1980 un programme de séparation et de recyclage du plutonium.

Depuis le tournant des années 1980-1990, elle a pourtant abandonné le retraitement, stocké le combustible usé pour une durée indéfinie, et renoncé, à la différence du Japon, au bouclage du cycle de l'atome.

L'Allemagne a opéré pas à pas une véritable réorientation politique conduisant le pays à s'éloigner de plus en plus du nucléaire. Après la réunification, a commencé assez vite la recherche d'un consensus de sortie du nucléaire.

La sortie du nucléaire comme prix à payer de la réunification

La stratégie par l'Allemagne de l'accès aux armes nucléaires qui a accompagné la reconstitution de l'État allemand depuis 1945, a été subordonnée à la recherche de la réunification. Celle-ci était sans doute hors de portée sous Adenauer, mais elle a été au cœur de la politique de Schmidt, comme de celle de Kohl. « *Y penser toujours, n'en parler jamais* », la réunification aura été finalement la grande préoccupation des dirigeants allemands. L'accès à l'arme nucléaire allemande était subordonné, et, on peut même dire, sera sacrifié, à cet objectif. C'est en effet pour avancer vers la réunification par l'*Ostpolitik* que l'Allemagne acceptera de procéder à des renoncements décisifs en matière d'armes nucléaires. La recherche de ces armes était d'ailleurs plus encore qu'un moyen d'assurer sa sécurité – dérisoire face à une puissance nucléaire comme l'Union soviétique – une expression de la recherche de l'égalisation des rapports politiques et d'un retour à la normale.

Ainsi, peut-on dire que l'Allemagne n'a jamais été ni dans son histoire ni dans son dispositif de défense une « puissance civile ». Cette thèse, défendue par d'éminents spécialistes comme Maull, relève, à notre avis, d'une aimable plaisanterie. L'Allemagne est non seulement un pays qui, comme le Japon, a la capacité nucléaire en raison de ses programmes civils militarisables, de sa technologie, et qui est donc, en ce sens, possesseur d'armes nucléaires « virtuelles », mais surtout, à la différence du Japon, elle dispose d'une armée et d'un commandement « nucléarisé », capables de conduire une guerre nucléaire. De plus, et au moins jusqu'à une période récente, elle a tout fait pour acquérir des armes nucléaires autonomes ou, à défaut, pour avoir « le doigt sur la gâchette nucléaire », ce qui n'est pas, on en conviendra, un critère particulièrement décisif pour faire d'elle une « puissance civile ». Elle a même été dans les années quatre-vingt, un pays « proliférateur ». On retrouve ses activités dans à peu près tous les programmes militaires des pays ayant cherché à briser le monopole des EDAN, du Brésil à l'Afrique du Sud, en passant par Israël, l'Irak, l'Inde et le Pakistan, sans oublier la Corée du Nord et l'Iran. Il faut dire que l'Allemagne s'est trouvée comme aucun autre pays au monde au centre des enjeux nucléaires.

Un pays au centre des enjeux nucléaires

Depuis l'arrivée des premières armes américaines en Europe, au début des années cinquante, la RFA se trouva au centre des enjeux nucléaires. À la fin des années cinquante, la nucléarisation de la *Bundeswehr* fut l'occasion d'une mobilisation populaire de masse. Dans les années soixante, la doctrine initiée par le Président Kennedy de « réponse flexible » liée à la proposition de forces multilatérales (MLF), fut source de tensions. En 1977-78, la controverse sur la bombe à neutrons relança l'agitation et fut l'occasion d'une crise entre Washington et Bonn, après la décision du Président Carter d'arrêter un programme qu'il venait d'imposer au Chancelier Schmidt. Au début des années quatre-vingt, la RFA se trouva au centre des enjeux concernant le découplage de la sécurité allemande d'avec celle des États-Unis, concernant la question des missiles intermédiaires et de la double décision de l'OTAN, de décembre 79 à Bruxelles, de déployer *Pershings* et *Cruise missiles* en face des *SS 20* Soviétiques. Un an à peine après, l'accord difficilement conclu à Bruxelles était menacé et l'opposition populaire au déploiement des missiles intermédiaires conduisait de nombreux analystes à estimer que l'Alliance était compromise. Les missiles intermédiaires commençaient tout juste à être déployés à partir de la fin 1983, que l'arrivée au pouvoir de Gorbatchev relançait le pendule dans l'autre sens, au point qu'au sommet de Reykjavik, Ronald Reagan émit tout simplement l'hypothèse d'en finir avec les armes nucléaires, au grand effroi du chancelier Kohl, de Margareth Thatcher et de François Mitterrand, qui envisagèrent un instant de donner plus de consistance à une dissuasion européenne propre. Dans les années soixante et soixante-dix, un consensus fut trouvé entre les principaux partis allemands, tant sur le plan du nucléaire civil que sur celui de l'acceptation de la dissuasion élargie américaine. La grande coalition de 1966 entre le SPD et la CDU/CSU et la décision du SPD de Bad Godesberg de soutenir l'OTAN en devint le symbole. À l'exception de la difficile ratification des traités à la suite de la politique d'ouverture à l'Est de Willy Brandt, au début des années soixante-dix, seules les fractions les plus radicales du SPD et la droite demeuraient en dehors de ce consensus qui prit fin au début des années quatre-vingt.

Les controverses nucléaires eurent pour effet de contribuer à la radicalisation du SPD, à l'origine de la chute du Chancelier Schmidt, et de faire sauter le système des partis allemands (CDU-CSU, SPD, FDP), en rendant possible l'émergence du parti « anti-systémique » des Verts. Avec les mouvements de masse contre le déploiement des *Pershings*, la montée des Verts et le tournant à gauche du SPD, l'Allemagne s'interrogea alors sur son appartenance à l'OTAN et sur les vertus du *leadership* américain. Les Verts proposaient de se retirer de l'OTAN et Oscar Lafontaine de son commandement militaire, tandis que les modérés du SPD (Schmidt) et de la droite (Kohl) se faisaient les avocats d'un renforcement de l'axe franco-allemand, afin de compenser les vacillations de la politique américaine dans une perspective qui pouvait conduire à une force armée nucléaire indépendante.

La fin du consensus nucléaire

Le consensus nucléaire est aujourd'hui brisé. Deux courants traversent l'Allemagne. Depuis 1990, le multilatéralisme semblait avoir été infléchi par la « renationalisation » de la politique étrangère allemande et de l'appareil militaire allemand. La reconnaissance unilatérale de la Slovénie et de la Croatie – qui a contribué à l'éclatement de la Fédération yougoslave ; la demande d'un siège permanent au CSNU (plutôt que la rotation d'un siège attribué à l'Union européenne) ; les interrogations sur « l'ancrage à l'Ouest » (*Westbindung*), la « singularité » allemande (*Sonderweg*) et « l'orientation à l'Est » (*Ostorientierung*) étaient autant d'exemples de ce qui pouvait apparaître comme mutation en cours de la politique allemande dans le sens d'un éloignement de l'Europe et d'un réajustement sur l'intérêt national. En 1990-91, quand a été négocié le traité de Maastricht, les Allemands étaient de ceux qui semblaient les plus favorables à une union politique. Ils avaient réclamé la « communautarisation » des piliers 2 et 3, c'est-à-dire de tout ce qui était directement « politique ». Quelques années après, tout cela semblait en panne et l'Allemagne pouvait être considérée comme aussi eurosceptique que la Grande-Bretagne. L'essentiel est la rupture du consensus, le fait que l'Allemagne hésite entre deux voies, entre deux conceptions de ce qu'implique l'accès à la puissance. C'est après 1989 que commença à se produire une inversion des orientations entre la gauche et la droite. Les intellectuels conservateurs prirent leur distance par rapport à l'intégration allemande dans les alliances atlantiques et européennes et valorisèrent la perspective d'une politique indépendante de « grande puissance » profitant de sa position au centre de l'Europe. En 1991, un livre de A. Baring ouvre le débat: *Deutschland, was nun?* (*L'Allemagne et maintenant?*). En 1993 paraît un ouvrage collectif, *Westbindung. Chancen und Risiken fûr Deutschland* (*L'Alliance occidentale. Chances et risques pour l'Allemagne*), de R. Zittelmann *et al.* K.Weismann propose un article très remarqué, « Le retour d'un déclaré mort : l'État national à la fin du XXe siècle ». G.Schöllgen, historien, publie durant la même année « La peur de la puissance. Les Allemands et leur politique extérieure ». En 1994, c'est un autre historien, grand doyen de l'histoire contemporaine, Hans-Peter Schwarz, qui défend des thèses comparables dans son article, « La puissance centrale de l'Europe. Le retour de l'Allemagne sur la scène mondiale ». Tous ces auteurs proclament plus ou moins ouvertement la nécessité d'une « normalisation » de la position allemande comme « grande puissance », avec un poids géopolitique spécifique en Europe et dans le monde, qui doit se libérer de la tradition de sa politique extérieure trop exclusivement orientée vers l'Ouest et trop attachée au principe d'un « multilatéralisme » consensuel.

C'est face à ce courant que la gauche en Allemagne – surtout son aile « verte » – réalise son grand tournant par l'abandon de l'orientation neutraliste et pacifiste de l'intégration de l'Allemagne dans l'OTAN, le soutien de l'Union européenne et la perspective de l'unification politique de l'Europe. J. Fischer, dirigeant des Verts, pouvait formuler en 1994 son programme comme candidat au ministère des Affaires étrangères qu'il exposait dans un livre intitulé *Le Risque Allemagne. Crise et avenir de la politique allemande*. Le point de départ de la réflexion de Fisher est le constat de l'échec du « *Sonderweg* » (voie spécifique) de l'Allemagne, face à la modernité occidentale. Dans les quatre ans qui ont suivi l'unification, s'est produite une inversion des fronts: la gauche découvre l'importance primordiale de l'intégration occidentale et européenne et occupe peu à peu les positions pro atlantiques et proeuropéennes que la droite commence à abandonner tandis que la droite redécouvre la nation et même le nationalisme et renoue avec la tradition prédémocratique du *Sonderweg* allemand.

À la même époque où Fischer publie son livre, est édité un ouvrage collectif de réflexion sur la politique étrangère allemande, important non seulement par son volume (trois gros tomes), mais aussi par la largeur du spectre des auteurs et le cadre institutionnel de sa production. Il s'agit de l'ouvrage *Deutschlands neue Aussenpolitik*, sous la direction de K. Kaiser et H.W. Maull, paru entre 1995 et 1997, comme résultat d'un projet pluriannuel de la *Deutsche Gesellshaft für Auswärtige Politik* (Société allemande de politique extérieure), assistée par la fondation *Otto Wolf von Amerougen Stiftung*. Dans cette publication, une très grande variété d'experts fut réunie. S'en dégage une orientation plutôt nationale conservatrice, comme celle de Schwarz et Stürmer, ainsi qu'une orientation que l'on pourrait étiqueter comme « puissance civile » avec Maull.

On constate donc que se confrontent dans la nouvelle Allemagne deux courants qui ne se différencient pas tellement par rapport aux décisions immédiates de la politique extérieure, mais plutôt par l'état d'esprit et la définition du rôle de cet État sur la scène mondiale. Un courant national conservateur englobant des intellectuels de la nouvelle droite, des hommes politiques de la CDU, ainsi que des historiens renommés, cherche à redéfinir les axes de la politique internationale allemande sous l'étiquette de la « normalisation », la souveraineté complète et une gestion sans complexe de son histoire. La continuité des alliances et des contrats internationaux n'est pas pour le moment mise en cause, mais la rupture mentale avec la tradition multilatérale et civile de la politique extérieure allemande et le retour au modèle classique de la grande puissance pourraient préparer des aventures diplomatiques. Cette orientation repose sur une politique d'appropriation des atouts militaires, une grande puissance, des armes nucléaires sans parler d'un nouveau développement vers un État fort. Le courant adverse se situe dans la continuité de la politique extérieure allemande. Il englobe des intellectuels de gauche prestigieux comme Habermas, Grass..., des politologues spécialisés dans le domaine de la politique internationale et la paix, la majorité du parti des Verts, une partie des dirigeants du SPD. Ce courant cherche à approfondir la démarche de la politique extérieure d'après-guerre en la remplissant avec un nouveau contenu: le concept de puissance civile. L'histoire allemande sert de base et de référence indispensable à cette orientation.

Un renoncement définitif aux armes nucléaires ?

La question de l'accès de l'Allemagne aux armes nucléaires s'est longtemps et ouvertement posée. En 1954, la République fédérale renonça à la production d'armes atomiques sur son territoire, mais pas à leur possession en joint-venture. Ce distinguo s'avéra crucial lorsqu'en 1956-58, la France initia une coopération nucléaire franco-germano-italienne, qui montra qu'une option nucléaire allemande était au moins théoriquement possible. L'effort de la RFA pour avoir un « doigt sur la gâchette » se renouvela lors du projet MLF en 1961-65. L'éventualité d'une option nucléaire allemande revint sur le devant de la scène lors du débat sur la signature puis la ratification du TNP, de la seconde moitié des années 1960 à la seconde moitié des années 1970. Les dirigeants ouest-allemands, toutes tendances politiques confondues, s'opposaient au traité pour quatre raisons majeures : ils se méfiaient des accords entre les superpuissances en y voyant autant d'arrangements tacites pour limiter leur conflit au théâtre européen; ils dénonçaient l'inégalité de statut des have-nots et la discrimination (le « second Versailles») dont serait victime l'Allemagne de l'Ouest en tant troisième puissance industrielle mondiale ; ils redoutaient un contrôle ou une paralysie de l'industrie nucléaire allemande (le « second plan Morgenthau ») ; ils craignaient enfin que la non-prolifération n'empêche une future défense nucléaire européenne. La RFA ne renonça aux armes nucléaires, en 1969, que conditionnellement, en réservant la liberté de l'industrie et du commerce atomiques, la protection de l'OTAN, la participation au GPN et l'option européenne. La renonciation lors du traité « 2+4 » de 1990 fut une confirmation du régime de 1969, qui étendait celui de 1954. L'échec de la MLF, puis l'adhésion au TNP, ne mirent pas mis fin aux efforts du gouvernement fédéral pour avoir son mot à dire en matière nucléaire dans l'Alliance atlantique, après l'instauration du GPN. La RFA s'efforça, vis-à-vis des armes nucléaires américaines basées sur son territoire de gagner un maximum d'informations sur leur nombre et leurs caractéristiques et de participer à tout ce qui concernait leur planification et la décision d'emploi. Le GPN devint la pierre angulaire de cette participation allemande et, plus largement, de la participation nucléaire européenne. Les Directives pour la Consultation nucléaire de 1969 puis les Directives politiques générales de 1986 sur l'utilisation des armes nucléaires montrèrent l'influence qu'exerça la RFA, pays non nucléaire, sur la stratégie nucléaire de l'OTAN. L'interruption de la coopération avec la France en 1958, puis l'acceptation du régime de non-prolifération, ne mirent pas fin non plus aux visées allemandes relatives à l'Europe nucléaire. Celle-ci était et demeure un recours face à une renationalisation de la stratégie nucléaire américaine ou à un désengagement des États-Unis, bref, à une disparition du GPN ou de l'OTAN. Dans la décennie 1980, la RFA a soutenu la modernisation des armes nucléaires de théâtre en Europe face à l'URSS ; elle avait résisté aux pressions américaines pour bloquer les exportations d'équipements à destination du Brésil, de l'Argentine, de l'Inde, du Pakistan ou de l'Iran ; elle avait limité les inspections de ses installations.

Il demeure que l'Allemagne garde la « porte ouverte » et on peut même penser qu'elle sera contrainte dans l'avenir de préciser son statut d'État virtuellement nucléaire, non par goût, mais tout simplement parce que le monde n'a sans doute pas encore fondamentalement changé de nature que les États sont toujours à la recherche de la puissance et de la sécurité et que dans un tel monde, l'arme nucléaire, si elle n'est plus aussi centrale qu'elle pouvait l'être demeure un attribut essentiel de toute grande puissance, un élément qui demeure important de la stabilité entre les grandes puissances qu'il rend plus prudentes et un enjeu de la lutte pour la puissance. Des théoriciens parmi les plus sérieux des relations internationales au premier rang desquels se trouvent John Mersheimer, le disciple de Kenneth Waltz, ont, dans les mois qui ont suivi la réunification allemande, estimé qu'il y avait de bonnes chances pour que l'Allemagne devienne une puissance nucléaire autonome. Mearsheimer estimait que non seulement cette issue était probable, mais encore qu'elle était souhaitable pour la stabilité de l'équilibre européen. Un délai de moins d'une décennie depuis une réunification qui n'est pas encore totalement achevée était sans doute un recul insuffisant pour trancher d'une telle question.

Le balancier est aujourd'hui de l'autre côté. Les Verts exigent l'arrêt des programmes civils. Le SPD n'est pas pour une solution aussi brutale. Mais il n'est pas partisan du nucléaire comme l'est (encore) le parti socialiste français. Il a l'intention de négocier la sortie du nucléaire avec les responsables industriels allemands qui sont eux-mêmes très divisés sur la question. Dans plusieurs *Länder*, cet arrêt existe déjà de fait. Une entreprise comme Siemens n'est pas parvenue, en dépit de l'aide de l'État fédéral, à surmonter les obstacles juridiques nécessaires à la mise en route de ses projets de retraitement dans la Hesse. L'industrie nucléaire allemande est toujours aussi performante, mais ses applications – c'est le cas du projet de réacteur franco-allemand – se situent désormais pour l'essentiel hors d'Allemagne, dans l'ex-Union soviétique ou en Chine. Les incidents, somme toute mineurs survenus dans les transports de déchets nucléaires, ont contraints les autorités à des déploiements policiers massifs Bref, le coût du nucléaire, que ce soit en termes de coûts de l'énergie ou en termes de coûts sociaux ou politiques et, il faut bien le dire, électoraux, commencent à apparaître comme prohibitifs en Allemagne, où les élites politiques sont persuadées, à gauche comme à droite, que la culture du pays est sortie du nucléaire. À moins de spectaculaires développements technologiques que Rubbia annonce comme possible, il est vraisemblable que cette tendance ira en s'approfondissant.

La conjonction d'une absence de menace et d'une allergie nucléaire croissante de l'opinion laisse peu de place au retour en force de l'option nucléaire, et ce, d'autant que le nucléaire est aujourd'hui en partie dévalorisé sur le plan stratégique, ou du moins que son utilité, tout particulièrement en Europe, n'est plus que « partielle ». En 1992, M. Stürmer, conseiller du Chancelier Kohl a exposé dans des termes que ne désavoueraient sans doute pas J Fisher, « la logique du renoncement de l'Allemagne à l'arme nucléaire ». Elle déséquilibrerait l'Europe. Elle serait « la variante contemporaine de cet auto-isolement mis en œuvre voici un siècle par l'amiral Tirpitz lorsqu'il décida de créer la flotte de guerre allemande ». Au lieu d'apporter la sécurité, elle engendrerait de nouveaux rapports d'hostilités et de nouvelles menaces. L'Allemagne continue d'avoir besoin d'un bouclier nucléaire, lequel ne peut venir pour le moment que de l'Alliance atlantique. Le statut non nucléaire et la poursuite de l'OTAN sont ainsi associés. « Qui veut l'un ne peut renoncer à l'autre », conclut M. Stürmer.

Il faut ajouter que dans l'État de droit démocratique allemand, la possibilité d'un programme secret est rendue très difficile par l'existence de procédures juridiques de transparence limitant la notion de secret d'État. L'accès éventuel au nucléaire correspondrait bien évidemment à la définition du « secret d'État ». Toutefois, les informations que l'administration se refuserait à fournir au motif du « secret d'État » seraient néanmoins soumises au contrôle du juge administratif ou du juge pénal. Les violations des accords de limitation des armements ne pourraient être considérées comme des « secrets d'État » par la justice allemande. S'ajoutant au contrôle du Parlement, des *Länder*, de la presse, et de la communauté scientifique, l'examen judiciaire semble de nature à empêcher tout programme militaire clandestin de grande ampleur.

L'intérêt national qui avait poussé la République de Bonn à la participation nucléaire pendant la guerre froide pousserait aujourd'hui la République de Berlin à la dénucléarisation. Cela vaut également en matière civile. La RFA dispose d'une infrastructure de recherche et d'une puissance électronucléaire hautement développées, qui incluaient jusqu'à la décennie 1980 un programme de séparation et de recyclage du plutonium. Depuis le tournant des années 1980-1990, elle a abandonné le retraitement, stocké le combustible usé pour une durée indéfinie, et renoncé au bouclage du cycle de l'atome. Enfin, les dirigeants allemands considèrent souvent que leur pays doit devenir le premier membre permanent non nucléaire du CSNU et que la qualité de membre permanent doit être dissociée du statut d'EDAN. Si le gouvernement fédéral n'insiste pas sur la co-possession d'armes nucléaires dans une Union européenne nucléaire, c'est aussi parce qu'il ne souhaite pas que l'acquisition d'un statut atomique soit interprétée comme la condition pour devenir membre permanent du CSNU, accession qu'il revendique avec le Japon et l'Inde. Les puissances nucléaires ayant failli à leur obligation de désarmer stipulé à l'article 6 du TNP, elles ne peuvent plus prétendre être les championnes du droit international ni, partant, bénéficier des privilèges de l'ONU. C'est à d'autres puissances, plus légitimes et plus fidèles aux principes du droit des gens – ainsi de l'Allemagne démocratique– qu'il appartiendrait de codiriger les affaires du monde.

S'il est vraisemblable que dans les prochaines années la République fédérale évitera de procéder à des choix décisifs, on peut néanmoins se poser la question de savoir quel serait en dernière analyse le facteur qui pourrait conduire l'Allemagne à faire retour à l'option nucléaire ? Dans l'attente, il est vraisemblable que la situation demeurera figée et que l'hypothèse la plus probable sera le maintien du *statu quo*, à savoir la présence d'un nombre limité d'armes américaines sur le sol allemand capables d'être lancées à partir de bombardiers à double usage conventionnel et nucléaire.

L'inconnue européenne

Le problème clé est l'intégration des arsenaux de la France et de la Grande-Bretagne. Si l'on exclut l'hypothèse, qui n'est pas absurde mais qui est sans doute lointaine, de l'institution d'une autorité politique européenne dans un État fédéral européen, la création d'une force de dissuasion commune dans l'Union pourrait emprunter deux voies : celle de la reconnaissance d'une « dissuasion existentielle » franco-britannique couvrant les partenaires de l'UE en vertu d'une solidarité *de facto* et *de jure*, avec ou sans politique déclaratoire ou engagement forme; celle du développement d'une « dissuasion élargie » franco-britannique qui inclurait consultation sur l'usage des forces nucléaires, formation d'une doctrine et d'une stratégie nucléaires communes, voire déploiement des forces franco-britanniques sur le territoire des autres pays de l'Union avec système de « double clé ».

À court et même, semble-t-il, à moyen terme, la possibilité d'une collaboration nucléaire entre la France, la Grande Bretagne et l'Allemagne est des plus minces. Seule une menace sérieuse venant de l'Est, couplée à une défaillance américaine pourrait donner une impulsion décisive à cette solution. Une telle hypothèse est cependant peu probable. Même un pouvoir dictatorial à Moscou n'aurait pas beaucoup de raisons de relancer une nouvelle guerre froide dont les fondements se trouvaient dans l'existence d'un système social « révolutionnaire ». Un pouvoir dictatorial à Moscou, même dirigé par des « nationaux communistes, ne constituerait pas une menace pour l'Allemagne. En revanche, une poursuite de la dégradation sur les territoires de l'ex-Union soviétique peut conduire à une potentialisation de la guerre des souverainetés qui s'y livre déjà. On ne peut cependant pas éliminer complètement le risque de voir ces tensions conduire à une nucléarisation des États de la CEI, en particulier de l'Ukraine. Les conséquences d'une nucléarisation de l'Ukraine seraient considérables et bouleverseraient tous les équilibres.

En l'absence de menace la France serait-elle prête à abandonner l'avantage marginal que lui donne sur l'Allemagne la possession de l'arme nucléaire ? La France est une puissance moyenne qui vit dans la nostalgie de son passé de grande puissance. L'arme nucléaire qui y a le statut qu'avait hier la ligne Maginot. La recherche du leadership sur la construction européenne, fait partie d'une culture française qui semble encore solide. Quand bien même la France serait prête à sacrifier son nucléaire sur l'autel de la construction européenne, on voit mal pourquoi l'Allemagne, en passe de redevenir une grande puissance, accepterait de devoir sa sécurité à plus petit qu'elle. Si l'Allemagne a accepté pendant des décennies la direction politique de la France sur l'Europe, elle aura de moins en moins de raison de s'y résigner dans l'avenir. Les États mêmes civilisés, même démocratiques et dirigés par des Verts demeurent des monstres froids.

À long terme cependant, si l'intégration européenne se poursuit – et elle devrait se poursuivre, ne serait-ce que parce leur environnement et ce que Norbert Elias a appelé le procès de civilisation poussent les Européens à se rassembler – et si l'arme nucléaire devait voir sa valeur continuer à se marginaliser, il n'est pas impossible que dans un processus de spécialisation et de complémentarité, les armes nucléaires françaises et anglaises entrent dans la panoplie d'une défense européenne commune. L'expérience allemande de coopération nucléaire avec les États-Unis dans l'OTAN, la culture allemande de souveraineté partagée, qui remonte à l'histoire prénationale allemande, rendrait une telle solution assez facile à accepter en Allemagne, en tout cas plus qu'en France. La plupart des forces allemandes sont d'ores et déjà engagées dans des processus de coopération avancés sur le modèle du corps franco-allemand avec leurs partenaires européens. L'expérience de l'OTAN contient en puissance a peu près toutes les possibilités de dissuasion concertée ou partagée et de « double clef » possibles. Si un tel processus venait à l'ordre du jour, il n'aurait assurément pas grand-chose à inventer sur le plan des procédures de codécision qui constituent l'essence même du fonctionnement du « gouvernement européen ». Sans doute le nucléaire, en raison de sa nature, n'est pas le domaine le plus aisé à « communautariser », il est même sans doute le plus difficile. Aussi tant qu'il conservera l'importance, même limitée, qui est encore la sienne, et parce qu'il a été historiquement lié à l'histoire de la souveraineté nationale, il demeurera plutôt un obstacle à la poursuite de l'intégration européenne qu'un facteur la favorisant.

C'est finalement la politique américaine qui décidera du sort du choix allemand. Dans sa quête de l'hégémonie et dans sa peur devoir apparaître un rival, l'Amérique n'a pas abandonné sa politique de *constrainment* envers l'Allemagne et le Japon. Le parapluie qu'elle leur fournit est aussi, et même peut-être surtout, un moyen de maintenir son protectorat. Mais ce protectorat pourrait se révéler par trop coûteux ou dangereux. Il n'est pas impossible que l'Amérique, prenant enfin conscience de sa sur-expansion stratégique, soit contrainte de raccourcir ses lignes et décide elle-même de permettre à l'Allemagne d'avoir sous une forme ou une autre des armes nucléaires dans un partenariat comparable à celui qu'elle a avec la Grande-Bretagne. Après tout, elle a, sans doute plus qu'on ne l'a reconnu, aidé la France à construire ses armes nucléaires, et ce, alors même que la France utilisait ces armes pour marquer sa différence. La collaboration avec la Grande-Bretagne lui permet aussi de contrôler le dispositif anglais puisque les armes sont en réalité des armes américaines mises à disposition. Dans le futur, l'Amérique pourrait à nouveau ne pas avoir intérêt à un couplage trop étroit et ne pas souhaiter être automatiquement impliquée.

Nous n'en sommes pas là. L'Amérique a fait feux de tous bois contre le laboratoire de Garching, et les armes nucléaires américaines sont encore vues en Allemagne comme l'ultime recours ayant seules la capacité et la volonté de défendre le continent européen. Personne, aux yeux d'une immense majorité d'Allemands, ne peut remplacer la protection américaine, ni l'Europe, ni encore moins la France. La socialisation des militaires allemands dans l'OTAN se poursuit. Aucune force politique allemande ne remet en question la garantie nucléaire américaine. La volonté de la coalition des Verts et du SPD de « sortir du nucléaire » n'est pas un éloignement de l'Amérique, bien au contraire. Il ne faut pas oublier d'ailleurs que c'est d'Amérique, sous le Président Reagan, qu'est venue la volonté de sortir d'un nucléaire qui désormais « égalisait » sa puissance. De ce point de vue, l'Allemagne a peu de considération pour une France anti-américaine, ou qui voudrait construire une Europe sous la houlette française. Aussi la dissuasion concertée n'est pas à l'ordre du jour, ni en Allemagne, ni en France. Le parapluie américain est efficace et lointain. Le parapluie français ou européen ne pourrait rivaliser et serait plus gênant, car plus proche. Pourquoi se mettre sous la tutelle du voisin immédiat, alors que l'on peut bénéficier de la protection d'un ami puissant, lointain et donc moins envahissant. L'Allemagne est par ailleurs déçue de ne pas être parvenue à ramener la France dans le giron de l'OTAN. Elle ne peut pas accepter les ambitions françaises de faire de la France la troisième armée du monde derrière les EU et à parité avec la GB.

Quatre options possibles

La poursuite de la politique actuelle dans l'OTAN est l'option qui a toutes les chances de l'emporter à court et moyen terme. Les partisans de cette solution de continuité sont favorables, pour des raisons de crédibilité, au maintien d'armes nucléaires américaines en Allemagne. Cette présence est considérée comme un signal de confiance envers la nouvelle Allemagne et de crédibilité de la dissuasion américaine. Le maintien de cette option est conditionné par le maintien de la capacité de l'OTAN d'assurer la sécurité de l'Europe. Si l'OTAN gagne ce pari, l'Allemagne n'aurait aucune raison de recherche un armement nucléaire autonome. Autrement dit la question de l'arme allemande trouve sa solution dans la question de l'avenir de l'OTAN.

La seconde option est liée à la fin de l'OTAN et à l'effondrement possible du tabou de la solidarité occidentale. L'hypothèse d'un échec de l'OTAN soit par baisse d'influence soit tout simplement parce que, alliance militaire contre l'Union soviétique, elle aurait perdu sa raison d'être, n'est pas à exclure. Tant que l'OTAN demeure crédible, l'implication américaine en Europe l'est également. Mais un doute important sur la capacité ou la volonté de l'OTAN aurait pour conséquence quasi mécanique de relancer la discussion d'une dissuasion nucléaire allemande.

La troisième option est l'option européenne. C'est une option virtuelle qui est fonctionnellement liée à la disparition ou à l'affaiblissement de l'implication américaine en Europe. S'il apparaissait que l'Amérique ne pouvait plus, ou ne voulait plus, garantir la sécurité européenne, l'option d'une défense européenne autonome deviendrait plus crédible et plus souhaitable. Cette option pourrait prendre des formes diverses: européanisation de l'OTAN (pilier européen), UEO ou développement de la PESC. Dans un tel scénario, l'Allemagne serait conduite à prendre plus de responsabilités qu'elle n'en a aujourd'hui. Elle serait également conduite à demander un accès plus important aux décisions. Du point de vue nucléaire, l'absence des EU est, dans cette option, une donnée capitale. L'Allemagne ne pouvant plus compter sur la garantie américaine serait conduite à assurer sa garantie nucléaire en collaboration avec ses voisins européens afin de ne pas les effrayer en faisant cavalier seule. Dans cette hypothèse la base d'une dissuasion européenne serait de toute évidence formée par les forces nucléaires françaises et anglaises. La collaboration se trouverait facilitée par le fait que les zones d'intérêt allemandes et françaises se recoupent largement mêmes si elles ne coïncident pas. La France a plus d'intérêts au Sud et moins à l'Est, et l'Allemagne, des intérêts quasiment vitaux à l'Est et pas au Sud. L'effet paradoxal d'une dissuasion européenne renforcée est qu'elle pourrait conduire l'Allemagne à faire le choix d'une arme nucléaire propre dans une optique européenne. Dans une telle option, l'Allemagne pourrait en effet difficilement accepter de dépendre des armes françaises et anglaises. La montée en puissance d'une dissuasion nucléaire européenne aurait pour effet à la fois de valoriser les armements français et anglais mais aussi de pousser, dans une logique d'égalisation à la création d'une composante nucléaire allemande justifiée par une plus grande implication allemande dans la défense de l'Europe. Les formes techniques de cette collaboration sont connues. Elles ont déjà été expérimentées à des degrés divers dans l'OTAN (GPN et autres). Dans une telle option « européenne » les chances (ou les risques) de voir émerger un nucléaire allemand sont plus grandes que dans l'option américaine. Une telle option aurait sans doute aussi pour effet de relancer la contestation intérieure allemande ainsi que les peurs des voisins de l'Allemagne.

La dernière option est liée au retour en force des logiques nationales. Dans l'hypothèse d'un effondrement des structures de coopération, soit dans l'OTAN, soit européenne, la seule possibilité serait le retour à des négociations bilatérales en relation avec l'équilibre des pouvoirs. L'Allemagne serait alors conduite à naviguer pour obtenir des uns et des autres des garanties et l'accès à un armement propre. Selon la conjoncture, elle pourrait obtenir soit de l'Amérique soit de la France ou de la Grande-Bretagne des moyens propres et les conditions politiques le permettant. Les propositions françaises offrant à l'Allemagne des garanties et proposant l'ouverture de discussions bilatérales ne pouvaient qu'échouer dans la mesure où l'OTAN demeurait. Mais l'Allemagne n'a jamais fermé cette issue qu'elle a expérimentée au moins à deux reprises, la première fois en 1957, la seconde après le sommet de Reykjavik et les risques de désengagement américain. L'Allemagne est particulièrement bien préparée à de tels arrangements bilatéraux en matière de sécurité. De tels arrangements sont particulièrement difficiles en matière nucléaire avec la France et la Grande Bretagne, tout simplement en raison du poids spécifique des uns et des autres et du fait que l'Allemagne ne peut accepter de dépendre de la France ou de la GB. Si une telle conjonction venait à se réaliser ce ne serait sans doute qu'une étape et qu'un passage obligé vers la réalisation d'une arme nucléaire allemande.

Une variante de l'option nationale – sans doute la moins souhaitable– est celle qui conduirait l'Allemagne à rechercher ouvertement des capacités propres. Les facteurs qui pourraient conduire à une telle option seraient de deux ordres. D'abord l'effondrement des processus de coopération et d'intégration européenne et le retour à l'anarchie. La question ici est de savoir dans quelle mesure le processus d'intégration européenne est irréversible. D'un côté on peut plaider que l'Europe est l'avenir du monde et que les processus de coopération, d'intégration et de dépassement de l'État-nation sont le point le plus avancé d'une marche inévitable vers une société-monde plus intégrée. La spirale de la civilisation, Norbert Elias l'a admirablement montré, a conduit d'une fragmentation maximale à l'époque féodale à des unités de plus en plus intégrées et de moins en moins nombreuses. Il est vraisemblable que ce processus se poursuivra. Mais ce qui est nouveau c'est qu'il s'agit aujourd'hui d'intégrer des unités politiques elles-mêmes hautement intégrées, les nations, et non comme ce fut le cas dans l'intégration nationale des unités politiques faiblement intégrées. L'autre problème est que nous sommes en présence de la première expérience dans l'histoire d'une intégration politique de type supérieur qui ne se fasse pas par la force. C'est bien évidemment un aspect positif mais cela signifie que le point de non retour n'a pas été franchi. L'intégration très avancée dans le domaine des *low policies* n'a pas franchi la frontière des *high policies*. En dépit de Maastricht, ni la politique étrangères, ni la défense européenne n'ont fait de progrès décisifs. Mieux, la menace étant moins forte les États ont même repris dans ce domaine une large part de manœuvre.

L'Europe actuelle n'est au fond que la poursuite du système westphalien des États, avec cependant une nuance de taille qui tient au fait que la guerre n'assure plus la régulation du système.

Dans une conjoncture qui pousse d'un côté à l'intégration à des niveaux supérieurs à ceux de l'État-nation et de l'autre à la fragmentation selon des lignes nationales, voire infra nationales, la renationalisation de la politique étrangère n'est pas impossible. Le processus de fragmentation n'a pour l'instant atteint que les pays de l'ex bloc de l'Est, Tchécoslovaquie, Yougoslavie mais il peut aussi atteindre l'Europe de l'Ouest qui n'est pas *a priori* vaccinée contre la balkanisation (Belgique, Italie..). Cette tendance pourrait en cas de difficultés conduire les états européens à reprendre leur liberté de manœuvre. L'Allemagne se verrait ainsi contrainte d'assurer seule sa sécurité, ce qui impliquerait un accès au nucléaire. Mais il faudrait encore, pour qu'elle prenne une telle responsabilité, que des menaces sérieuses existent.

L'ALLEMAGNE ET L'ALLIANCE ATLANTIQUE DURANT LA GUERRE FROIDE

Durant le conflit Est-Ouest, la défense de l'Europe occidentale en général et de la République fédérale d'Allemagne en particulier fut déterminée par deux facteurs prépondérants : la double perception de la menace soviétique et de l'engagement américain. L'idée fondamentale était que l'URSS serait dissuadée d'attaquer l'Europe occidentale grâce à la menace crédible d'une riposte nucléaire exercée principalement par les États-Unis. Le problème essentiel portait donc sur la gestion du protectorat nucléaire de l'Europe par l'Amérique face à l'Union soviétique. Comment prévenir la guerre ? De la réponse à cette question dépendait la sécurité européenne et l'hégémonie américaine, c'est-à-dire le double enjeu du protectorat. Quel degré de confiance pouvait-on accorder au gouvernement de Washington, alors que la vulnérabilité des États-Unis aux missiles soviétiques augmentait ? Comment s'assurer qu'il respecterait sans délai son engagement de défendre l'Europe si celle-ci était attaquée sans provocation ? Comment éviter que la dissuasion nucléaire globale ne s'infléchisse en défense nucléaro-conventionnelle « de théâtre » propice à une « guerre limitée » à l'Europe ? Autant de questions qu'on pouvait condenser en une seule : comment parer à l'érosion de la garantie nucléaire américaine ? Quatre options se présentèrent, dans le cadre de l'Alliance atlantique : la recherche britannique de l'interdépendance nucléaire avec les États-Unis ; la recherche française de l'indépendance nucléaire vis-à-vis des États-Unis ; la recherche ouest-allemande de la participation nucléaire dans l'OTAN ; la recherche conjointe d'une défense nucléaire européenne. Les différentes stratégies nucléaires de l'Organisation [1] furent des compromis euro-américains. Mais les alliés européens ne parvinrent pas à obtenir une force de frappe qui pourrait être lancée indépendamment des États-Unis. Le commandement nucléaire continua d'appartenir aux dirigeants américains. Enfin, la divergence de vue et d'intérêt ne cessa pas, mais s'amplifia, entre la préférence européenne pour une dissuasion nucléaire globale (qui impliquait le territoire nord-américain) vis-à-vis de l'URSS, et la préférence américaine pour une dissuasion et une défense nucléaires et conventionnelles limitées à l'Europe (qui n'impliquaient pas le territoire nord-américain) en cas d'attaque soviétique.

La recherche de l'égalité nucléaire

Après l'échec de la CED et l'adhésion à l'OTAN, l'intégration de la RFA à l'Ouest eut pour prix la renonciation à l'arme nucléaire, donc au moyen d'une défense autonome. Mais la RFA aspirait à une sécurité égale au sein de l'Alliance. Cette aspiration impliquait la recherche d'une influence nucléaire à travers l'OTAN. Aussi, la double constante de la politique multilatérale de sécurité de la RFA consista, d'une part, à refuser toute proposition de « neutralisation » de l'Europe centrale à travers un désengagement Est/Ouest ; d'autre part, à rechercher l'égalité de traitement au sein de l'alliance occidentale, c'est-à-dire le partage égal des avantages et des risques de la dissuasion. Ce rejet officiel de la « singularisation » de l'Allemagne équivalait à un rejet officiel de la « dénucléarisation » de l'Allemagne : la RFA devait rester couverte par une alliance nucléaire et la *Bundeswehr*, être équipée d'armes nucléaires. La République de Bonn ayant renoncé partiellement et conditionnellement à l'atome militaire en 1954 (accords UEO) puis en 1969 (TNP), elle poursuivit deux options alternatives à la possession directe d'armes nucléaires : la constitution d'une force nucléaire de l'OTAN (exemple de la MLF), avec l'espoir qu'elle ne dépendrait pas du *veto* américain mais d'un contrôle européen ; la constitution d'une force nucléaire européenne, avec l'espoir que les

Français et/ou les Britanniques transféreraient leur pouvoir de décision à une autorité européenne supranationale.

Le souci fondamental des dirigeants de Bonn était d'éviter que leur pays devienne un champ de bataille des superpuissances. Aussi leur préoccupation fut-elle de prévenir la guerre en Europe centrale grâce à la dissuasion nucléaire. Si cette dissuasion échouait, la stratégie de « riposte flexible » ou d'« escalade graduée » leur paraissait la plus appropriée pour terminer au plus vite la guerre et limiter les dommages. En raison de la vulnérabilité croissante du territoire américain, les divergences germano-américaines sur la gestion du protectorat de la RFA grandirent. Pour les Allemands, il fallait menacer l'URSS d'une riposte nucléaire directe en cas d'attaque. Cette riposte devait être exercée soit par des missiles intercontinentaux, c'est-à-dire par les forces stratégiques américaines, soit par des euromissiles capables d'atteindre le territoire soviétique, c'est-à-dire par les forces « de théâtre » sous « double clé ». Dans cette dernière hypothèse, la RFA, avec l'autorisation américaine, se trouvait en mesure de menacer nucléairement l'URSS. Pour les Américains, par contre, toute riposte nucléaire sur l'URSS faisait courir le risque d'une représaille soviétique sur leur territoire. Aussi convenait-il de limiter l'exercice du protectorat de l'Europe par une stratégie de dissuasion circonscrite à l'Europe, évitant l'implication immédiate et directe du territoire américain en cas de guerre. Les États-Unis ne devaient pas se trouver entraînés dans un conflit nucléaire par leurs alliés.

Le gouvernement fédéral chercha à diminuer sa dépendance envers les États-Unis. Pour F. J. Strauss, ministre de la Défense sous Adenauer, la meilleure solution pour une RFA qui avait dû renoncer à l'arme atomique et qui se mettait à douter de la garantie américaine, était une co-possession ou un contrôle conjoint de l'arme atomique, avec les États-Unis ou, mieux, avec d'autres États européens, dans un cadre franco-allemand ou dans celui d'une Union européenne. En 1957, après le choc du *Spoutnik*, on discuta pour la première fois du « partage » des armes nucléaires *Us* au sein de l'OTAN. Strauss avait alors trois objectifs : acquérir des armes nucléaires américaines pour la *Bundeswehr* ; constituer une force nucléaire de l'OTAN libre du *veto* américain ; développer l'option européenne. Le successeur de Strauss, von Hassel, poursuivit cette politique, mais il dut se rabattre sur les deux premiers objectifs, après la défection française consécutive à l'arrivée du général de Gaulle au pouvoir. Bonn soutint donc le projet MLF, qui correspondait à ces deux objectifs. Ce projet offrait une alternative ou un complément à la garantie américaine *stricto sensu* ; il n'était pas incompatible avec la renonciation nucléaire ouest-allemande ; il représentait une solution commune face à la menace des fusées soviétiques à portée moyenne ou intermédiaire. Mais l'argument central en faveur de la MLF, c'était qu'elle permettait à la RFA d'accéder à une sécurité égale en lui donnant un contrôle conjoint sur des armes nucléaires. Le gouvernement de Bonn réclamait la faculté de participer au processus décisionnel sur l'usage des armes nucléaires dont la *Bundeswehr* devait être équipée. Rien n'assurait cependant que les États-Unis laisserait aux Allemands l'usage de leurs missiles à tête nucléaire.

Cette question cruciale du commandement et du contrôle restait pendante. Jusqu'à l'accord d'Athènes de mai 1962, Washington n'avait aucun engagement de consultation envers Bonn, qui n'était même pas informé du nombre des armes nucléaires stationnées sur son territoire. Le plan de défense du SACEUR était normalement approuvé par le Groupe de haut niveau (*Standing Group*) de l'OTAN, dont les États-Unis, la Grande-Bretagne et la France étaient membres, mais pas la RFA. Celle-ci n'eut aucune influence sur la formulation des plans jusqu'à la restructuration de l'OTAN après 1966. En 1961, le ministère de la Défense proposa que les États-Unis s'engagent à autoriser l'utilisation des mines nucléaires allouées à l'OTAN si le gouvernement ouest-allemand et le SACEUR le demandaient. Washington ne répondit pas. En 1963, au moment du projet MLF, le Ministère développa de nouvelles propositions sur les procédures de mise à disposition nucléaire. Il suggéra que les forces nucléaires de l'OTAN soient contrôlées par un « Comité exécutif nucléaire de l'OTAN » rattaché au Conseil de l'Atlantique nord et dont les décisions lieraient l'ensemble de l'Organisation. Son rôle principal serait de préparer des lignes de conduite pour tous les cas envisageables d'attaque de la part de l'adversaire. Le SACEUR aurait le pouvoir, prédélégué à l'avance, d'utiliser des armes nucléaires en accord avec ces lignes de conduite. Il ne devrait pas être soumis à des mécanismes de contrôle politique qui rendraient la dissuasion moins crédible. Lesdites lignes de conduite pourraient être basées sur l'exposé fait en mars 1961 par le Président Kennedy : l'OTAN ne prendrait jamais l'initiative d'un conflit armé ; l'agression se verrait opposée une riposte nucléaire suffisante mais pas excessive ; toute attaque soviétique, même conventionnelle, serait confrontée à une riposte nucléaire. La Force multilatérale serait à la disposition des gouvernements concernés. En 1966, Bonn s'efforça à nouveau d'acquérir une forme de contrôle sur l'utilisation éventuelle des armes atomiques stationnées sur le territoire ouest-allemand. S'élevait la question de la « double clé ». Le ministère de la Défense demanda que la RFA eût un droit de *veto* sur l'emploi de toute arme basée en RFA ou utilisée sur des cibles en « territoire allemand », RDA comprise.

À la place d'une co-décision (*Mitbestimmung*) sur les armes nucléaires, le gouvernement fédéral aspirait au moins à une consultation (*Mitsprache*). Celle-ci avait pour préalable l'information sur le nombre et la localisation des armes américaines stationnées en RFA, l'engagement des États-Unis à ne pas les déplacer secrètement et à en avertir Bonn, le droit des autorités ouest-allemandes d'avoir leur mot à dire sur l'usage de ces armes en « territoire allemand ». Après l'échec de la MLF, le gouvernement fédéral se résigna à abandonner son projet d'avoir « un doigt sur la gâchette » (la co-décision d'emploi) ; il s'orienta vers un autre projet, celui d'avoir « un doigt sur le cran d'arrêt » (le *veto* sur l'emploi). Mais ce projet – comme tout mécanisme multilatéral de contrôle – n'affaiblissait-il pas la crédibilité de la dissuasion nucléaire ? Préférant la sécurité à la souveraineté, la RFA abandonna l'idée d'un *veto* partagé sur le commandement central des forces nucléaires de l'OTAN. Le *veto* serait exercé par chaque État abritant des armes nucléaires (américaines) sur la décision d'emploi de ces armes. En 1967, ce débat sur le contrôle conjoint des armes nucléaires arriva à un point critique, car il se mêla à celui sur la non-prolifération, lancé par le gouvernement américain au début de la décennie.

Les réticences à adhérer au TNP étaient-elles un signe que Bonn retenait l'option d'une force nationale ? Officiellement, elles s'expliquaient par les motifs suivants : la volonté de maintenir l'option nucléaire européenne ; les inquiétudes sur d'éventuelles restrictions de l'exploitation civile de l'énergie atomique ; le désir de monnayer la complète renonciation au nucléaire contre des avancées sur la réunification ; la dénonciation de la discrimination entre haves et have-nots ; la méfiance envers le « condominium nucléaire » soviéto-américain ; la crainte que l'URSS ne tente d'utiliser le TNP pour obtenir un contrôle de l'industrie nucléaire allemande en liaison avec la clause des « États ennemis » de la Charte des Nations unies ; le rejet du TNP par le gouvernement français et l'aggravation de l'inégalité de statut entre Bonn d'une part, Paris et Londres d'autre part. Le gouvernement de « grande coalition » CDU-SPD se résolut pourtant à échanger sa renonciation contre la consultation dans l'OTAN, à échanger le traité de non-prolifération contre le Groupe de planification nucléaire. Au lieu de poursuivre la chimère d'une co-possession, la RFA opta pour le renforcement de la coopération avec les alliés, car elle continuait à s'intéresser à l'établissement de lignes de conduite sur l'usage des armes nucléaires, le choix des cibles ou la décision d'emploi. L'option nucléaire nationale fut enterrée. La *Mitsprache* nucléaire OTAN devint le point crucial de la politique de défense ouest-allemande. Les « liens transatlantiques » entre Washington, Londres et Bonn dominèrent la doctrine et la planification de l'OTAN durant plus de vingt ans.

Pour quels buts l'Allemagne de l'Ouest utilisa-t-elle la consultation nucléaire dans l'OTAN, de 1967 à la fin de la guerre froide ? À quoi devait servir la *Mitsprache* ? La RFA parvint-elle à influencer ses principaux alliés pour atteindre ses fins ? À l'intérieur de l'Alliance, la politique de défense ouest-allemande, mise à part la réduction des armements (MBFR), avait trois grands centres d'intérêt : la « défense de l'avant », c'est-à-dire la protection de l'ensemble du territoire et la posture de défense le plus à l'Est possible ; l'usage précoce de l'arme nucléaire, c'est-à-dire l'escalade rapide du conflit et le refus de sa « conventionnalisation » ; l'atteinte de cibles en URSS, c'est-à-dire la possibilité de menacer directement le territoire soviétique grâce à des vecteurs stationnés en RFA de portée suffisante. Ces trois concepts se heurtaient au caractère strictement défensif de l'Alliance atlantique, au choix des États-Unis de retarder le plus possible l'escalade nucléaire, à leur volonté de limiter le conflit éventuel à l'Europe pour mettre à l'abri leur territoire d'une représaille soviétique. Malgré ces obstacles, Bonn pesa assez lourd dans l'Alliance pour parvenir aux trois résultats suivants : l'OTAN adopta la doctrine FOFA dans les années 1980; tout au long de la guerre froide, les États-Unis se refusèrent au *no first use* ; en 1983, ils réinstallèrent des euromissiles capables d'atteindre Moscou.

Le projet de Force multilatérale (MLF)

En septembre 1960, Adenauer, Norstad et Spaak, respectivement commandant en chef et secrétaire général de l'OTAN, proposèrent de transformer l'Organisation en « quatrième puissance nucléaire » de l'Ouest. Bonn aurait un accès égal aux armes nucléaires ; l'emploi de ces armes serait contrôlé par le Conseil de l'Atlantique nord. Ce projet offrait une solution au dilemme de la RFA entre non-prolifération et alliance nucléaire. Il équivalait à une « nucléarisation » indirecte et partagée de l'Allemagne. Sans suite, il rebondit cependant avec le projet de Force multilatérale. Pouvait-on faire de l'Alliance atlantique une « puissance nucléaire » ? À cette question du passé, fait écho une question d'actualité : pourrait-on faire de l'Union européenne une « puissance nucléaire » ? Ces idées illustrent la façon dont la RFA cherchent ou cherchaient une solution supranationale à un problème national.

Le projet visant à créer une force nucléaire intégrée sous commandement de l'OTAN fut la réponse apportée par les États-Unis à leurs alliés européens, dans le double objectif de rétablir la confiance dans la garantie américaine et de leur concéder un minimum de participation aux décisions concernant la stratégie nucléaire, dont ils étaient tenus à l'écart. La Force multilatérale eût été distincte des forces nucléaires stratégiques des États-Unis et de la Grande-Bretagne, qui échappaient à la compétence de l'OTAN. Unique tentative d'intégration atlantique de la Bombe, le projet MLF fut au centre des débats de l'Alliance de 1960 à 1965. Largement oublié, il retrouve un regain d'intérêt avec les discussions sur la concertation nucléaire européenne dans le cadre d'une défense européenne commune. Élaboré dans un contexte politico-stratégique marqué par le passage des « représailles massives » à la « riposte flexible » et par l'accession de la France, puis de la RPC au statut nucléaire, ledit projet connut bien des vicissitudes, avant de disparaître discrètement. Son histoire s'articula en deux grandes phases : de la proposition du secrétaire d'État Herter aux accords anglo-américains de Nassau (décembre 1960-décembre 1962) ; de la réorientation de la MLF et de la proposition Erhard à l'échec final (janvier 1963-octobre 1964-décembre 1965).

Herter offrit au nom des États-Unis de mettre à la disposition de l'OTAN, avant 1963, cinq sous-marins à propulsion nucléaire porteurs chacun de seize missiles Polaris, possédés, contrôlés et servis sur une base « multilatérale », les ogives étant fournies par les États-Unis et placées sous leur garde. Le tout constituerait une force de dissuasion de l'OTAN sous le commandement de l'OTAN. Cette offre était l'aboutissement des différents plans américains élaborés depuis 1957 pour « nucléariser » l'Organisation, répondre aux demandes du SACEUR en matière de fusées à portée intermédiaire, satisfaire les pays européens souhaitant participer à la décision d'emploi des armes nucléaires, décourager toute force de dissuasion nationale. À cet égard, la proposition américaine visait à contrer la politique d'indépendance militaire de la France. Le projet Herter demeurait très vague. Où seraient basés les Polaris? Qu'entendait-on par « commandement OTAN » ? Qui déciderait de l'emploi final de cette force? Si la décision devait être collective, serait-elle prise à l'unanimité, ou selon quel autre mode? La Belgique, les Pays-Bas, l'Italie, la Turquie et, surtout, la RFA réagirent favorablement au projet, considéré comme « un premier pas dans la direction du partage nucléaire » : question politique clé qui recouvrait la disposition en commun d'armes atomiques par les EDAN et les ENDAN de l'Alliance. La Grande-Bretagne et la France se montrèrent beaucoup plus réservées. Quoi qu'il en soit, la proposition Herter n'eut pas de suite, car l'administration Eisenhower cédait la place à l'administration Kennedy. Celle-ci héritait donc de propositions floues sur le développement d'une force nucléaire de l'OTAN, mais aussi d'une doctrine stratégique de « représailles massives » plus en plus douteuse.

En mai 1961, Kennedy réitéra l'offre Herter en proposant de « remettre entre les mains du commandement de l'OTAN cinq sous-marins Polaris sous réserve d'un accord de tous les pays alliés de l'OTAN sur des directives quant à leur emploi et leur contrôle ». Le nouveau Président ajouta qu'il envisageait la constitution d'une force navale de l'OTAN « véritablement multilatérale dans sa possession et son contrôle, si les Alliés le désiraient et le jugeaient réalisable, une fois atteints les objectifs non nucléaires de l'OTAN ». L'idée d'une force collective devenait ainsi la solution pour résoudre le problème de la défense nucléaire de l'OTAN. Parallèlement, l'administration américaine mettait en place une nouvelle doctrine stratégique de « riposte flexible », présentée publiquement en mai 1962. Celle-ci supposait un commandement et un contrôle centralisés, et par conséquent une intégration de toutes les forces nucléaires, de façon à rendre impossible leur emploi indépendant. Étaient donc visés l'arsenal de la Grande-Bretagne, celui en construction de la France et, au travers de la France, la RFA, toujours susceptible d'aller indirectement au nucléaire. D'avril à décembre 1962, le projet prit corps, malgré les réticences du Département de la Défense. Il fit l'objet d'études détaillées sur ses problèmes juridiques, politiques, financiers, militaires et techniques (structure, objectifs, commandement, procédure de contrôle des missiles et ogives, formation linguistique des équipages, etc.). L'administration Kennedy tenait fermement à trois choses : l'intégration européenne, ainsi que l'entrée de la Grande-Bretagne dans la CEE ; la non-prolifération nucléaire, d'où l'hostilité aux forces de frappe nationales ; le maintien du droit de *veto* américain sur la décision d'emploi de toute force OTAN. Le projet américain rencontra relativement peu d'écho en Europe. Mais il fut une seconde fois relancé par l'accord anglo-américain de Nassau, qui succédait à l'annulation unilatérale par les États-Unis de la construction de la fusée air-sol *Skybolt* sur laquelle reposait le programme nucléaire de la Grande-Bretagne.

Le communiqué final de cet accord souleva d'âpres controverses, notamment ses articles 6, 7 et 8. L'article 6 prévoyait une force multinationale OTAN (juxtaposant sous un même commandement des unités nationales) composée à partir d'éléments des forces stratégiques américaines, du *Bomber Command* britannique et des forces nucléaires en Europe. C'était la suggestion britannique. L'article 7 stipulait clairement que les États-Unis et la Grande-Bretagne s'engageaient à faire tout leur possible pour contribuer à la création d'une force nucléaire multilatérale de l'OTAN caractérisée par un haut degré d'intégration (mixité des personnels au sein d'une même unité). C'était la suggestion américaine. L'article 8 disait que les États-Unis fourniraient des missiles Polaris (sans les têtes nucléaires) pour les sous-marins britanniques ; la force britannique ainsi constituée et des forces américaines équivalentes seraient rendues disponibles pour être incluses dans la force multilatérale de l'OTAN, sauf si « les intérêts nationaux suprêmes » de la Grande-Bretagne étaient menacées. Une offre semblable fut faite au Président de Gaulle. En gros, Kennedy reconstituait ainsi le « directoire à trois » proposé par le général en septembre 1958 et refusé par Eisenhower. La France et la Grande-Bretagne auraient été mises sur un pied d'égalité. Mais ce statut privilégié était contradictoire avec l'objectif d'une participation égale de tous les pays de l'Alliance, EDAN comme ENDAN. De Gaulle vit dans les accords de Nassau une tentative américaine pour « récupérer les forces de dissuasion européennes » (britanniques et françaises). Il fit connaître son double refus de participer à la MLF et de laisser entrer la Grande-Bretagne dans la CEE. Désormais, la France se tiendra et sera tenue à l'écart du débat. Celui-ci prit alors une autre inflexion : de militaire, il devint politique. En 1960, le projet MLF était axé sur la défense de l'Europe face à l'URSS par l'acquisition de fusés à portée intermédiaire. En 1963, le projet, réorienté en fonction des conceptions américaines sur l'intégration européenne et le partenariat atlantique, devint un instrument pour isoler la France et pour attirer la RFA du côté atlantique (américain) et non pas européen (français). La signature du traité de l'Élysée faisait en effet craindre aux États-Unis une contribution allemande à la force de frappe française.

Durant le premier semestre 1963, Washington développa une campagne diplomatique en faveur du projet qui se heurta à une relative indifférence, puisque seules la RFA, l'Italie, la Grèce et la Turquie donnèrent leur accord. La Force multilatérale avait toujours été présentée comme une réponse aux souhaits et aux besoins des Européens : si ceux-ci n'en voulaient pas, il semblait logique qu'elle fût abandonnée. En outre, l'URSS condamnait la MLF comme une manœuvre visant à l'armement nucléaire de la RFA. Or, les Américains cherchaient à conclure avec Moscou un traité sur l'interdiction partielle des essais nucléaires et un autre sur la non-prolifération. L'administration Kennedy remit cependant sur pied le projet en réexaminant ses aspects juridiques, politiques, financiers, militaires et techniques, en préparant le vote du Congrès ainsi que la décision du Président sur le choix d'une date pour la signature du traité en préparation. Mais Kennedy fut assassiné le 22 novembre 1963. En 1964, la scène politique mondiale avait changé : Adenauer était remplacé par Erhard, Macmillan par Wilson, Kennedy par Johnson. En proposant au nouveau président américain la conclusion d'un traité bilatéral entre la RFA – seul pays de l'Alliance clairement engagé en faveur de la ML – et les États-Unis avant la fin de l'année, quitte à prévoir des dispositions pour l'adhésion ultérieure d'autres pays, et en rendant publique à Berlin, le 4 octobre 1964, cette proposition, le nouveau Chancelier déclencha une crise. La France, la Grande-Bretagne et l'URSS s'inquiétèrent vivement de ce futur « condominium nucléaire » germano-américain en Europe. Paris n'hésita pas à recourir aux menaces, en y mêlant la CEE, pour contraindre la RFA à faire marche arrière, la MLF étant jugé incompatible avec le traité de l'Élysée. Celle-ci devint donc un facteur de division au sein de l'Alliance. Londres proposa de remplacer la MLF par une Force nucléaire atlantique qui serait contrôlée par un Comité euro-américain ; mais ce plan visait surtout à empêcher toute « relation spéciale » germano-américaine. Quant aux Américains, ils étaient davantage préoccupés par le futur TNP, donc par une entente avec les Soviétiques, surtout après l'explosion de la bombe A chinoise. Mis en échec, le projet fut définitivement abandonné à l'issue des entretiens Johnson/Erhard en décembre 1965.

Les changements survenus chez les principaux responsables politiques des pays de l'Alliance, qui ne permirent pas la poursuite d'une réflexion à long terme, l'opposition de la France, soucieuse d'assurer son indépendance et son monopole nucléaires sur le continent, les atermoiements de la Grande-Bretagne, qui recherchait une situation privilégiée au sein de la Force, l'indifférence de la plupart des autres alliés, la perte d'intérêt du projet aux yeux des Américains du fait de leur volonté de trouver un accord avec l'URSS sur la non-prolifération, la faiblesse de la valeur militaire de la MLF tant comme force de combat que comme force de dissuasion, tout cela explique l'échec du projet. De manière très significative, seule la RFA se montra enthousiaste pour la MLF, qui lui permettait de participer à la stratégie nucléaire. Mais il eût fallu qu'il y ait un accord formel des participants sur l'emploi des armes, ce qui n'a jamais été le cas. Tel était le cœur du problème : qui aurait le pouvoir de décider de l'emploi de la force nucléaire ? La décision serait-elle prise selon la règle de la majorité, de la majorité pondérée ou de l'unanimité des participants ? Comment concilier la nécessité d'un contrôle central avec la souveraineté des États membres de l'Alliance ? Qui commanderait la force ? « Quinze doigts sur la gâchette », selon l'expression consacrée, ou un seul, mais qui dans ce cas ? Le Président des États-Unis, le SACEUR, un Comité restreint atlantique ? Comment concilier le commandement unifié et la participation de tous les alliés à la stratégie nucléaire ? Autant de questions cruciales qui ne furent pas débattues à fond de 1960 à 1965. Et pour cause : les États-Unis voulaient conserver le monopole du contrôle sur les ogives déployées en Europe ; la Grande-Bretagne souhaitait maintenir ses relations privilégiées avec l'Amérique ; la France voulait devenir une puissance nucléaire indépendante ; l'Allemagne voulait obtenir l'égalité de statut.

Les discussions politiques françaises de l'époque contiennent tous les éléments du débat atlantique et européen sur l'arme nucléaire. Ils ne varieront guère. Dans la décennie 1960, l'opposition centriste et socialiste à la force de frappe portait essentiellement sur le refus du général de Gaulle de l'intégrer dans une force atlantique ou européenne[2]. L'opposition parlait d'une « force de dissuasion commune », « européenne », « atlantique » ou « intégrée ». Ces propositions formaient l'alternative à la force nationale. Étaient-elles viables ? En 1960, la contradiction entre la logique nucléaire du commandement national et l'intégration à un ensemble multinational était mal perçue. Le député Mitterrand reconnaissait toutefois qu'une force multilatérale soumettrait la France à des impératifs diplomatiques et militaires inconciliables avec l'indépendance de la décision. Le problème de la décision d'emploi du déterrent collectif dont parlaient les parlementaires français ne fut souvent évoqué par eux que de façon allusive, comme si la solution allait de soi, sans analyser les modalités et les conséquences d'une force intégrée. Or, celle-ci supposait et suppose un accord total et constant sur les enjeux et les objectifs politiques et stratégiques, un accord sur l'emploi et la décision d'emploi en cas de crise. La « force atlantique » se heurtait au fait que l'OTAN est une organisation intergouvernementale qui ne peut donc prendre aucune décision autonome. Quant à la « force européenne », elle était vue comme un moyen d'unifier l'Europe par le biais de la défense nucléaire ; mais cette défense supposait elle-même une Union politique de l'Europe, donc l'existence d'un pouvoir politique européen, à ce jour inexistant.

La consultation nucléaire OTAN

Jusqu'à l'institution du GPN, le problème crucial du rapport de la RFA avec l'OTAN était le suivant : non seulement la décision d'emploi des armes nucléaires confiées à la *Bundeswehr* appartenait exclusivement aux Américains, mais les Allemands n'avaient aucune influence sur les plans de frappe ni aucune connaissance des cibles visés par le SACEUR. Les autorités fédérales voulaient posséder des vecteurs, participer au contrôle des armes nucléaires stationnées sur leur sol et à la préparation des plans de frappe assignés à ces armes. Si elles étaient satisfaites de voir la *Bundeswehr* dotée d'armements atomiques, elles n'entendaient pas accepter une bataille nucléaire sur leur territoire sans avoir leur mot à dire, sans que la défense couvre clairement l'ensemble de la RFA, sans la certitude de l'emploi des armes nucléaires par les Américains le moment venu, de préférence sur l'URSS. Adenauer et ses successeurs craignaient tout particulièrement que Washington hésite à utiliser l'arme nucléaire pour la défense de l'Europe, ou limite l'échange aux pays d'Europe de l'Est, ou entame un « repli stratégique ».

Le projet MLF connut une seule réussite, capitale pour les Allemands : le Special Committee, dit « Comité McNamara », proposé au Conseil de l'Atlantique nord le 31 mai 1965. Le Comité spécial des ministres de la Défense de l'OTAN fut constitué le 27 novembre 1965. Il aboutit, en décembre 1966, à l'institution de deux organes : le *Nuclear Defense Affairs Committee*, auquel tous les alliés participèrent, à l'exception de la France, du Luxembourg et de l'Islande ; le *Nuclear Planning Group* composé des États-Unis, de la Grande-Bretagne, de la RFA, de l'Italie, de la Turquie et de trois autres membres du NDAC, par rotation. Le NPG devait examiner les problèmes relatifs à la planification de l'emploi des armes nucléaires, au choix des cibles et des salves prévues par la doctrine de la riposte flexible. À partir de 1977, il s'occupa également de la modernisation des forces nucléaires déployées en Europe occidentale. En 1966, tandis que la France quittait l'OTAN, la RFA entra donc au GPN. Elle bénéficia alors, fait déterminant pour elle, d'une « dissuasion concertée » avec les États-Unis – non avec la France. En gardant un statut non nucléaire, elle réussit à acquérir des missiles et à participer à l'adoption des stratégies nucléaires de l'Alliance. Elle fut ainsi moins exposée à la tentation de développer son propre arsenal. Du point de vue allemand, la dissuasion partagée est la clé de la dissuasion élargie et de la non-prolifération. Mais le pouvoir nucléaire se partage-t-il ? Aucun EDAN n'est (pour l'instant) disposé à un réel partage, qui supposerait une totale communauté de valeurs et d'intérêts. Au niveau européen, seule une fédéralisation de l'Union pourrait entraîner un partage nucléaire. Quant aux États-Unis, ils se méfient des alliances contraignantes – qui « égalisent » les rapports entre protecteurs et protégés – et ils entendent conserver leur monopole de la décision. Enfin, tout État faisant partie d'un traité d'alliance ayant le droit de juger lui-même de la réalisation du *casus foederis*, l'assistance militaire reste forcément incertaine.

Quelle est la procédure de mise à feu des armes nucléaires américaines dans l'OTAN ? Durant le conflit Est-Ouest, il était prévu que la décision chemine depuis les corps d'armée jusqu'au Président américain (NCA) en passant par les différents échelons CENTAG, AFCENT, SACEUR, SHAPE, Conseil de l'Atlantique nord, puis redescende par ces différents degrés jusqu'aux corps d'armée et atteigne l'unité concernée en passant par la division. Ce cheminement pouvait être écourté des corps d'armée à CENTAG puis au Président, voire directement du Président aux unités. En cas d'attaque nucléaire surprise, il n'était pas exclu que le SACEUR dispose du pouvoir prédélégué (par le Président américain) de donner l'ordre de mise à feu. En tant que commandant des forces américaines en Europe, le SACEUR fait partie du système national de commandement militaire (NMCS) des États-Unis, qui constitue l'élément central de leur système mondial de commandement et de contrôle militaire (WWMCCS). Le contingent nucléaire affecté à l'OTAN a donc toujours dépendu du Président des États-Unis, tout autant que les autres armes disposées en Europe. Le commandant suprême des forces alliées en Europe (SACEUR) est également le commandant en chef des forces américaines en Europe (CINCEUR). Dans la mesure où le SACEUR/ CINCEUR –au même titre que le CINCLANT, le CINCPAC ou le CINCSAC– tient sous son commandement des forces nucléaires, il dispose d'un centre de commandement de rechange sous abri et d'un centre de commandement embarqué sur avion qui, au sein du système mondial de commandement aéroporté des États-Unis (WWACPS), est relié par des avions-relais au poste national aéroporté de commandement d'urgence (NEACP). Ce dernier est l'outil décisif de commandement à la disposition du président américain pour la conduite de la guerre nucléaire stratégique.

Les gouvernements américains ont toujours fait savoir que si les consultations au sein du Conseil de l'Atlantique nord devaient durer trop longtemps, les États-Unis se réservaient le droit de recourir unilatéralement à l'arme nucléaire. Des procédures de consultation simplifiées entre les principaux alliés ou entre les membres ayant des responsabilités particulières dans le domaine nucléaire ont été mises en place au moment des directives d'Athènes en 1962. Il semble que les accords existants entre

Washington et Londres sont de nature à prévenir l'emploi des forces nucléaires américaines opérant à partir de la Grande-Bretagne sans le consentement de Londres. En ce qui concerne la RFA, existait un accord intergouvernemental aux termes duquel les autorités américaines ou britanniques devraient informer le Chancelier de leur intention de recourir à l'arme nucléaire. Il en allait de même s'agissant de l'emploi par la France, sur le territoire allemand, de ses fusées *Pluton* ou *Hadès*. Mais de telles consultations ne donnaient pas un droit de *veto* à la RFA ; or, c'est ce que désirait le gouvernement allemand. Le système de la « double clé » –qui caractérisait les têtes nucléaires américaines basées sur le territoire des pays européens– donnait au porteur de la seconde clé un droit de *veto* politique –voire technique s'agissant des vecteurs possédés par les Européens[3]– sur l'ordre de lancement –dans le cas de vecteurs possédés par les Américains[4]– qui ne pouvait provenir que du porteur de la première clé. Cependant, rien n'empêchait d'imaginer un système qui, en cas de crise, permettrait aux détenteurs de la première clé (le président américain) de donner l'ordre de feu, en laissant au détenteur de la seconde clé (le chancelier allemand) la possibilité de choisir le moment de la salve. Dans ce cas de figure, la RFA serait pratiquement mise en possession d'une arme déléguée discrétionnairement. C'est le souhait qu'avait émis le gouvernement fédéral en 1968 : après approbation de la délégation par le président américain, les ogives nucléaires américaines, montées sur des vecteurs allemands, seraient mises à la disposition de la *Bundeswehr* en cas de crise et utilisées sans la permission des autorités américaines. Nonobstant, la gestion collective du dispositif otanien permit aux responsables politiques et militaires des ENDAN membres de l'Organisation, telle la RFA, de développer une « culture stratégique nucléaire ».

La crise des euromissiles

La nécessité pour l'OTAN de disposer d'armes nucléaires en Europe capables d'atteindre l'URSS est une idée qui remonte à 1957, lorsque le lancement du *Spoutnik* mit en évidence la vulnérabilité tendancielle du territoire américain à une frappe stratégique soviétique. L'ère des missiles intercontinentaux et de la vulnérabilité mutuelle sonnait le glas de la doctrine des « représailles massives » par laquelle les États-Unis s'étaient engagés à recourir à leurs forces nucléaires centrales en cas d'attaque de l'Europe occidentale par le PDV. C'est précisément en 1957 que le Conseil de l'Atlantique nord décida de procéder au déploiement de missiles américains, les *Thor* en Grande-Bretagne, les *Jupiter* en Italie et en Turquie. Après l'échec de la MLF, les États-Unis acceptèrent d'affecter au SACEUR, en remplacement des fusées Thor et Jupiter retirées après la crise de Cuba, les 64 SLBM Polaris qui devaient équiper la Force multilatérale. En 1966-67, l'ajustement de la doctrine de l'OTAN fut consacré par l'adoption de la stratégie de la « riposte flexible » et la création d'un mécanisme de consultation, le GPN, afin de permettre aux alliés européens de participer à l'élaboration de la politique nucléaire de l'Alliance. Face aux forces terrestres (SS-4 et 5) et aériennes soviétiques, l'OTAN comptait sur les forces aériennes (appareils *Vulcan*, F-111) et navales (SLBM *Poseidon*) américaines, cependant qu'était renforcé l'équipement des armées alliées en moyens à courte ou très courte portée (*Honest John*, *Nike Hercules*). À la fin des années 1960, les malaises transatlantiques se soldèrent donc par l'ajout d'une dissuasion stratégique otanienne (face aux euromissiles soviétiques) à la dissuasion stratégique américaine (face aux missiles intercontinentaux soviétiques)[5].

Compte-tenu de l'infériorité conventionnelle de l'OTAN par rapport au PDV, les armements nucléaires « tactiques » devaient contrecarrer le calcul qu'on prêtait aux Soviétiques, à savoir encaisser les frappes « stratégiques » américaines et prendre entre-temps l'Europe en otage. La défense occidentale devait par conséquent reposer sur une double capacité : la capacité stratégique (américaine) de détruire les villes soviétiques, la capacité tactique (otanienne) d'empêcher la conquête de l'Europe. La dissuasion par représaille ou punition s'articulait donc avec la dissuasion par déni ou interdiction. La prévention de la guerre se basait sur le pouvoir de mener une guerre nucléaire intercontinentale (avec les armements stratégiques des États-Unis), mais aussi sur le pouvoir de mener une guerre de théâtre en Europe (avec les armements tactiques et classiques de l'OTAN). La sécurité de l'Europe occidentale reposait donc sur son « couplage » avec l'Amérique au moyen d'armes nucléaires américaines déployées sur le Vieux Continent (dans le cadre de l'OTAN), qui assuraient la jonction entre les forces conventionnelles des alliés européens et les forces nucléaires centrales des États-Unis.

L'OTAN s'est construite sur l'idée européenne qu'aucune guerre locale n'était possible en Europe sans déboucher immédiatement sur une guerre globale. L'URSS ne pourrait se risquer à attaquer la RFA sans détruire les armes nucléaires américaines stationnées sur le sol ouest-allemand ; comme il faudrait pour cela une frappe nucléaire, la riposte américaine serait inévitable. Mais les dirigeants américains risqueraient-ils leur pays pour défendre la RFA ? Symbolisé par le traité ABM de 1972, l'avènement de la parité nucléaire entre l'URSS et les États-Unis, neutralisant les arsenaux stratégiques des deux Grands, ne livrait-elle pas l'Europe à elle-même, avec le risque de constituer le champ de bataille d'une « guerre limitée » entre l'URSS et les États-Unis ? La crise des euromissiles – le déploiement de fusées terrestres à tête nucléaire soviétiques puis américaines de portée intermédiaire (1000 à 5500 km), les discussions sur leur retrait, enfin leur suppression lors du traité FNI – illustra la crainte européenne du « découplage ». L'affirmation de la nécessité d'un équilibre « euro-stratégique » faisait de l'Europe occidentale un espace spécifique, mais la dénucléarisation « de théâtre » la laissait face à la supériorité conventionnelle des Soviétiques ! En même temps, le maintien des missiles à courte portée (moins de 500 km) introduisait une crainte allemande de « découplage » entre la RFA et l'Europe de l'Ouest !

C'est le Chancelier Schmidt qui lança, dans son discours du 28 octobre 1977 à Londres, l'affaire des euromissiles en dénonçant l'installation des fusées soviétiques SS20. C'est également lui qui fut l'artisan de la « double décision » prise par l'OTAN le 12 décembre 1979. Il importait de suppléer l'improbabilité d'une riposte américaine centrale vis-à-vis d'une menace soviétique circonscrite à l'Europe, par une riposte otanienne, qui assurerait la défense de l'Europe tout en maintenant le « couplage » avec l'Amérique. D'où la nécessité de posséder en Europe des armes nucléaires de portée suffisante (plus de 1000 km) pour atteindre l'URSS. Le Conseil de l'Atlantique nord annonça donc sa « double décision » : la modernisation des forces avec le déploiement, prévu à partir de novembre 1983, de 572 missiles terrestres américains (108 *Pershing* 2 et 464 missiles de croisière emportant chacun une ogive nucléaire) ; l'ouverture de négociations avec l'URSS sur la limitation des forces nucléaires intermédiaires. Le souci du volet « négociation », en sus du volet « modernisation », découlait de la volonté de trouver un équilibre entre défense et détente. Mais le choix de « s'armer pour négocier un désarmement » (le retrait des nouveaux missiles américains en échange de celui des SS 20) fut évidemment très difficile à faire comprendre aux opinions publiques. L'administration Carter s'était résolue au déploiement pour renforcer la crédibilité du protectorat américain. Mais, préoccupée par le risque d'escalade inhérent à la capacité de frappe des FNI sur le territoire soviétique, elle entendait rechercher une solution négociée qui permettrait d'éviter le déploiement. La direction soviétique, elle, affirmait qu'il existait un équilibre « eurostratégique » si l'on tenait compte de l'ensemble des forces nucléaires en Europe, y compris les systèmes navals et aériens américains et les arsenaux français et britanniques.

Le déploiement d'euromissiles américains aéronavals n'atteignant pas l'URSS et d'euromissiles soviétiques aéroterrestres n'atteignant pas les États-Unis, faisait partie, depuis octobre 1962, de l'accord (secret) américano-soviétique sur leur mode d'affrontement géographiquement dissymétrique en Europe. Selon le système de la MAD, il fallait à la fois que la frappe en second fût invulnérable en quantité suffisante et que les capacités de première frappe fussent tenues à distance pour ménager à l'adversaire un délai de riposte. À l'issue de la crise cubaine de 1962, l'URSS avait échangé le retrait de ses missiles à moyenne portée de Cuba – qui pouvaient atteindre le territoire des États-Unis dans un délai très bref et qui, venant du Sud, prenaient à revers le système d'alerte installé au Nord du Canada et en Alaska – contre le retrait des missiles américains à moyenne portée de Turquie – qui pouvaient, eux aussi, atteindre à bref délai leurs cibles en URSS. Remettant en cause l'accord secret de 1962, l'installation des *Pershing* et des *cruise missiles*, systèmes d'armes capables d'atteindre Moscou, correspondait à la stratégie de « riposte flexible ». Celle-ci prévoyait, dans une première phase, l'usage des armes conventionnelles, puis, le cas échéant, celui d'armes nucléaires à courte portée et à faible puissance, enfin, le cas échéant, celui des missiles otaniens à portée intermédiaire, afin de retarder le lancement des missiles intercontinentaux américains sur l'URSS. Le scénario envisagé était donc celui d'une guerre qui resterait limitée à l'Europe. L'OTAN avait été conçue comme un ensemble géostratégique solidaire ; mais elle apparut de plus en plus, à mesure que les missiles soviétiques menaçaient les villes américaines, comme formée de deux ensembles dissemblables en cas de conflit : le sanctuaire de l'Amérique du Nord, le champ de bataille de l'Europe de l'Ouest.

La « double décision » de l'OTAN prit une nouvelle tournure avec l'arrivée au pouvoir de Reagan. Elle s'inscrivit dans la « nouvelle guerre froide », qu'avait amorcée Carter après l'intervention soviétique en Afghanistan le 25 décembre 1979. L'administration Reagan avait la conviction que la « détente », de 1962 à 1979, avait été un jeu de dupes : alors qu'elle avait été pour l'Occident un moyen de dépasser peu à peu la guerre froide, elle aurait été pour une URSS en plein expansion un moyen de la livrer et de la gagner peu à peu ! L'administration Reagan n'envisageait plus de « dialoguer » avec l'URSS ni même de « l'endiguer », mais de la réduire, à travers une offensive à tous les niveaux : idéologique (droits de l'homme), économique (embargos et boycotts), technologique (Initiative de Défense stratégique, ou « guerre des étoiles »), militaire (course aux armements et doctrine *Air Land Battle*), et sur tous les théâtres: mer (renouveau de la dominance de l'*Us Navy*), Europe (déploiement de missiles aéroterrestres et concept de « défense de l'avant »), Asie du Nord-Est (déploiement de missiles aéronavals et concept d'« escalade horizontale »), tiers monde (soutien aux « combattants de la liberté », du Nicaragua à l'Afghanistan en passant par l'Angola et l'Ethiopie). L'administration Reagan, très critiquée en Europe dont les opinions redoutaient la fin de la « détente », avait un programme : battre le communisme russe. Mais elle savait que la politique de force devrait s'accompagner d'un renouveau de la négociation, une fois la suprématie américaine restaurée, afin d'éviter la guerre.

Quoi qu'il en soit, la nouvelle politique *Us* heurtait l'*Ostpolitik* de la RFA, c'est-à-dire la version ouest-allemande de la « détente », dont le sommet fut l'Acte d'Helsinki en 1975. C'est sur cette contradiction que joua l'URSS lors de la crise des euromissiles, car c'est cette contradiction qui fut au cœur de ladite crise, autant germano-américaine qu'Est-Ouest. Le très puissant mouvement pacifiste ouest-allemand, qui fut aussi un mouvement national, illustra le refus d'une très grande partie de l'opinion ouest-allemande d'abandonner la « détente » quand les États-Unis n'en voulaient plus. Si le Chancelier Schmidt avait demandé au Président Carter d'installer les *Pershing* et les *cruise missiles*, c'était moins pour le pousser à la confrontation avec l'URSS que pour consolider le « couplage » germano-américain, et si Carter avait accepté, c'était aussi pour éviter que la RFA ne finisse par couper ses liens avec l'OTAN. Tout au long du conflit Est-Ouest, les puissances occidentales redoutèrent que la RFA ne se rapproche de l'URSS en échange de la réunification, c'est-à-dire de l'abandon par celle-ci de la RDA. Depuis 1955, Moscou s'efforçait d'obtenir la reconnaissance plénière des « réalités de l'après-guerre », c'est-à-dire les nouvelles frontières étatiques et ethniques, ainsi que les nouveaux régimes. En 1969, le gouvernement Brandt était prêt à reconnaître lesdites « réalités ». Mais il refusait d'accepter que les Allemands de RDA ne puissent plus jamais former avec les Allemands de RFA une seule nation. Aussi désirait-il renouer et développer les contacts, les échanges, les relations, de toutes sortes, familiales, touristiques, culturelles, commerciales, entre les Allemagne, pour que survive l'unité de la nation allemande malgré la division en deux États. Pour cela, il fallait l'accord de la RDA. Comme la RDA dépendait de l'URSS, il fallait le consentement de l'URSS. L'URSS et la RDA devaient y trouver leur intérêt. Elles demandaient reconnaissance diplomatique et coopération économique : c'est ce que leur offrit la RFA. L'URSS et la RDA en seraient renforcées, donc la division politique, pérennisée... À moins que le maintien du sentiment national allemand, la remise en cause du principe d'ignorance des réalités étrangères indispensable à la domination communiste, la dépendance économique de l'Est vis-à-vis de l'Ouest, la divergence croissante entre sociétés et États à l'Est, n'ouvrent la perspective de changements radicaux. Telle était l'*Ostpolitik*. Le risque inverse était que la RFA soit attirée vers l'Est et éloignée de l'Ouest : c'est une telle « dérive » de Bonn que visait Moscou.

La perspective d'un affrontement nucléaire restreint entre les deux superpuissances sur le sol européen, avec tous les risques pour les Allemands et aucun pour les Américains, donna naissance au « mouvement pour la paix », à la fois antinucléaire et antiaméricain. Mettant fin au relatif consensus sur la politique de défense qui avait duré vingt ans en RFA, l'affaire des euromissiles servit de puissant révélateur.

Derrière les grandes manifestations pour la paix et la peur d'une guerre nucléaire en Europe, transparut la prise de conscience aiguë que la sécurité des pays européens dépendait des conflits d'intérêts entre les deux grandes puissances et non des Européens eux-mêmes. C'est pourquoi la crise fut si forte en Allemagne, objet central du conflit Est-Ouest et lieu de la plus grande concentration d'armements de l'histoire, et si faible en France, qui bénéficiait à la fois du glacis ouest-allemand et de l'indépendance nucléaire. L'exigence première du mouvement pacifiste était la non-installation sur le territoire allemand d'engins de destruction étrangers.

Au-delà, la dénucléarisation de l'Europe centrale permettrait-elle la reconstitution de l'unité allemande ? La crainte de la renaissance d'une Allemagne susceptible d'exiger la révision des frontières issues de la seconde guerre mondiale avait servi de justification à l'intégration militaire de la Pologne et de la Tchécoslovaquie dans le PDV. L'*Ostpolitik* remettait en cause la logique des blocs, dont le résultat premier était de maintenir la division allemande[6]. Inversement, le « couplage » répondait à la crainte grandissante d'une Allemagne neutre[7] : à chaque fois que la RFA semblait tentée par la neutralité, Washington et Paris s'empressaient d'offrir à Bonn une solution de rechange atlantique ou européenne – en l'occurrence, des euromissiles capables d'atteindre Moscou. Il était clair que la moindre menace de révision de l'ordre européen hérité de l'après-guerre réveillait les vieux soupçons contre l'Allemagne.

Précisément, les conceptions éco-pacifistes de la défense du territoire allant jusqu'à la dénucléarisation de l'Europe centrale supposaient une mutation du système européen et remettait la « question allemande » à l'ordre du jour, au grand dam des partenaires de l'Ouest et des adversaires de l'Est[8].

La négociation sur les FNI

À la fin des années 1970, le développement du potentiel militaire soviétique avait donc créé de nouvelles préoccupations. L'accès de l'URSS à la parité stratégique avec les États-Unis, confirmé par les accords d'*arms control*, avait abouti à la neutralisation des arsenaux centraux des deux superpuissances. En Europe, la supériorité conventionnelle du PDV avait accru la dépendance des Ouest-Européens à l'égard de l'emploi en premier des armes nucléaires « de théâtre » par l'OTAN, donc par les États-Unis, qui gardaient le commandement de leurs armes nucléaires affectées à l'Organisation. Or, le PDV avait acquis une supériorité nucléaire « de théâtre » dans toutes les catégories de missiles terrestres (moins de 500 km, 500 à 1000, 1000 à 5500). Surtout, le déploiement des fusées SS20 en 1977 avait donné au PDV une capacité de frappe sélective lui permettant de détruire rapidement les forces nucléaires « de théâtre » otaniennes. Comme on l'a dit, la réponse de l'OTAN, à l'initiative du Chancelier Schmidt, avait été la « double décision ».

Les négociations qui s'ouvrirent le 30 novembre 1981 à Genève furent dominées par l'échéance de fin 1983, début des premiers déploiements prévus par l'OTAN. Celle-ci créa un groupe de concertation, le Groupe consultatif spécial, pour assurer la coordination des positions occidentales tout au long des pourparlers. Le premier tour [9] vit les deux parties procéder à un échange de propositions inconciliables : Moscou voulait empêcher la modernisation de l'arsenal nucléaire à portée intermédiaire de l'OTAN, tout en préservant le bénéfice du déploiement des SS 20 ; Washington n'était disposé à renoncer aux *Pershing* et aux GLCM qu'en échange de l'élimination de tous les missiles soviétiques, y compris les vieux SS-4 et SS-5. Les cinq autres tours de la négociation [10] ne débloquèrent pas la situation, alors même que le mouvement antinucléaire et antiaméricain atteignait une ampleur sans précédent, notamment en RFA. Pourtant, l'année fatidique des euromissiles s'acheva par un succès pour l'OTAN. Dans les trois pays concernés par les premiers déploiements : la RFA, la Grande-Bretagne, l'Italie, les élections avaient porté au pouvoir des gouvernements favorables à l'installation des missiles et soutenus par le Président Mitterrand. Le mouvement pacifiste ne parvint donc pas à empêcher l'arrivée des missiles américains en Europe. Mais le consensus intérieur sur la politique de sécurité en Allemagne fédérale fut rompu, et l'opinion demeurait hostile à la poursuite des déploiements. Lorsque les négociations [11] reprirent à Genève le 12 mars 1985, elles revêtirent un aspect très différent de la première phase: Reagan avait lancé le projet IDS, Gorbatchev était arrivé au pouvoir. Shulz et Gromyko s'entendirent pour diviser en trois parties les pourparlers nucléaires et spatiaux (NST) : sur les armes nucléaires stratégiques, sur les systèmes défensifs et spatiaux, sur les FNI.

S'agissant des FNI, Gorbatchev reprit à son compte, en janvier 1986, la suppression de tous les missiles terrestres de 1000 à 5500 km (« option zéro »). Il accepta de ne pas inclure les arsenaux français et britanniques dans la négociation. Il consentit à séparer la question de l'IDS et l'accord sur les FNI. Il offrit de supprimer tous les missiles terrestres de 500 à 1000 km (option « double zéro »), en avril 1987. L'administration Reagan se rangea aux propositions soviétiques. Parallèlement, le sommet de Reykjavik, les 11 et 12 octobre 1986, vit la course aux armements s'inverser en une course au désarmement : Gorbatchev et Reagan promirent une diminution de moitié des arsenaux centraux et parlèrent même d'une abolition de l'arme nucléaire, le premier récupérant le thème de la dénucléarisation lancé par le second en mars 1983 (avec l'IDS). Jusqu'alors, l'*arms control* cherchait à limiter la croissance des arsenaux pour assurer la stabilité de la dissuasion mutuelle (négociations SALT) ; on passait dorénavant à la réduction des armements (futures négociations START), à travers l'élimination de catégories d'armes nucléaires. Or, les gouvernements ouest-européens, notamment celui de Kohl, estimaient que les États-Unis seraient incapables de défendre l'Europe de l'Ouest sans l'arme nucléaire. En tant que membres de l'UEO, ils réaffirmèrent, dans la plate-forme de La Haye de 1987, leur attachement à la dissuasion nucléaire. S'ils se résignèrent à l'option « double zéro », avalisée par l'OTAN en juin 1987, ce fut en raison de la pression de l'opinion publique, notamment en RFA. La dénucléarisation, pensaient-ils, favoriserait le « découplage », en rendant inutile l'OTAN. Après le traité

FNI du 8 décembre 1987 (portant sur les missiles sol-sol de 500 à 1000 et de 1000 à 5500 km de portée) [12], la dissuasion nucléaire ne reposa plus que sur l'arsenal central des États-Unis, les forces aériennes et navales de l'OTAN, les forces terrestres à très courte portée (moins de 500 km). Si celles-ci disparaissaient en vertu d'un nouvel accord « triple zéro », les troupes américaines se retireraient, conformément au principe « *no nukes, no troops* ». À travers la stratégie de désarmement, l'URSS n'était donc à nouveau pas loin de réaliser son objectif de « découpler » militairement l'Europe de l'Ouest de l'Amérique du Nord !

En juillet-août, le dernier problème à régler porta sur les 72 missiles *Pershing* 1A qui étaient équipés d'ogives américaines mais qui appartenaient à la *Luftwaffe*. Pour les Soviétiques, il était exclu que ces systèmes d'armes d'une portée de 750 km fassent exception à l'accord « double zéro », sous prétexte du régime de double propriété qui les caractérisait. Les Américains répondirent que les *Pershing* 1A appartenaient à une « Puissance tierce » et qu'ils ne pouvaient donc en discuter. Le gouvernement ouest-allemand déclara également que les *Pershing* 1A ne relevaient pas des négociations bilatérales soviéto-américaines. L'affaire prit une importance considérable. Chevarnadzé aborda la question à Genève. Il dénonça le « montage juridique » qui faisait échapper les *Pershing* 1A du processus de désarmement nucléaire en cours, et il accusa les États-Unis d'avoir permis à la RFA d'accéder au statut de puissance nucléaire (« tierce »). Les discussions sur la rédaction finale du traité furent interrompues. Mais, comme lors du débat sur le TNP, les États-Unis choisirent de s'entendre avec l'URSS au détriment de la RFA. Le gouvernement Kohl dut renoncer aux *Pershing* 1A (qu'il envisageait de moderniser) après une discussion au conseil des ministres qui fut « la plus terrible depuis vingt ans », raconta Teltschik. Il souhaitait en effet conserver les ogives américaines montées sur des fusées allemandes parce qu'il estimait qu'elles donnaient à la RFA un quasi statut nucléaire et à la *Bundeswehr* un armement nucléaire quasi à sa disposition. Sous la triple pression des États-Unis, de l'URSS et de son opinion publique, le Chancelier déclara, le 26 août, que la République fédérale procéderait de manière unilatérale au démantèlement de ses missiles, une fois éliminées les FNI américaines et soviétiques. Le 2 septembre, Washington put s'engager à retirer les têtes nucléaires équipant les *Pershing* 1A, la RFA ayant pris en toute souveraineté la décision de démonter ses missiles. Cette décision était conditionnelle dans la mesure où elle posait comme critère d'application l'exécution préalable de la double option zéro par les États-Unis et l'URSS [13].

Le gouvernement ouest-allemand critiqua le renoncement de l'OTAN à une option stratégique à partir de l'Europe occidentale ou de la République fédérale contre l'URSS en cas de conflit. Il souligna la difficulté qu'auraient les Alliés à poursuivre la modernisation de leurs forces nucléaires et à conserver les moyens militaires nécessaires à la stratégie de « riposte flexible ». Il dénonça l'existence d'autres forces soviétiques, navales, aériennes ou intercontinentales, capables de viser des cibles européennes. Tout en repoussant l'option « triple zéro », il posa le problème du déséquilibre dans la catégorie des missiles à courte portée (SNF) : l'URSS possédait 1323 missiles et 1700 charges d'artillerie, l'OTAN, 88 *Lance* (plus les 33 *Pluton* français) et 1600 charges. Autant de systèmes d'armes qui frapperaient surtout le territoire allemand. Aux yeux des autorités de Bonn, l'accord sur les FNI, s'il était important pour la maîtrise des armements, ne suffisait pas à garantir la sécurité de l'Europe occidentale. Le départ des missiles terrestres américains à portée intermédiaire ramenait la couverture *Us* à deux piliers extrêmes : l'arsenal intercontinental américain et les armes à courte ou très courte portée basées en RFA, avec comme seul échelon intermédiaire les moyens aériens et navals affectés à l'Europe. La RFA devenait le principal dépositaire des armes nucléaires américaines restantes, donc la principale cible nucléaire en cas de crise ou de guerre. Au contraire de l'opposition de gauche, le gouvernement Kohl refusa cependant de dénoncer la « singularisation » de l'Allemagne, en insistant sur l'unité du théâtre européen, sur la solidarité des alliés (matérialisée par la présence de forces américaines, britanniques, françaises outre-Rhin), sur le fait que toutes les cibles en RFA étaient des cibles OTAN.

Il estima inopportun de choisir les missiles de moins de 500 km (les seuls systèmes d'armes terrestres conservés) comme symbole d'une différenciation entre la RFA et ses alliés. En tenant un discours de ce genre, « on ne servirait que la politique soviétique cherchant à dénucléariser la défense de l'OTAN en Europe afin d'augmenter la portée stratégique de la capacité d'invasion des forces conventionnelles du PDV » (L. Ruehl). Il ne fallait donc pas accepter ni rechercher une troisième « option zéro » au problème posé par les missiles soviétiques terrestres à courte portée. Il était certes impossible de refuser toute négociation sur ces armes ; mais il importait de les retarder le plus possible et d'éviter une nouvelle « option zéro », c'est-à-dire d'empêcher la dénucléarisation sol-sol de l'Allemagne et de l'Europe. La priorité devait être donnée à l'élimination de la supériorité du PDV en forces conventionnelles. En attendant, il s'agissait d'interpréter et d'appliquer « correctement » le traité FNI : « les options non couvertes ou interdites par ce traité doivent être considérées et exploitées dans l'intérêt de la stabilité militaire entre Est-Ouest et dans l'intérêt de l'OTAN en Europe. La volonté politique des gouvernements occidentaux ne devrait pas être contrainte par les obligations du traité si les conclusions qui s'imposent en sont tirées ». En clair, les missions stratégiques contre le territoire soviétique devraient être exécutées par des SLBM, ALBM, SLCM ou ALCM à la disposition du SACEUR 14, ou qu'on pourrait construire en commun avec les Franco-Britanniques. Il était important qu'un éventuel accord START n'interdise ni ne contraigne les options sélectives de l'OTAN à partir de forces intermédiaires aériennes ou navales [15].

L'évolution des forces nucléaires depuis 1987

En 1988, on en revint à la situation de 1977, c'est-à-dire de 1963, à savoir l'absence de FNI terrestres à la disposition de l'OTAN. Après le retrait des *Pershing* et *cruise missiles* et avant le retrait des ANT américaines en 1991, l'Alliance atlantique géra donc la panoplie suivante. Au barreau extrême de l'escalade, là où se marquait clairement l'interface entre le *Nuclear Operations Plan* de l'OTAN et le *Single Integrated Operations*

Plan des États-Unis, l'Organisation disposait de 7 SNLE (4 britanniques et 3 américains). D'autres armements stratégiques, tels les bombardiers B-1B et B-52, pouvaient être déployés en Europe au profit de l'OTAN, de même qu'un certain nombre de SLCM lancés depuis des sous-marins. Près de 200 bombes mer-sol et 1400 bombes air-sol étaient réparties entre sept pays européens, sous le régime de la « double clé » (il ne s'appliquait qu'aux engins américains, pas aux britanniques). Les têtes nucléaires américaines en Europe équipaient plus de 700 appareils (*Tornado*, F-4, F-15E, F-16, F-104, F-111). À l'échelle la plus basse de l'escalade, 88 missiles *Lance* avec 695 charges et environ 1600 projectiles d'artillerie nucléaire équipaient, également sous le régime de la « double clé », les forces terrestres de sept pays de l'OTAN. À cela s'ajoutait l'arsenal stratégique et préstratégique français. La préparation de l'emploi des armes nucléaires de l'OTAN était en relation étroite avec le système central des États-Unis, le NOP et le SIOP n'ayant pas été distendus à la suite de l'accord FNI. En outre, la modernisation quantitative et qualitative (précision accrue) de l'appareil nucléaire américain indiquait que la distinction entre systèmes anti-cités et anti-forces s'estompait de plus en plus, autorisant une flexibilité considérable dans l'emploi de l'arsenal central des États-Unis.

Depuis le début des années 1960, la planification nucléaire de l'Alliance était caractérisée par l'interdépendance croissante entre la planification otanienne et la planification américaine pour l'emploi des armes nucléaires des États-Unis et de la Grande-Bretagne, ainsi que par l'interconnexion entre les divers réseaux de commandement de l'OTAN, des États-Unis et de la Grande-Bretagne. Inaugurée par l'administration Kennedy, cette politique s'était manifestée par : l'adoption des directives d'Athènes en 1962 ; la nomination en 1963 d'un adjoint du SACEUR chargé de la planification nucléaire et par la création d'une délégation du SHAPE auprès du JSTPS (l'état-major américain interarmées de planification du ciblage situé au QG du *Strategic Air Command*) ; la constitution en 1966 du GPN de l'OTAN. À l'échelon de l'OTAN, la planification nucléaire était conduite à tous les niveaux de la structure militaire intégrée, du niveau inférieur des commandants de groupes d'armées (CENTAG...) et des forces aériennes tactiques alliées (ATAF) jusqu'au niveau supérieur du SACEUR. Des plans d'emploi subordonnés (*Selective Employment Plans*) s'incorporaient au NOP, et la coordination du NOP avec le SIOP s'effectuait au sein du JSTPS à Omaha. Etaient représentés auprès du JSTPS par des missions de liaison, en sus du CINCAC, les trois commandants interarmées américains ayant des responsabilités nucléaires régionales, le CINCPAC (pour le Pacifique), le CINCLANT (pour l'Atlantique) et le CINCEUR (pour l'Europe), ainsi que le SHAPE. Le CINCLANT et le CINCEUR cumulaient les fonctions de SACLANT et de SACEUR, qui étaient également représentées auprès du JSTPS. Ce dédoublement fonctionnel reflétait le lien stratégique entre l'Amérique et l'Europe. Elle était une garantie que les moyens nucléaires affectés à titre national au CINCLANT ou au CINCEUR seraient mis à la disposition du SACLANT ou du SACEUR après autorisation préalable du Président des États-Unis.

En 1977, il y avait à l'Ouest du continent, principalement en RFA, 372 mines de démolition atomiques, 1670 obus d'artillerie nucléaire, 686 ogives montées sur des missiles *Nike Hercules*, 1300 sur des *Honest John*, 295 sur des *Pershing* 1, 695 sur des Lance, 192 bombes mer-sol, 1740 bombes air-sol. Parmi les ogives montées sur les *Nike Hercules*, les *Pershing* 1, les *Lance*, les bombes mer-sol et les bombes air-sol, il y en avait respectivement 370, 100, 390, 63 et 325 qui étaient affectés à des vecteurs alliés, soit 1148 systèmes d'armes nucléaires possédés en « co-propriété » par les Américains et les Européens. En 1982, aucun de ces chiffres n'avait bougé, sauf les *Honest John* réduits à 198. En 1987, il y avait 372 mines de démolition, 1475 obus, 90 *Nike Hercules* en « co-propriété », 100 ogives sur les *Pershing* 1A allemands, 695 sur les *Lance* (dont 390 en « co-propriété »), 108 et 256 sur les nouvelles FNI terrestres (*Pershing* 2 et GLCM), 192 bombes mer-sol (dont 63 en « co-propriété »), 1400 bombes air-sol (dont 300 en « co-propriété »). Le nombre d'armes nucléaires *Us* stationnées en Europe était donc passé de 6950 à 5848 puis 4688. Ces armes se trouvaient sous le régime de la « double clé » : leur emploi était décidé par le Président américain et exécuté par des officiers américains, mais les autorités européennes devaient être consultées et elles avaient un droit de *veto* politique (technique s'agissant des systèmes en « co-propriété ») sur cette décision d'emploi. En 1992, il restait 950 bombes air-sol (dont 250 en « co-propriété »). À l'arrivée du gouvernement Schröder en 1998, le dispositif nucléaire de l'OTAN était le suivant. Ainsi, 75 têtes nucléaires américaines étaient basées en Grande-Bretagne, 150 en Allemagne (dont 50 sur appareils allemands), 100 en Italie (dont 25 sur appareils italiens), 100 en Turquie (dont 25 sur appareils turcs), 25 aux Pays-Bas, 25 en Belgique et 25 en Grèce. Entre 25 et 50 têtes nucléaires britanniques se trouvaient en RFA. Ce pays abritait donc entre 175 et 200 bombes air-sol ; les 150 américaines étaient à « double clé », dont 50 en « co-propriété ».

Avant la fin du conflit Est-Ouest, l'intégration des forces des États-Unis, de la Grande-Bretagne et de l'OTAN avait tendu à « dénationaliser » la planification nucléaire à l'Ouest et à donner une dimension militaire à cette « confédéralisation » de l'Occident dont parlera Samuel Huntington en 1996 [16]. Mais depuis 1991, on assiste à la « renationalisation » de la stratégie nucléaire, en raison du retrait et du démantèlement des ANT, de la recentralisation géographique et fonctionnelle des forces et de leur C 3I, du désarmement nucléaire et de l'évolution des postures de dissuasion vers la « stricte suffisance ». L'option « triple zéro » a été réalisée en Europe avec l'élimination de toutes les armes nucléaires sol-sol [17]. Un quatrième zéro est en vue avec l'élimination des dernières bombes air-sol stationnées sur le continent. Une fois disparue l'aviation anglo-américaine mise à la disposition du SACEUR, la dissuasion élargie de l'OTAN s'orienterait-elle vers une « dissuasion existentielle » basée sur les arsenaux centraux des Puissances de l'Ouest ? Les instances de concertation nucléaire perdraient alors leur utilité et la RFA, son influence dans la stratégie nucléaire de l'Alliance. Dénucléarisés par non déploiement, l'Allemagne et les autres ENDAN européens ne seraient plus nucléarisés que par l'engagement des EDAN membres de l'Alliance atlantique et/ou de l'Union européenne.

La stratégie nucléaire atlantique dans l'après-guerre froide

L'après-guerre froide, selon B. Tertrais [18], posa trois catégories de problèmes à l'Alliance atlantique : les relations avec la Fédération de Russie ; les relations avec les anciens États satellites de l'URSS et avec les nouveaux États issus de la scission de l'URSS ; les relations internes, notamment entre l'Amérique, la France et l'Allemagne. La première portait sur l'évolution de la Russie et le type de rapport stratégique avec elle, soit un rapport de force classique dans le cadre d'une OTAN élargie jusqu'aux frontières de la CEI, soit un rapport de coopération euratlantique dans le cadre de l'OSCE, du PPP et du CPEA [19]. La deuxième concernait la situation de glacis des PECO entre l'Allemagne et la Russie, et leur intégration dans l'OTAN et l'UE. La troisième était dominée par la tension entre l'idée américaine des rapports atlantiques et l'idée française des rapports européens. Jusque-là, le protectorat nucléaire de la RFA était l'enjeu de cette querelle franco-américaine ; désormais, l'Allemagne en est l'arbitre.

Quatre types d'objectifs ont été associés à la possession d'armes nucléaires par les EDAN en Europe : prévenir la guerre, maintenir l'équilibre militaire des puissances, garantir les intérêts vitaux contre toute agression, protéger les alliés. L'arme nucléaire garde ces quatre rôles principaux qui consistent aujourd'hui à contenir l'intensité et l'extension de conflits régionaux, en obligeant un adversaire détenteur d'« armes de destruction massive » à borner ses entreprises au théâtre des opérations, sans chercher à obtenir un avantage compensatoire en exerçant une menace contre les sanctuaires nationaux. Depuis la fin du conflit Est-Ouest, la stratégie nucléaire tient une place réduite dans les travaux de l'OTAN, dont la structure ne comprend plus que deux hauts commandements : ACLANT (Atlantique), ACE (Europe), sous le commandement du SACLANT et du SACEUR. Les discussions relatives aux forces nucléaires lors de l'élaboration du « nouveau concept stratégique » fin 1991 n'en ont pas moins été ardues. Selon le concept, révisé le 25 avril 1999, les forces nucléaires et les forces conventionnelles ne sauraient se substituer les unes aux autres. Celles-ci « ne peuvent à elles seules assurer la prévention de la guerre ». Celles-là « apportent une contribution unique en rendant incalculables et inacceptables les risques que comporterait une agression » ; elles maintiennent « l'incertitude dans l'esprit de tout agresseur sur la nature de la riposte des alliés à une agression militaire » ; elles démontrent « qu'une agression, quelle que soit sa forme, n'est pas une option rationnelle ». L'arme nucléaire ne dissuade donc pas que la seule menace nucléaire. Mais « les circonstances dans lesquelles (les alliés) pourraient avoir à envisager une utilisation quelconque de l'arme nucléaire deviennent plus lointaines ». Il est également établi que la dissuasion nucléaire ne constitue plus le facteur essentiel de la stabilité stratégique. Comme l'a attesté le sommet de Moscou d'avril 1996, c'est la coopération avec la Russie qui est devenue l'un des trois éléments fondamentaux de la sécurité nucléaire dans l'hémisphère nord. Les deux autres éléments reproduisent la logique du condominium : l'alignement militaire des Puissances européennes et du Japon derrière les États-Unis ; le contrôle russe de l'arsenal de l'ex-URSS après le démantèlement ou le rapatriement des armes stationnées en Bélarus, Ukraine et Kazakhstan.

Depuis la fin des années 1960, la doctrine de l'Alliance avait été pour une large part élaborée au sein du Comité spécial des ministres de la Défense. Le *Standing Group* est le *think-tank* nucléaire de l'OTAN ; composé d'environ 70 fonctionnaires des ministères de la Défense et présidé par un assistant du secrétaire d'État américain à la Défense, il préparait les travaux du GPN en coopération avec le Comité militaire de l'OTAN. Ces instances n'ont pas disparu, mais leur activité est désormais de pure gestion des forces résiduelles. La planification nucléaire est effectuée au niveau du SHAPE. Les plans de ciblage ont disparu au profit de bases de données, permettant de développer rapidement des options sélectives en temps de crise, sur la base du concept d'opérations nucléaires. L'abandon des plans de frappe décidés en commun et les réticences à mener des exercices de gestion des crises comportant une dimension nucléaire, ont sensiblement relâché la solidarité nucléaire atlantique. Mais le lien nucléaire *USA*/OTAN reste matérialisé par la représentation du SHAPE auprès du JSTPS américain et, surtout, par la coïncidence des fonctions de commandement *Us* et OTAN en Europe (CINCEUR = SACEUR). Elles sont la garantie qu'en dernier ressort, l'ensemble des moyens américains affectés à titre national au CINCEUR ou au CINCLANT, notamment les SNLE appartenant à la flotte américaine de l'Atlantique, seraient mis à la disposition du SACEUR ou du SACLANT pour la défense de l'Alliance, sous la condition d'une autorisation préalable du Président des États-Unis. La chaîne de commandement nucléaire de l'OTAN a été simplifiée pour des raisons politiques (assurer un contrôle plus étroit) et militaires (retrait des systèmes terrestres déployés au niveau du corps d'armée). S'agissant de l'emploi des armes américaines, elle doit être la suivante : Président des États-Unis, Conseil de l'Atlantique nord –SACEUR–, Commandement du théâtre (AFCENT, AFSOUTH ou AFNORTHWEST) –, Commandement des forces aériennes ou navales du théâtre–, Forces aériennes ou navales. Mais le SACEUR, en communication constante avec le Conseil, pourrait donner ses ordres directement aux forces déployées sur la zone. Le président américain pourrait également transmettre directement ses instructions au SACEUR en sa qualité de commandant en chef des forces *Us* en Europe (CINCEUR), qui à son tour répercuterait celles-ci aux forces *Us*.

Les débats nucléaires au sein de l'Alliance font apparaître une stratégie de frappes sélectives contre l'agresseur. Mais les principes politiques de l'OTAN de 1992 pour la planification et la consultation nucléaires sont beaucoup moins détaillés que les directives politiques de 1986, en raison de l'incertitude des menaces (même si la reconstitution d'un potentiel agressif à l'Est demeure une référence). Ils maintiennent la distinction entre emploi sélectif et riposte massive, sans qu'un lien clair apparaisse entre ces deux modes (même si elle pourrait équivaloir à une différenciation entre dissuasion au Sud et dissuasion à l'Est). La dimension nucléaire de la gestion des crises résiderait dans une gesticulation nucléaire –déplacement aérien ou naval de forces – ayant pour but de convaincre l'adversaire de renoncer à ses projets en montrant la résolution de l'Alliance et en préparant l'emploi éventuel des armes. Cet emploi consisterait en des frappes très sélectives contre des objectifs militaires de haute valeur sur le territoire de l'adversaire afin qu'il renonce à poursuivre les hostilités. Le nombre d'ogives employé étant très faible, l'objectif déclaré de la participation du plus grand nombre d'États possible (partage des responsabilités) pourrait être atteint en impliquant les pays membres dans l'effort commun de préparation des frappes. L'emploi en premier n'est pas exclu en riposte à une agression conventionnelle, mésologique, chimique ou biologique, mais l'hypothèse la plus probable d'emploi est celle d'une riposte à une attaque nucléaire. L'expression « dernier recours » n'apparaît pas dans le concept stratégique, car elle mènerait au *no first use* et restreindrait le champ de l'incertitude qui demeure la base de la posture dissuasive de l'Alliance. Mais elle demeure sous-jacente à la doctrine de l'OTAN, au double sens de l'éloignement du moment d'emploi et de la réduction de la probabilité d'emploi (élévation du seuil nucléaire).

La pratique de la dissuasion élargie au sein de l'Alliance atlantique est amenée à évoluer dans le double sens de l'incertitude dissuasive et de la protection élargie. De l'incertitude dissuasive, en raison de la moindre convergence des intérêts vitaux au sein de l'Alliance et de la restriction du champ d'application de la menace nucléaire. De la protection élargie, en raison de la lutte contre la prolifération et de la réorientation des programmes de défense vers les TMD. Le déplacement de la relation d'hostilité de la Russie vers des pays musulmans, dans le cadre controversé de la « guerre au terrorisme », favorise le remplacement de la posture de dissuasion nucléaire par une posture de projection conventionnelle et de défense antimissiles. Est-il possible d'imposer la logique dissuasive à de nouvelles puissances NBC ? Les systèmes antimissiles sont-ils une assurance en cas d'échec de la dissuasion ? Ou bien sont-ils un substitut à une dissuasion par représailles devenue inefficace ? Pour l'OTAN, l'apparition de nouvelles menaces nucléaires exercées à l'encontre de pays européens est un facteur justifiant le maintien résiduel d'une force nucléaire aéroportée composée d'appareils américains et européens à double capacité, armés de têtes nucléaires américaines. Mais les intérêts et perceptions au sein de l'Alliance vis-à-vis des pays d'Afrique du Nord et du Moyen-Orient sont de nature très diverse, pour des raisons à la fois culturelles, politiques et économiques, elles-mêmes largement issues de facteurs géographiques et historiques. Les divergences à cet égard sont beaucoup plus profondes que ne l'étaient au temps de la guerre froide les différences d'appréciation sur la menace que constituait le PDV. En dehors du cas précis d'une agression directe sur le territoire d'un État européen, qui obligerait l'OTAN à réagir militairement, la crédibilité de la dissuasion par menace de représailles semble très faible. Il est donc peu probable qu'une menace limitée au Sud puisse constituer le *casus foederis* d'une action nucléaire atlantique.

LES REPRÉSENTATIONS NUCLÉAIRES ALLEMANDES

Depuis la création de la République fédérale jusqu'à la fin du conflit Est-Ouest, les gouvernements en place à Bonn pensèrent qu'ils avaient besoin d'une alliance nucléaire face à l'URSS. Adenauer voulait que son pays devienne membre de l'OTAN, mais aussi d'une communauté européenne de défense. Dans l'alliance atlantique aussi bien que dans une union européenne, lui et Strauss souhaitaient qu'en cas de guerre, la RFA ait le même accès aux armes nucléaires que les autres alliés européens. À un arsenal indépendant, ils préféraient la participation à une force commune qui échapperait au *veto* américain. Après l'enterrement des projets tripartites franco-germano-italiens puis l'échec de la MLF, le gouvernement fédéral dut renoncer au contrôle partagé d'armes nucléaires. Mais il n'abandonna pas ses efforts pour influencer la planification nucléaire de ses alliés, via le GPN, ou pour que la *Bundeswehr* acquiert un apprentissage de la stratégie nucléaire, *via* le déploiement d'armes dans le cadre de l'OTAN. Durant les années 1960, les trois puissances nucléaires de l'Alliance envisageaient l'emploi en premier de la Bombe pour stopper une attaque du PDV, signalant ainsi au gouvernement soviétique qu'il commettrait une erreur de calcul s'il pensait que les Alliés préféreraient la reddition au risque de l'escalade. Pour ne pas provoquer une riposte soviétique massive, elles prévoyaient, en guise d'avertissement, d'utiliser des armes nucléaires uniquement en Europe centrale, au grand dam des autorités de Bonn. Celles-ci arrivèrent à persuader les Anglo-Américains de développer des options d'emploi en premier qui n'affecteraient pas le « territoire allemand ». À cet égard, les *Pershing* et les GLCM déployés après 1983 avaient une portée suffisante pour satisfaire les exigences de Bonn. Mais ce n'est qu'après la fin du conflit Est-Ouest que les Français mirent au rancart leurs *Pluton* et *Hadès*, armes « préstratégiques » à courte portée qui auraient été employées contre des cibles situées « en Allemagne ». Le problème crucial du gouvernement fédéral était de dissuader l'URSS d'entreprendre une agression et de dissuader les Occidentaux de riposter sur le « territoire allemand ». La solution qu'il préconisait était une doctrine d'emploi en premier des armes nucléaires sur le territoire soviétique pour mettre fin rapidement à la guerre. Comme ces armes n'étaient pas des armes allemandes mais des armes américaines basées en RFA sous « double clé », elles assuraient le « couplage » entre la RFA et les *USA*, en empêchant la RFA de se retrouver seule face à une contre-représaille soviétique. Une force nationale aurait mis Bonn en situation d'isolement et de vulnérabilité face à Moscou. C'est parce que les Allemands, placés sur la ligne de front Est/Ouest, n'ont jamais cru à la dissuasion « du faible au fort » qu'ils ont toujours préféré une force européenne ou atlantique conjointe, qui rééquilibrait les rapports de puissance avec l'URSS [20].

Les perceptions allemandes de l'arme nucléaire

La préférence pour la participation nucléaire conjointe plutôt que la possession nucléaire nationale n'est pas due uniquement à un raisonnement stratégique. Depuis que l'Allemagne est une nation unie au centre du continent et que la Russie est séparée d'elle par un large cordon d'États ayant adhéré à l'OTAN et à l'UE, le raisonnement stratégique pourrait inciter Berlin à se doter d'une force de frappe dans le style français (avec doctrine « du faible au fort tous azimuts »). Ne s'y opposent pas seulement des engagements (conditionnels) de non-prolifération (signés en 1954, 1969, 1990), mais aussi une culture politique, une certaine représentation (négative) du nucléaire ancrée dans l'opinion allemande -alors même que la *Bundeswehr* a été préparée et rodée à la bataille nucléaire (au contraire de l'armée française). Comme le montre B. Heuser, la géographie, les ressources, l'image de l'ennemi, la relation avec les alliés, les idées et croyances dominantes, jouent un rôle essentiel dans la détermination de la stratégie. Même dans un État démocratique, celle-ci n'est pas formulée par la population, mais par des décideurs, c'est-à-dire un petit nombre de leaders politiques, de hauts fonctionnaires et d'officiers généraux, qui constituent le groupe dirigeant dans la culture stratégique d'un pays. La codification de la politique de défense dans les documents officiels, par exemple les Livres blancs, relève d'un processus décisionnel marqué par les choix des partis ou des coalitions au pouvoir. Elle doit cependant s'attacher à la réalisation d'un consensus relatif, c'est-à-dire ne pas provoquer une opposition massive. En RFA, les autorités politico-militaires ont importé de l'OTAN leur stratégie nucléaire, en s'aliénant une partie de l'opinion du fait du dissensus persistant sur le rôle de l'armée ou de l'arme nucléaire.

Les Britanniques ont vu dans l'arme nucléaire le moyen d'enrayer leur déclin et de garder un rôle *leader,* au moins dans l'Alliance atlantique. Les Français y ont vu un moyen de retrouver l'indépendance et un statut de grande puissance, au moins en Europe. Le cas allemand est très différent. Les trois pays partagent une constitution et une culture politique « civiles », démocratiques et parlementaires. Mais leur rapport à l'histoire et, partant, leur vision d'eux-mêmes, de la politique et de la force militaire, donc de l'arme nucléaire, divergent. Après 1949, la diplomatie de Bonn rechercha la sécurité, l'égalité et la réunification, à travers l'alliance avec l'Ouest, laquelle impliquait dans l'immédiat l'inégalité et la partition. Mais la République fédérale désirait aussi transformer l'identité allemande en une identité européenne ou atlantique qui ne serait pas grevée par le fardeau de la « culpabilité ». Comme en France, l'histoire joua un rôle déterminant dans l'aperception de la défense nationale et de l'arme nucléaire. Mais l'idée maîtresse ne fut pas de restaurer une grandeur passée, elle fut d'expier les crimes du IIIe Reich. L'intégration dans l'UEO et l'OTAN, dix ans après la défaite d'Hitler, fut considérée outre-Rhin comme un « miracle », fût-il dû à la guerre froide. La détermination à rompre avec le passé national-socialiste voire avec le passé prussien, à suivre clairement et résolument une « voie occidentale » devint la raison d'État de la RFA.

La révolution politico-culturelle consécutive à l'administration interalliée de l'Allemagne et à la fondation de la République de Bonn entraîna, entre autres, un profond changement de l'opinion envers l'institution militaire, plus précisément, une extension considérable de deux éléments fondamentaux de la culture de la sociale-démocratie allemande depuis le début du siècle : l'antimilitarisme et le pacifisme. Une très grande partie de l'opinion assimila la guerre à un crime, les soldats, à des assassins, l'arme nucléaire, au génocide, l'emploi de la force, à un abus de pouvoir. Le passé de l'Allemagne – la responsabilité présumée dans le déclenchement de deux guerres mondiales perdues – interdisait à la RFA d'utiliser la force armée et de se doter de l'arme nucléaire, même dans un cadre européen ou atlantique. Du point de vue officiel, l'unique objectif était de prévenir la guerre, car la victoire n'avait plus aucun sens à l'ère nucléaire et la guerre ne pouvait plus être un instrument de la politique. À gauche, on doutait de la légitimité du recours aux armes pour quelque cause que ce fût, y compris la liberté politique. L'opposition au nucléaire se reliait au rejet du réarmement et du corps militaire en général, accusé d'avoir conduit deux fois le pays à l'abîme. La création de la *Bundeswehr* et l'adhésion à l'OTAN furent regardées comme un « mal nécessaire » ; elles ne furent légitimées que comme uniques alternatives au communisme. Les difficultés de l'armée fédérale à recruter des volontaires et à enrôler des conscrits illustrèrent la profonde mutation de l'opinion envers la chose militaire. De nombreux observateurs étrangers doutaient que les Allemands de l'Ouest aient la volonté de défendre leur pays, a fortiori de porter secours à leurs alliés. La *Bundeswehr* fut dotée d'une constitution démocratique. Ses membres – les « citoyens en uniforme » – jouissaient, au moins théoriquement, d'une liberté d'expression complète, ainsi que du droit de désobéir aux ordres manifestement illicites, par exemple celui de lancer des armes nucléaires.

L'abus de la force par le Reich et sa volonté de puissance ont eu pour châtiment la division et la dépendance de la nation : c'était une idée répandue outre-Rhin. La réunification devait s'accompagner de la renonciation à recourir à la force armée et à acquérir l'arme nucléaire. On pensait également que la présence de cette arme sur le sol ouest-allemand figeait la partition. Après la construction du Mur, on croyait aussi que le sort de Berlin dépendait de l'abstention de la RFA à utiliser la pression militaire ou à aller au nucléaire, même indirectement. Le projet d'installer des mines atomiques le long de la frontière inter-allemande, au tournant des années 1950-1960, déclencha un tollé : il aggraverait la partition de l'Allemagne en doublant le Rideau de Fer d'un fossé atomique. Le long débat sur le TNP renouvela la dispute sur la relation entre le nucléaire et la division : signer le traité renforcerait-il la partition en privant la RFA d'une monnaie d'échange, ou permettrait-il de la dépasser? Le couplage entre dénucléarisation et réunification fut vivace à gauche jusqu'à la fin de la décennie 1980. En attendant, la signature du TNP fut la condition de la détente et de l'*Ostpolitik*. C'est précisément la signature des *Ostverträge* qui permit à la RFA et à la RDA de devenir membre des Nations unies en décembre 1973. Le retour de la RFA dans la société des États, à l'Ouest d'abord, dans le monde entier ensuite, en tant que nation unifiée enfin, fut à chaque fois précédée de la renonciation nucléaire, en 1954, en 1969, en 1990. Cette idée que le nucléaire est un obstacle à la liberté allemande et que le renoncement à l'arme nucléaire est une condition de cette liberté, fait partie des représentations (négatives) du nucléaire en RFA (pays de l'OTAN où l'on a le plus mené de *Kriegsspielen* nucléaires).

Cette idée s'ajoute au pacifisme et à l'antimilitarisme, qui tendent à condamner la Bombe en tant que comble du bellicisme. Cette condamnation n'est pas le seul fait de la gauche socialiste ou écologiste. Elle l'est aussi d'une large fraction des milieux chrétiens, catholiques ou protestants. Or, le christianisme est l'une des principales références éthiques de la République fédérale, car il est l'un des rares systèmes de croyance traditionnels qui aient survécu à l'effondrement du IIIème *Reich*. Pour une partie des Églises et des militants chrétiens, la démilitarisation, le désarmement et la dénucléarisation sont autant d'obligations morales. Même le romantisme allemand, avec son *Kulturpessimismus* et sa dénonciation de la modernité, emboîta le pas à la contestation antinucléaire. Celle-ci fut développée par des activistes ou des moralistes radicaux, hyper-critiques à l'égard de l'État, du gouvernement et de l'armée, mais qui s'appuyaient sur bon nombre d'idées propres à la culture politique de l'Allemagne « rééduquée ». Le nucléaire, civil comme militaire, fut le point de concentration de toutes les tendances hostiles au régime de Bonn [21]. Quant à la « majorité silencieuse », elle s'en tenait au « miracle économique », à la libre entreprise et à la cogestion sociale, délaissant les engagements en matière de défense. Face à la contestation ou à la dépolitisation, les autorités de Bonn optèrent pour la discrétion voire le secret dans le domaine nucléaire, de façon à éviter les dissensus. Elles développèrent l'énergie électronucléaire dans le cadre de la CEEA et la participation à la stratégie nucléaire dans le cadre de l'OTAN, malgré « l'allergie nucléaire » de l'opinion. Elles n'en partagent pas moins avec cette dernière que les leçons de l'histoire doivent être apprises pour éviter le retour des catastrophes du passé.

L'Allemagne a été le sujet de deux guerres pour l'hégémonie entre 1914 et 1945 [22]. Elle a été l'objet de la guerre froide entre le *leader* mondial et son *challenger* entre 1947 et 1990. Elle a connu trois révolutions : en 1918-19, 1933, 1945-49. On comprend pourquoi ce peuple éreinté par l'histoire est tenté par un statut de « grande Hollande » ! La principale leçon à tirer de l'échec de la *Macht-und Weltpolitik*, c'est que l'Allemagne doit rompre, par-delà le nazisme, avec ses traditions, celles de l'État militaire prussien ou de la politique bismarckienne. La « quête des armes nucléaires » fut derechef assimilée à la recherche wilhelminienne de la « puissance mondiale » ou à la « guerre totale » de Goebbels. *A contrario*, l'Allemagne devait refouler nationalisme et *ethos* militaire, et renoncer à l'emploi de la force pour défendre ses intérêts. Elle devait aussi abandonner la « politique de bascule » ou de « renversement d'alliances » au profit d'une intégration complète et définitive à l'Occident. Les tendances neutralistes qui apparurent à gauche ou à l'extrême-droite furent toujours moins fortes que l'impératif selon lequel la RFA devait être l'alliée fiable des puissances occidentales. L'unilatéralisme fut également abandonné au profit du multilatéralisme, l'Allemagne ne devant plus agir seule mais toujours avec des amis et, si possible, sans ennemis. La République fédérale se donna une nouvelle mission, celle d'œuvrer pour la paix et le désarmement. Aucune guerre ne devait plus sortir du sol allemand, lisait-on dans le *Livre blanc* de 1970. En même temps, étaient extrêmement sensibles la conscience que la RFA était le pays de la ligne de front le plus exposé à un chantage militaire, et celle que l'Allemagne était l'épicentre de la course aux armements Est-Ouest. La recherche du prestige et de la puissance n'avaient donc aucun sens dans un pays vulnérable, à la fois dépendant militairement et honteux de son passé militaire. Jamais éteinte, l'impatience à l'encontre de la discrimination dont l'Allemagne était victime grandit cependant à partir de 1980. Mais elle n'entama pas le consensus ouest-allemand sur la nécessité de l'expiation – de la rupture avec le passé – comme préalable à la « normalisation » – à la réintégration comme membre à part entière de la communauté internationale.

Ainsi, 1945 fut l'année zéro outre-Rhin, celle du nouveau départ. Elle fut également l'année de naissance de l'ère nucléaire. Elle inaugurait à double titre une nouvelle époque pour l'Allemagne et l'humanité. Sur le plan stratégique, cette nouvelle époque signifie que la guerre est devenue inacceptable et que la seule posture militaire admissible est la dissuasion. En ce sens, l'antimilitarisme de la République de Bonn et le pouvoir de destruction de l'arme nucléaire s'accordent pour condamner la doctrine clausewitzienne, c'est-à-dire la rationalité et la légitimité de l'emploi de la force. Pour certains Allemands, les missiles nucléaires américains étaient une source de fierté, puisque des compatriotes, von Braun et l'équipe de Peenemünde, avaient participé à leur réalisation. Pour d'autres, cette participation confirmait que les missiles nucléaires étaient un legs du nazisme. Les armes nucléaires pourraient-elles prévenir la guerre ou déclencheraient-elles la disparition de l'humanité ? C'était la question centrale. En termes plus concrets, dissuaderaient-elles l'URSS d'attaquer la RFA ou aboutiraient-elles à la destruction de l'Allemagne ? La plupart des experts ouest-allemands pensaient que la dissuasion nucléaire (élargie) était la seule alternative à la guerre (nucléaire et conventionnelle). Mais la plupart des partisans de la dissuasion nucléaire (américaine) considéraient qu'elle n'était moralement défendable que comme une solution temporaire, assortie de mesures de limitation et de réduction des armements. La dissuasion nucléaire demeura controversée. L'idée d'une zone dénucléarisée en Europe centrale ou celle du non-emploi en premier trouva des supporters à gauche. La construction d'une force de frappe nationale fut rejetée. L'option nucléaire européenne demeura contestée. Le désarmement fut souvent considéré comme un but en soi, au contraire de la dissuasion, vue comme un pis-aller au service de la paix. Pour beaucoup d'Ouest-Allemands, le choix, lors de la crise des euromissiles des années 1980, résidait entre la détente et la dissuasion, et nombreux étaient ceux qui préféraient la première à la seconde. Pendant le conflit Est-Ouest, le déploiement en RFA d'armes nucléaires américaines, notamment terrestres, put s'opérer parce que les autorités de Bonn y étaient déterminées et parce que l'opinion s'y était résignée. Mais il n'y eut jamais de réel consensus dans le pays, tout au plus un accord provisoire au sein des élites politiques.

Les perceptions allemandes du système international à l'ère nucléaire

Comment fut perçu le système international à l'ère nucléaire ? Jusqu'à la guerre du Vietnam, on considéra, à droite et même à gauche, que le monde était divisé en deux camps opposés, un camp démocratique occidental et un camp totalitaire oriental, intrinsèquement différent, politiquement hostile et moralement répréhensible. La majorité des Allemands de l'Ouest considéraient qu'il n'y avait pas de convergence possible entre ces deux blocs. L'alignement derrière les États-Unis ne posait pas de problème particulier, car il était dicté par l'idéologie et la politique agressives de l'Union soviétique. La bipolarité, à l'intérieur de laquelle la RFA trouvait sa fragile sécurité et sa relative liberté, confirmait la division de l'Europe. Elle était l'obstacle structurel à la réunification et à la libération des Allemands de l'Est. La détente entre les deux superpuissances et leur coopération naissante au début des années 1960 apparurent d'abord à la majorité de l'opinion comme une menace pour la sécurité de la RFA, en dépit des intentions pacifiques affichées à Washington et à

Moscou. L'accès de l'URSS à la parité stratégique avec les *USA*, le déclin économique relatif des États-Unis par rapport à l'Europe et au Japon, l'émergence de la Chine, amenèrent les Allemands à réviser leur perception bipolaire de la puissance mondiale et à prendre conscience, plus que les Britanniques ou même les Français, de la « multipolarisation » du globe. On reconnut outre-Rhin l'importance croissante du poids économique de la RFA et du Japon (l'autre vaincu de 1945), symbolisée par la participation au G 7. Les élites de la diplomatie et de la défense se mirent à parler d'une nouvelle « pentarchie » (Amérique, Europe, URSS, Japon, Chine), qui remplaçait la bipolarité et abolissait l'héritage de la seconde guerre mondiale.

Comment l'Allemagne fédérale devrait-elle agir dans ce monde ? Certains courants du SPD furent tentés par le non-alignement. Mais la direction de la politique étrangère et de défense repoussa toujours cette orientation, au profit d'une ferme alliance avec l'Ouest. Le sentiment antinucléaire, lui, fut beaucoup plus puissant dans l'opinion, et il atteignit un point culminant en 1983. Les tendances favorables à la neutralité, à la sortie de l'OTAN et à la dénucléarisation – trois idées inséparable – devinrent plus fortes. Elles trouvèrent le soutien de personnalités comme O. Lafontaine ou E. Bahr. L'antiaméricanisme, le renvoi dos-à-dos des États-Unis et de l'URSS, l'apparition d'un néo-nationalisme à gauche, témoignèrent d'une nouvelle affirmation de soi des Allemands et d'une nouvelle revendication de souveraineté. Mais cette opinion resta minoritaire. L'équidistance entre l'Amérique libérale et la Russie soviétique, entre la RFA démocratique et la RDA communiste, était réprouvée. La communauté de valeurs avec l'Ouest, fondement de l'Alliance atlantique, était jugée plus décisive que la défense de l'intérêt national stricto sensu. La souveraineté limitée de la RFA et la dépendance envers les États-Unis, la Grande-Bretagne et la France rendaient impossible le neutralisme. Tant que l'URSS demeurerait un État totalitaire et tant qu'existeraient deux blocs en Europe, l'appartenance de l'Allemagne fédérale à la coalition occidentale ne pourrait être mise en question. C'est ce qu'admit E. Bahr lui-même. Autre chose était la reconnaissance que l'équilibre de la terreur avait créé une communauté d'intérêts entre les deux camps.

Depuis 1949, les Allemands ont accordé une importance primordiale à leurs alliances. Leur loyauté envers l'OTAN n'a jamais été vraiment mise en doute, malgré les réticences croissantes à gauche. Le besoin de la *pax atlantica* (plutôt qu'*americana*) devint un *credo* en République fédérale. On considérait qu'à l'ère nucléaire, ni la RFA ni les autres pays européens ne pouvaient plus assurer leur sécurité individuellement. L'interdépendance à l'intérieur de l'Alliance était à la fois une vertu et une nécessité. Les gouvernements ouest-allemands désiraient un « partenariat », y compris nucléaire, terme qu'on rencontre dans toutes les publications relatives à la défense. Le respect des engagements pris par traités devint un « impératif catégorique ». Les autorités de Bonn insistèrent constamment sur la crédibilité de la RFA aux yeux des alliés, sur le risque de disparition de l'OTAN au cas où l'Allemagne viendrait à manquer à ses obligations, sur la nécessité de la cohésion de l'Organisation et sur l'indivisibilité de la sécurité des membres de l'Alliance. Elles repoussèrent toute discussion sur un éventuel « statut particulier » de leur pays. L'intégration militaire dans l'OTAN eut autant de valeur pour la République de Bonn que l'indépendance pour la Ve République française. La stratégie de l'OTAN était la stratégie de la RFA, au point que les Livres blancs étaient souvent une duplication de la doctrine de l'Organisation. Les Allemands s'efforcèrent d'obtenir une plus équitable distribution du pouvoir au sein de l'Alliance, ainsi qu'une position renforcée de l'Europe. Le concept des « deux piliers » fut très populaire. Sous l'effet des divergences euroaméricaines, qui s'ajoutaient à celles entre EDAN et ENDAN, on admit cependant à Bonn, à la fin des années 1960, que l'OTAN tendait plutôt à la coopération qu'à l'intégration. Mais une solution purement continentale qui se substituerait à l'Organisation parut toujours irréalisable aux autorités. Malgré la montée des opinions anti-OTAN favorables à un retrait ou à l'adoption d'un statut à l'espagnol (sans intégration militaire ni stationnement d'armes nucléaires), la majorité continua à penser qu'il n'y avait pas d'alternative européenne à l'OTAN. Jusque dans la décennie 1980, l'UEO demeura un sigle méconnu. L'ONU, par contre, eut les faveurs de la gauche. Mais la paralysie du CSNU confirma que l'OTAN était la seule organisation capable de satisfaire les besoins de sécurité de la RFA.

Après 1949, on partit donc du principe, outre-Rhin, que la défense nationale n'était plus possible. Parallèlement, au fur et à mesure que l'Allemagne de l'Ouest retrouvait la prospérité, le nationalisme fut remplacé par l'hédonisme et la recherche de la puissance, par la recherche de la sécurité sociale. À droite comme à gauche, le sentiment national n'était cependant pas complètement éteint, ainsi chez Strauss ou Schumacher. Mais tout ce qui était lié au nationalisme devint tabou en raison de la culpabilisation du passé. Ainsi, le gaullisme n'eût pas été pensable en République fédérale. Selon l'expression de H.D. Beste, le nationalisme est redouté en Allemagne comme l'alcool par un alcoolique repenti. Il n'était pas seulement considéré comme un mal, mais aussi jugé anachronique et dépassé par le conflit Est-Ouest. Bien des intellectuels ouest-allemands, au centre ou à gauche, s'irritaient de ce que les alliés occidentaux raisonnent encore en termes « d'intérêt national ». De Gaulle fut leur cible privilégiée. Répréhensibles moralement, l'archéo-nationalisme des États ou un néo-nationalisme européen n'étaient pas non plus viables stratégiquement, car les liens transatlantiques et la menace soviétique étaient beaucoup trop forts, rendant vaines les politiques de défense nationale à l'ancienne. La condamnation du nationalisme commença à être remise en question au tournant des années 1970-1980, du côté des conservateurs, qui cherchaient à consolider la RFA, et de l'opposition de gauche, qui défiait la République de Bonn. À partir de 1984, les mots « patriotisme » et « intérêt national » apparurent dans les discours du Chancelier Kohl, quoique dans une tournure européenne. Mais, en même temps, la droite critiquait le refus de la France ou de la Grande-Bretagne d'intégrer leurs arsenaux dans une force européenne, en voyant dans ce refus un effet de la croyance rétrograde en l'indépendance nationale. La gauche, elle, dénonçait la discrimination nucléaire (E. Bahr), la dépendance excessive envers l'OTAN et la faillite du gouvernement à défendre l'intérêt national (général Bastian), la présence de troupes et d'armes étrangères (amiral Schmäling).

La revendication de la souveraineté de l'État ne fut cependant pas un slogan très populaire en RFA. D'abord, l'Allemagne a connu d'autres formes de communauté politique que l'État, tels le *Reich* et le *Bund*, et son unité nationale s'est effectuée[23] dans un cadre fédéral (en 1871, 1919, 1949, 1990). Ensuite, la « souveraineté limitée » de la RFA jusqu'en 1990 a facilité la priorité donnée à la sécurité (avec les alliés) plutôt qu'à l'indépendance (vis-à-vis des alliés). Enfin, à l'âge nucléaire, la puissance militaire est souvent associée, notamment en France, à la possession d'armes atomiques ; or, la renonciation de la RFA à l'atome militaire a ajouté une raison supplémentaire à l'orientation « post-nationale » et « post-souveraine » de la République de Bonn. Tous les gouvernements, d'Adenauer à Kohl en passant par Brandt et Schmidt, ont pourtant cherché à ce que leur pays retrouve son unité nationale et sa souveraineté. Mais ils préféraient une solution européenne, ou atlantique, au problème allemand, un partage de la souveraineté qui aurait fait de la fédération européenne, ou de l'alliance atlantique, l'entité décisive au niveau de la diplomatie et de la défense.

De même que la sécurité passait avant la souveraineté, la participation à un contrôle multilatéral des forces nucléaires de l'OTAN était jugée préférable à une possession ou à une copossession nationale, qui aurait isolé la RFA ou accru les suspicions envers elle.

Jusqu'au début des années 1960, la RFA essaya sans succès d'avoir « un doigt sur la gâchette », puis elle dut se résigner à adhérer au TNP et se contenter des consultations OTAN, en attendant d'éventuelles perspectives européennes, après Reykjavik et Maastricht.

Mais du côté des antinucléaires, on se mit à penser que la RFA devait non seulement accepter son statut d'ENDAN, mais encore rompre sa dépendance envers les EDAN de l'Ouest. Si la « renationalisation » de la République fédérale fut à l'ordre du jour de la gauche radicale, ce fut donc sous la forme de la « dénucléarisation ». C'est avec la réunification que cette double posture acquit une nouvelle vigueur.

La RFA et les autres États

Comment la République fédérale perçut-elle les principaux États qui comptaient pour elle ? Pendant quarante ans, la RFA se considéra comme la première ligne de défense de la civilisation occidentale face au communisme. Plus encore que dans les autres pays de l'OTAN, l'URSS fut l'ennemie. L'expérience de la guerre à l'Est persuadait les Allemands que seule la force armée pouvait intimider le Kremlin. Même les opposants à la dissuasion nucléaire se sentaient troublés d'être applaudis par Moscou. Jusqu'au milieu des années 1950, on craignait que la menace soviétique prît la forme d'une guerre civile en Allemagne puis d'une offensive de l'armée est-allemande. Après le premier grand débat nucléaire en mai 1957, on considéra, de Strauss à droite à Merten à gauche, que l'URSS ne voulait pas d'une guerre nucléaire, mais appliquerait des pressions politiques qui accroîtrait son influence avec ou sans recours aux armes. Après la construction du Mur de Berlin et jusque dans la décennie 1980, la crainte de l'URSS fut prédominante, même au SPD. Dans les années 1960-1970, vint pourtant l'heure de la détente, de l'adhésion au TNP et de l'*Ostpolitik*. Mais on continua de redouter une attaque militaire limitée, par surprise, de l'URSS. L'invasion de la Tchécoslovaquie par les forces du PDV en 1968 devint un scénario alarmant. Le premier *Livre blanc*, en 1969, désigna clairement l'URSS, en incluant des résumés de la pensée militaire soviétique. Quant à la RFA « revanchiste » et « militariste », elle resta spécialement dénigrée par les autorités et les médias des pays de l'Est. Après bien des réticences, l'opinion finit cependant par adhérer à l'*Ostpolitik* et à croire en la détente, que les trois quarts des Allemands de l'Ouest désiraient préserver au moment de la crise des euromissiles. À ce moment là, la gauche, déjà sous Schmidt et plus encore sous Kohl, dénonça dans le plan d'installation des *Pershing* et GLCM une menace contre l'équilibre européen et la sécurité allemande. Au contraire des autres alliés, on croyait en Allemagne que l'OTAN était capable d'arrêter une offensive soviétique. Certes, la majorité des experts continuait d'attribuer à l'URSS la volonté de dominer l'Europe occidentale et le monde entier. Mais l'opinion publique redoutait davantage une guerre nucléaire que les intentions du Kremlin, et les autorités de Bonn rencontraient d'énormes difficultés à la convaincre du bien fondé de la stratégie nucléaire de l'OTAN. Il n'est donc pas étonnant qu'à partir de 1985, l'opinion en général et le gouvernement Kohl-Genscher en particulier aient été prêts, dans la tradition de l'*Ostpolitik*, à accorder le bénéfice du doute, plus que les autres alliés, à la nouvelle politique de Gorbatchev.

Envers la RDA, l'État « frère ennemi », l'attitude de la RFA fut ambivalente : le régime était considéré avec antipathie, la population, avec sympathie. Cette dernière était regardée comme une victime : victime de la guerre, de la partition, du communisme. À l'inverse, pour l'État socialiste est-allemand, la République de Bonn était « l'ennemi de classe », la légataire du fascisme et de l'anticommunisme hitlérien, la marionnette des impérialistes de l'Ouest. Seule la RFA assuma l'héritage du IIIème *Reich* et la responsabilité du judéocide. Aux yeux des autorités de Bonn, le « régime de Pankow » était un satellite de l'URSS et les communistes au pouvoir à Berlin-Est, les camarades de ceux qui, avec les nazis, avaient déstabilisé la défunte République de Weimar. Les deux États projetaient donc l'un sur l'autre l'image de l'ennemi en s'identifiant l'un l'autre comme les héritiers d'Hitler ou de Staline. Cette hostilité mutuelle encouragea le réarmement des deux Allemagnes à l'intérieur de leur camp respectif. Pour la République de Bonn, la République de Pankow, par ailleurs beaucoup plus restreinte démographiquement, territorialement et économiquement, n'avait aucune légitimité. Une réunification à égalité, impliquant que l'Allemagne de l'Ouest accepte les conditions de l'Allemagne de l'Est, n'était par conséquent guère concevable. La réunification ne devrait signifier que l'absorption de la seconde par la première, sans que soient remises en cause la démocratie libérale et l'intégration euroatlantique. Celles-ci eurent en ce sens la priorité sur la réunification, ou du moins la réunification ne devait s'effectuer que sous les auspices de la RFA et de l'Occident. Les Allemands de l'Ouest, dit A. Dregger en 1979, n'étaient pas prêts à sacrifier leur liberté ou leur prospérité pour l'unité. Les solutions neutralistes furent donc écartées, au profit d'un ancrage à l'Ouest qui serait le préalable à une réunification-absorption. En dépit de l'hostilité entre les deux régimes, le sentiment de communauté nationale

(*Kulturnation*) des deux populations ne fut pas perdu, mais entretenu par la politique de « l'État entier » poursuivie par Bonn puis l'*Ostpolitik*. « Se sentant responsable » pour tous les Allemands, le gouvernement de Bonn s'efforça d'éviter que la stratégie de l'OTAN ou l'emploi en premier d'armes nucléaires ne visent des cibles situées en RDA. La population est-allemande se trouvait déjà en quelque sorte placée sous la protection de la RFA.

Durant le conflit Est-Ouest, soit les quarante premières années de la République fédérale, l'Amérique fut considérée comme « le plus fort pilier de notre liberté » (W.L. Kiep) et la dissuasion élargie américaine, comme le fondement de la sécurité ouest-allemande, sans alternative possible. Après la défaite et la culpabilisation, les Allemands tendirent à ne plus avoir confiance en eux-mêmes. Dans ses conditions, les États-Unis devinrent le guide moral de la RFA. L'Amérique n'avait jamais été un « ennemi héréditaire ». Le traitement qu'elle avait infligé à l'Allemagne occupée avait été plus clément que celui infligé par la France ou l'URSS. Elle avait été la première à soutenir la création d'un nouvel État allemand, la première à appuyer son réarmement, la première à faciliter son intégration à l'Occident. Un quart des citoyens américains revendiquent une ascendance germanique, proportion qui n'est dépassée que par les Britanniques. Les Allemands de l'Ouest reconnurent que leur « miracle économique » avait été rendu possible par l'aide américaine. Ils reconstruisirent leur villes et leur société presque sur une table rase, et comme les Américains, devinrent des *self made men* fiers de leur réussite matérielle. Ils partagèrent avec eux l'éthique du travail, la crainte du communisme, la foi dans la libre entreprise. Ils se firent un devoir d'être les plus loyaux partenaires et même les plus importants alliés des États-Unis. Ils furent emportés par l'américanisation culturelle. La RFA était à la recherche d'un pays ami et d'un pays qui la considère vraiment comme une amie. Étant donné l'histoire acrimonieuse des relations intra-européennes et la faiblesse relative de la France et de la Grande-Bretagne, l'amitié avec l'Amérique devint la panacée. L'alliance germano-américaine put être qualifiée de « seconde loi constitutionnelle de la République fédérale » (W. L. Kiep). Certes, les négociations sur le TNP inaugurèrent deux décennies de malaise dans les rapports entre Bonn et Washington. Les divergences stratégiques voire les doutes sur l'engagement *US* à mesure que l'URSS accédait à la parité nucléaire, la guerre du Vietnam, la crise du dollar, le déclin relatif et la perte de prestige des États-Unis, puis la crise des euromissiles, les tentations neutralistes et l'anti-américanisme d'une partie croissante de l'opinion [24], mirent à mal les relations germano-américaines. L'alliance privilégiée avec les États-Unis, dans des cadres multilatéraux, ne fut cependant jamais sérieusement menacée, ni sur le plan idéologique ni sur le plan stratégique.

Après la défaite et l'occupation, les Allemands apprirent qu'ils devaient faire partie de l'Ouest. Cela signifiait suivre l'Amérique et se réconcilier avec la France. Cette réconciliation avait une dimension militaire. À chaque fois que les conceptions ou les intérêts stratégiques des États-Unis ne semblèrent pas totalement compatibles avec ceux de la RFA, Bonn se tourna vers Paris, en 1956-58, en 1961-63, en 1986-88, en tentant une coopération nucléaire qui servirait de complément sinon de substitut à la garantie américaine. Mais à chaque fois, les États-Unis réussirent à préserver leur protectorat, en proposant la MLF, en instituant le GPN, en gagnant la guerre froide, avant de favoriser la réunification. Du côté de Bonn, la France fut parfois regardée comme le porte-parole voire le *leader* de l'Europe continentale du fait de sa qualité de membre nucléaire de l'OTAN ou de membre permanent du CSNU. Mais les Allemands de l'Ouest finirent par comprendre que de Gaulle et les dirigeants de la Ve République voulaient une Allemagne faible (non nucléaire), pas un partenaire égal, et que lorsqu'ils parlaient d'Europe, ils défendaient la souveraineté de leur pays et la subordination de leur voisin. Jamais les gouvernements en place n'agirent cependant contre la France. Tous les partis politiques, même à l'extrême-droite, souhaitaient l'alliance avec elle. D'autre part, on craignait une nouvelle entente franco-russe. Mais le principe de tous les cabinets, d'Adenauer à Kohl, fut : « rien contre Paris, rien sans Washington ». C'est en préservant l'Alliance atlantique que l'Europe devait s'unir. La RFA était engagée aux côtés de la France, mais seuls les États-Unis étaient capables de la protéger. Entre Paris et Washington, la balance pencha donc forcément et constamment du même côté. En outre, les critiques envers la France ne manquèrent pas, à gauche et même à droite, surtout lorsque de Gaulle revint au pouvoir : critiques de la politique coloniale, du nationalisme, de l'exclusivisme nucléaire [25], du retrait unilatéral de l'OTAN et du rapprochement avec la Russie soviétique (qui affaiblissaient l'Occident, renforçaient l'URSS et prolongeaient la division de l'Europe que la France désirait censément dépasser).

Comme avec la France, les relations de l'Allemagne avec la Grande-Bretagne sont historiquement marquées par une longue et sanglante rivalité. Après la Seconde Guerre mondiale, l'Angleterre fut perçue comme une puissance en déclin. Dans les années 1950-1960, son désengagement d'Europe centrale fut interprété, par Adenauer lui-même, comme la preuve que Londres n'était « qu'à moitié » une capitale amie. En 1964, la proposition du Cabinet Wilson d'une Force nucléaire atlantique en remplacement de la MLF fut reconnue comme une tentative pour saborder la *Multilateral Force* et empêcher les Ouest-Allemands d'avoir leur mot à dire sur la politique nucléaire de l'Alliance. Dès le début, ces derniers auraient voulu inclure la Grande-Bretagne dans la CEE, malgré le *veto* du général de Gaulle. Ils regrettaient la rivalité anglo-française, qu'ils jugeaient dépassée, ainsi que les réticences des dirigeants britanniques à l'égard de l'intégration européenne. Ils ne manquèrent pas de critiquer l'engouement persistant de Londres en faveur du Commonwealth ou les « relations spéciales » avec Washington. Mais la Grande-Bretagne fut aussi parfois considérée comme une référence morale. Sur le plan stratégique, l'apport britannique à la stratégie nucléaire de l'OTAN fut longtemps ignoré. Un partenariat silencieux mais positif émergea toutefois entre les deux pays après la création du GPN. Par opposition à la posture française, la contribution des forces nucléaires britanniques à l'OTAN fut louée dans les premiers Livres blancs publiés à Bonn. Néanmoins, on constate que ces forces restèrent relativement marginales dans la pensée stratégique allemande. D'une manière générale, le Royaume-Uni reçut peu d'attention de la part de l'opinion publique et même de la classe politique outre-Rhin. Pour la RFA, la reconnaissance de la culpabilité et la quête de la rédemption, éléments cruciaux de la culture politique ouest-allemande, ne concernaient pas la Grande-Bretagne, mais la France et Israël, en tant que victimes [26], et l'Amérique, en tant que modèle.

L'Allemagne, l'Europe et l'Occident

Durant le conflit Est-Ouest, la RFA poursuivit les objectifs de la sécurité, de l'égalité et de la réunification. Elle fut une Puissance hostile au statu quo politique et territorial. Parallèlement à l'alliance atlantique, la construction européenne par la méthode de l'intégration fut un moyen pour la RFA d'accepter le contrôle de son industrie lourde (CECA), de ses forces armées (CED), de son économie (CEE) et de son industrie nucléaire (CEEA), dès lors que ce contrôle serait un contrôle commun et réciproque de l'industrie lourde, des forces armées, de l'économie et de l'industrie nucléaire de tous les pays concernés. Dans les années 1950, c'est pour éviter la discrimination que le gouvernement Adenauer soutint la méthode communautaire, car dès qu'il est réciproque, c'est-à-dire égal, le transfert de souveraineté n'est pas perte de souveraineté, il signifie exercice conjoint de souveraineté. Mais la recherche d'une nouvelle identité fut au moins aussi forte que la volonté de retrouver l'égalité.

Cette nouvelle identité ne pouvait se trouver que dans l'Europe. « L'Allemagne a besoin de l'Europe plus que tout autre pays », répétèrent tous les gouvernements. L'idéal d'Adenauer était une Europe unie politiquement et militairement, dotée d'une force nucléaire qui garantirait sa sécurité. Il insista constamment, et après lui ses successeurs, sur le maintien de l'option nucléaire européenne, et il entendit réserver la possibilité que la MLF se transforme en force européenne. Kiesinger désirait développer la coopération de défense entre les pays du continent pour que l'Europe soit plus autonome vis-à-vis de l'Amérique. Hassel déclara que l'amitié franco-allemande serait le noyau de l'Europe unie, en association avec la Grande-Bretagne et en partenariat avec les États-Unis. Avec Kohl, la construction d'un pilier européen de l'OTAN reçut un regain d'attention, en concordance avec les projets de coopération nucléaire franco-allemande. D'une manière générale, la CDU-CSU soutint sans discontinuer l'idée de la défense européenne dans un cadre atlantique. À gauche, l'Europe nucléaire fut un thème plus controversé. Pour F. Erler, « le développement de forces atomiques nationales n'est pas une voie vers une Europe unie ou une force atomique européenne.

Les nations disposant de ces armes sont plus enclines à les réserver pour des objectifs nationaux. Nous devons construire l'Europe d'abord ». Brandt était partisan d'une fédération entre les Six de la CEE, qui auraient parlé d'une seule voix – la sienne – avec l'administration américaine. Schmidt était très intéressé par la création d'une force nucléaire commune. Au contraire des dirigeants britanniques ou de ceux de la Ve République française, les élites politiques ouest-allemandes furent donc dans leur grande majorité favorables à l'intégration européenne –à une pleine intégration, par opposition à la simple coopération intergouvernementale– dans les domaines de la diplomatie et de la défense, autant ou même plus que dans les domaines de l'économie et de la finance. Les membres d'une Europe unie auraient transféré et partagé leur souveraineté, y compris sur les armes nucléaires, et la force nucléaire européenne aurait été commandée par une autorité politique européenne. Cette unité ne se développerait ni contre ni à la place de l'OTAN, mais en préservant le couplage avec les États-Unis.

L'Europe ne fut pas la seule communauté de référence pour la métamorphose de l'identité allemande, la communauté atlantique était aussi décisive. Les élites de Bonn voulaient une fédération européenne à l'intérieur de l'Alliance atlantique, qui aurait été constituée de deux piliers à égalité. L'Alliance resta la pierre angulaire de la politique de sécurité de la RFA. Europe et atlantisme n'étaient pas regardés comme antinomiques outre-Rhin. Kennedy considérait qu'avec de Gaulle, l'amitié franco-allemande et l'unification européenne étaient politiquement et militairement dirigées contre l'Amérique. Ce n'était pas là la vision ouest-allemande ! Quoi qu'il en soit, les réticences franco-britanniques à partager leur responsabilité nucléaire avec les Allemands annihilèrent les projets d'alternative européenne à l'OTAN. En outre, la plupart des experts ouest-allemands pensaient qu'une force nucléaire réduite ne pourrait dissuader un ennemi plus puissant, et que les arsenaux combinés de la France et de la Grande-Bretagne ne pourraient remplacer l'arsenal américain. Enfin, la coopération nucléaire européenne se heurterait aux rivalités entre les pays du continent et l'intégration supranationale, à la résistance des États-nations, communautés politiques auxquelles la France et la Grande-Bretagne restaient attachées. Il importait donc de maintenir des liens aussi étroits que possibles avec les États-Unis – les « pacificateurs de l'Europe » (J. Joffe) – pour des raisons stratégiques, mais aussi économiques et culturelles, car ce que les Allemands avaient en commun avec les autres Européens, ils le partageaient également avec les Américains.

En conclusion, la représentation allemande de l'arme nucléaire a été marquée par la culpabilisation du passé, le pacifisme et l'antimilitarisme. La tentation de la puissance militaire était assimilée au péché. Or, pendant quarante ans, la République de Bonn fut en quête d'expiation et de rédemption. Cette époque s'est-elle achevée avec la réunification ? La dissuasion nucléaire ne rassura jamais la majorité de la population ouest-allemande. Elle ne fut acceptée que dans le cadre de l'OTAN, en l'absence d'alternative crédible face à la menace soviétique. L'idée selon laquelle l'Organisation aurait failli à sa tâche quand serait tiré le premier coup de feu, prédomina outre-Rhin plus que dans tout autre pays. L'essentiel était de prévenir la guerre. Les partisans de la dissuasion voulaient que la RFA participent à la stratégie nucléaire de l'Alliance, en raison des divergences possibles avec les alliés. En revanche, les adversaires de la dissuasion, parce qu'ils tenaient à l'intégrité morale des Allemands aussi bien qu'à leur survie physique, refusaient que la RFA ait accès aux armes nucléaires. Dans leur quête de réhabilitation de l'Allemagne, ils voulaient devenir les *peace makers* entre l'Est et l'Ouest, sans perdre les liens fondamentaux avec l'Occident, à partir desquels une nouvelle identité allemande devait être construite. La métamorphose allemande signifiait le dépassement de l'État national dans la communauté européenne ou atlantique. Mais les principaux partenaires de la RFA n'avaient et n'ont pas l'intention de rompre avec la nation et la souveraineté. L'Allemagne elle-même est redevenue un État national et la RFA n'avait jamais renoncé à l'unité nationale. Ceux qui adhéraient à la dissuasion nucléaire voulaient qu'une union européenne ou atlantique dispose d'armes nucléaires afin que la RFA soit protégée et qu'elle ait son mot à dire. Ceux qui doutaient de la dissuasion nucléaire ne voulaient pas que la RFA ait affaire à ces armes, et ils tendaient à avoir plus confiance en les alliés des Allemands qu'en les Allemands eux-mêmes. Face à l'allergie nucléaire de l'opinion publique, la politique nucléaire de la RFA ne fut finalement soutenue que par des cercles relativement étroits : les experts de la défense et les gouvernements successifs à Bonn, appuyés sur leur majorité parlementaire.

LA TENTATION NUCLÉAIRE ALLEMANDE

De 1949 à 1989, la sécurité de l'Allemagne divisée était entre les mains des vainqueurs de la seconde guerre mondiale. Nulle part ailleurs, il n'y avait autant de troupes et d'armes étrangères. La RFA et la RDA, filles du conflit Est-Ouest, étaient érigées en modèles de leur monde respectif. La réunification a mis fin à tout cela. Comme dit Z. Brzezinski, l'Allemagne fait partie, avec le Japon et l'Amérique, des vainqueurs de la guerre froide, au contraire de l'URSS, de la Grande-Bretagne et de la France. L'Europe n'est plus une ligne de front ni un champ de bataille potentiel. La RFA n'est plus un glacis occidental, ni les PECO un glacis soviétique. La reconnaissance générale de la réunification de l'Allemagne dans les frontières *de facto* de 1945 signifie que le principal problème de sécurité du continent a disparu. La réduction considérable des troupes étrangères stationnées outre-Rhin[27], le retrait des forces soviétiques des PECO, l'application du traité FCE, le rapatriement des ANT américano-soviétiques, témoignent au plan militaire de la libération de l'Europe de l'étau des superpuissances. La confrontation Est-Ouest a été remplacée par la « contrainte coopérative » : la gestion du désarmement nucléaire et conventionnel, avec ses mesures de confiance, ses dilemmes et ses coûts économiques. La République de Bonn avait eu pour « raison d'État » l'intégration à l'Ouest. Cette intégration n'était pas simplement un point de départ vers le recouvrement de la souveraineté, mais la pierre angulaire de la politique générale de sécurité et de la nouvelle identité allemande. Depuis 1990, le multilatéralisme occidental a été infléchi par la « renationalisation » et la « globalisation » de la politique étrangère et de l'appareil militaire. L'interdiction de se doter de l'arme nucléaire est le dernier effet de la restriction de souveraineté qui marqua les quarante premières années de la République fédérale. La fin de cette interdiction signifierait le retour complet de l'Allemagne à l'indépendance et à la puissance. Le peut-elle ? Le veut-elle ? Contrairement à ses équivalents français et britannique, le *Livre blanc* allemand de 1994 est muet sur l'arme nucléaire, sujet de *dissensus* intérieur[28]. La RFA continue d'appartenir à l'alliance nucléaire atlantique et à poursuivre « l'européanisation » de l'arme nucléaire franco-britannique. En 1990, elle a confirmé sa renonciation nucléaire. Mais que signifie cette « renonciation » et cette « confirmation » ?

Adenauer et l'arme nucléaire

La question nucléaire occupa une place centrale dans la pensée du chancelier Adenauer, qui revendiquait pour la RFA l'égalité des droits (*Gleichberechtigung*). Avec Strauss, qui focalisa l'attention à l'étranger et en Allemagne, Adenauer était résolu à faire de la RFA une sorte de puissance nucléaire, car il regardait les armes nucléaires comme un élément incontournable des relations internationales. Comment, quand, avec quelle autonomie, cela devait rester incertain. Il pensait en premier lieu à des solutions multilatérales pour l'acquisition de vecteurs ou d'ogives. Mais il ne voulait exclure aucune option, pas même celle d'une possession nationale d'armes atomiques, à la fois pour des raisons de sécurité militaire et de statut politique. Il n'en fit cependant pas une priorité au détriment des bases de sa politique étrangère : intégration de la RFA à l'Ouest, renforcement de l'Occident et, à terme, grâce à cette « position de force » et à l'attrait du régime politique, économique et social occidental, réunification nationale et « décommunisation » de l'Europe de l'Est.

À l'ouverture des négociations sur le TNP, en 1961, la République fédérale d'Adenauer était le principal et le plus redouté des candidats à la prolifération nucléaire. N'avait-elle pourtant pas renoncé à l'option militaire en adhérant à l'UEO en

1954 et à l'OTAN[29] en 1955 ? Du point de vue des trois alliés occidentaux, cette renonciation était le préalable à l'intégration de la RFA à l'Occident. Or, en 1948, le général Speidel avait réclamé un traitement égal de la future armée allemande en matière d'armements. Position soutenue par Strauss et Adenauer. Ce dernier savait que la renonciation aux armes nucléaires était le prix à payer pour le retour de l'Allemagne dans le concert des nations. Mais il posa deux conditions : la future *Bundeswehr* se verrait accorder un traitement égal quant à son équipement militaire ; les alliés devraient accepter une renonciation volontaire et unilatérale de la part de la RFA plutôt qu'imposer une prohibition formelle. Le 7 mai 1952, le chancelier signa la première renonciation allemande, sous la forme d'une lettre adressée aux ministres des Affaires étrangères des Trois. La comparaison entre cette déclaration et celle du 3 octobre 1954 est significative. En 1952, Adenauer renonçait au développement, à la fabrication et à la possession d'armes atomiques ; à l'importation ou à la production de plus de 500 grammes de plutonium ou d'uranium enrichi par an ; au stockage de plus de 18 tonnes d'uranium naturel ; au développement, à la construction ou à la possession de réacteurs d'une puissance supérieure à 1,5 Mw ou capables de produire plus de 500 grammes de plutonium ou d'uranium enrichi par an ; à la R/D militaire. En 1954, la renonciation aux armes atomiques se bornait à la prohibition de leur production sur le territoire ouest-allemand. Adenauer avait obtenu que le traité UEO n'interdise pas le développement d'une industrie nucléaire civile, et qu'il autorise implicitement l'achat d'armes nucléaires, ou leur possession ou leur fabrication sur le territoire d'un autre pays [30].

Strauss soulignait que « notre renonciation à la production d'armes ABC en République fédérale s'exprimait seulement "dans les circonstances actuelles" , autrement dit, celles de 1954 ». De son point de vue, elle était principalement liée à la nécessité de faire accepter par la France la reconstitution d'une armée allemande et l'entrée de la RFA dans l'OTAN. La réconciliation avec la France ne permettrait-elle pas un jour de revenir sur cette renonciation ? En 1954, Adenauer était conscient de deux faits essentiels : la France était déterminée à se réserver l'option d'un armement nucléaire national ; l'une des principales raisons de ce choix était la rivalité avec la Grande-Bretagne. Le problème qui lui importait le plus était la non-discrimination de la RFA. En 1956, au cours des négociations du traité CEEA, le problème nucléaire surgit de nouveau. Erhard et Strauss étaient opposés au traité, car ils souhaitaient développer une industrie nucléaire nationale en coopération avec les États-Unis. En revanche, le gouvernement français appuyait l'EURATOM, car il avait obtenu que celle-ci ne contrôlerait pas les programmes militaires dans lesquels la France se lançait mais auxquels la RFA avait été obligée de renoncer. Adenauer accepta EURATOM, non pas parce qu'il était prêt à accepter des discriminations militaires pour prix de la création de la CEE, mais parce que le traité CEEA, au contraire du traité UEO, permettait à la RFA de s'approcher régulièrement [31] du nucléaire militaire. Couve de Murville vit juste lorsqu'il déclara que l'Allemagne « était toujours tenté de s'approcher du plus près possible du domaine réservé » et qu'elle ne devait « pas rester pour toujours un protectorat atomique ».

En 1956, Strauss demanda que l'Alliance atlantique examine la question de l'armement nucléaire de la *Bundeswehr*. Il était d'avis que la RFA pouvait devenir la première puissance nucléaire d'Europe [32]. Adenauer, de son côté, déplorait le manque d'influence de la RFA au sein de l'OTAN et il voulait que la *Bundeswehr* soit équipée d'armes nucléaires. C'est le général français Chassin qui déclara publiquement ce que les cercles officiels à Bonn disaient à huis clos : « si l'Allemagne de l'Ouest veut assurer sa défense militaire et ses options politiques, elle doit être en mesure de produire ses propres explosifs atomiques et les employer en cas de besoin ». En 1958, le *Bundestag* adopta une résolution demandant que la *Bundeswehr* soit équipée « d'armes les plus modernes » pour qu'elle puisse remplir ses missions dans le cadre de l'OTAN. L'Allemagne devait avoir sa part du nucléaire. Malgré l'hostilité de l'opinion, les États-Unis et la RFA signèrent un accord de coopération prévoyant le transfert d'informations secrètes pour l'entraînement des personnels à l'utilisation d'armes nucléaires et pour diverses applications militaires de l'énergie nucléaire. Des accords similaires furent également conclus avec d'autres alliés. Ces accords découlaient du sommet de l'OTAN de décembre 1957, où il avait été décidé que les États-

Unis stockeraient des ogives sur le territoire des membres européens de l'Alliance, pour étayer la doctrine des « représailles massives ». Le gouvernement fédéral devint le plus ferme supporter du stationnement d'armes nucléaires américaines, alors même qu'il n'avait pas le contrôle de ces armes. Pourquoi ? Leur installation réduisait l'inégalité entre les forces armées ouest-allemandes et celles du PDV, puisque la *Bundeswehr* pouvait s'appuyer sur les armements nucléaires des États-Unis. L'association des forces ouest-allemandes et américaines permettrait à la RFA d'influencer la stratégie nucléaire des États-Unis afin d'améliorer l'efficacité de la dissuasion élargie. Le déploiement au sol d'armes nucléaires américaines renforçait le « couplage » entre l'Amérique et l'Allemagne. Cette « nucléarisation » par déploiement égalisait le statut de la RFA par rapport à la France et à la Grande-Bretagne. Aux yeux des responsables ouest-allemands, l'accord anglo-américain de février 1957 sur la « double clé » devait servir de modèle à de futurs accords bilatéraux entre Washington et Bonn.

La coopération nucléaire avec la France et l'Italie était une solution complémentaire sinon alternative. Au cours des discussions de 1957-58, de vastes projets militaires furent sérieusement envisagés. Certaines questions essentielles ne furent toutefois pas abordées. Comment préserver le secret ? Comment trouver les moyens financiers dans des systèmes politiques– ceux de la IVe République, de la RFA et de l'Italie– soumis au contrôle budgétaire étroit du Parlement ? Comment régler la question de la propriété des ogives et des vecteurs, de la planification, de la décision d'emploi ? Après 1958, lorsqu'Adenauer perçut que de Gaulle aspirait au même rang nucléaire que les États-Unis et la Grande-Bretagne, excluait l'Allemagne et ébranlait l'Alliance atlantique, il s'efforça d'annihiler le concept d'un « directoire à trois » et de s'approcher du plus près possible du domaine réservé, en utilisant le cadre multilatéral de l'OTAN. Il accepta cependant la constitution par la France d'une force de frappe nationale, et il signa le traité de l'Élysée de 1963 qui envisageait, après les « plans Fouchet » avortés, une coopération privilégiée dans le domaine de la défense. De Gaulle, lui, toléra l'allégeance nucléaire de la RFA envers les États-Unis, mais il dénonça le projet MLF relancé par

Washington cette même année 1963 et soutenu par Bonn. La politique multilatérale et atlantique d'Adenauer et la politique autonome et nationale de De Gaulle étaient contradictoires à bien des égards. Elles ne pouvaient se concilier que par « l'européanisation » de la défense nucléaire. Mais celle-ci était impossible en raison de la primauté des États-Unis admise par tous les alliés européens, et parce que la France s'en tenait à une politique de dissuasion strictement nationale.

La tentation nucléaire I

La RFA a signé le traité de non-prolifération en 1969 et a confirmé sa renonciation en 1990. Elle semble donc avoir accepté son statut d'ENDAN comme le voulaient les EDAN. Les choses sont plus compliquées et plus ambigues, si l'on suit l'analyse pénétrante de M. Küntzel sur Bonn et la Bombe. Comme l'indiquait la position adenauerienne, la renonciation au nucléaire n'a jamais été volontaire, mais forcée et circonstantielle. En 1954, 1969 et 1990, nombreux sont les responsables allemands qui, au contraire, auraient voulu que la RFA renonce à la renonciation. Entre 1961, année où Kennedy propose à l'ONU un traité de non-prolifération, et 1979, année où le *Bundestag* vote la loi sur les mesures de vérification du TNP, tous les partis politiques ouest-allemands ont élevé des protestations contre cet instrument. La RFA adhéra au TNP, mais elle obtint que le traité comporte suffisamment de lacunes pour qu'elle puisse développer des options nucléaires tant au plan technologique et commercial que diplomatique et militaire.

La crainte qu'Hitler puisse avoir le premier la bombe atomique[33] stimula le « projet Manhattan », et la crainte que l'Allemagne dispose un jour de l'arme atomique stimula l'institution du régime de non-prolifération. Pourquoi cette hostilité à l'encontre d'une Allemagne nucléaire, même démocratique ? Les vainqueurs de la seconde guerre mondiale entendaient prévenir l'accession de l'Allemagne à un statut égal, c'est-à-dire nucléaire, tandis que l'Allemagne s'efforçait de réduire son inégalité par rapport à la France ou à la Grande-Bretagne. À l'Ouest comme à l'Est, on redoutait qu'une RFA dotée d'armes nucléaires soit tentée de remettre en cause le *statu quo* par la force, ou qu'elle détruise le fragile équilibre des puissances en Europe. Le Conseil de l'Atlantique nord à Bruxelles, la Conférence du Désarmement à Genève, le siège de l'AIEA à Vienne, l'Assemblée générale des Nations unies à New York, furent les hauts lieux de la négociation ouest-allemande sur le TNP. Pour la première fois de sa courte histoire, la République fédérale conduisit une diplomatie autonome fondée sur son intérêt national *stricto sensu*. Cette négociation ressuscita le clivage de la seconde guerre mondiale entre la « Grande Alliance » (*USA*, URSS, GB) et « l'Axe » (Allemagne, Japon, Italie, auxquels s'ajoutèrent l'Inde et le Brésil, qui, eux, ne signèrent pas le traité). La RFA fut le *leader* de l'opposition au TNP. L'Italie et le Japon firent dépendre leur adhésion de celle de Bonn. Qualifié de « super Versailles » par Strauss et de « plan Morgenthau » par Adenauer, le traité souleva une très forte hostilité en RFA, car il renouvelait le « syndrome de Potsdam », à savoir la connivence des deux Grands aux dépens de l'Allemagne.

C'est l'essai nucléaire français de février 1960 qui relança le débat sur un futur traité de non-prolifération, dont le concept avait été proposé à l'automne 1958. Du côté américain, le rejet de la « prolifération » s'expliquait par la double volonté de sauvegarder la « paix nucléaire » et de maintenir leur hégémonie nucléaire. Mais Washington rencontrait le dilemme suivant : tant que les EDAN refuseraient de désarmer, les ENDAN n'auraient d'autre choix que de s'armer pour égaliser les rapports stratégiques. La politique mixte d'isolation et de coopération des États-Unis n'avait pas empêché la Grande-Bretagne puis la France d'aller au nucléaire. Ce serait encore le cas de la RPC en 1964. Sous Kennedy, la non-prolifération devint une priorité, même envers les alliés, ce qui n'était pas le cas sous Eisenhower. Deux raisons expliquent ce revirement : la volonté de stabiliser les relations stratégiques avec Moscou, plutôt que de renforcer l'Europe occidentale face à l'URSS ; la volonté de substituer la « riposte flexible » aux « représailles massives », ce qui impliquait une centralisation du commandement des forces nucléaires de l'OTAN. Le TNP procède ainsi des efforts américains pour circonvenir les tentations nucléaires des alliés européens, de l'allié ouest-allemand en particulier. Il fallait empêcher que la RFA se dote d'une force de frappe si l'on voulait éviter une crise internationale majeure. Les dirigeants soviétiques abondaient en ce sens. La RFA n'avait reconnu ni l'État est-allemand, ni les frontières avec la Pologne ; elle revendiquait des changements territoriaux en Europe centrale, quoique par des moyens pacifiques. Pour le Kremlin, la renonciation de Bonn aux armes nucléaires était la condition *sine qua non* de la détente en Europe. En elle-même, une Allemagne nucléaire n'aurait pas représenté un réel danger pour l'URSS, étant donné l'asymétrie géostratégique ; mais elle aurait accru le risque d'escalade en cas de crise.

La tentation nucléaire II : la négociation du TNP

L'érection du Mur de Berlin et le projet de Kennedy d'un traité de non-prolifération, sont deux événements étroitement liés, de même que les discussions sur le traité d'interdiction partielle des essais nucléaires et celles sur le projet de Force multilatérale. La crise de Berlin accéléra la modification des priorités de la politique américaine et incita Washington à trouver de nouveaux arrangements avec Moscou. Alors que la RFA désirait accéder au nucléaire par un biais atlantique ou européen, les États-Unis préférèrent discuter avec l'URSS du statut de l'Allemagne et de sa renonciation à l'arme nucléaire. Bref, les deux Grands s'entendirent en faveur du *statu quo* militaire au détriment de Bonn. Les divergences entre les États-Unis et la RFA étaient éclatantes, elles s'ajoutaient à celles entre les États-Unis et la France gaulliste, au point que l'Alliance atlantique frôla la rupture. Washington était favorable à la stabilité des relations avec l'URSS, à la reconnaissance de la RDA et de la ligne Oder-Neisse, à la limitation des armements de la RFA. La politique de Bonn en faveur de la réunification et de l'égalité nucléaire était à l'opposé des choix de l'administration Kennedy ! De plus, les Allemands considéraient que « l'équilibre de la terreur » et la « riposte flexible » sapaient l'efficacité de la dissuasion nucléaire. Tout cela était de nature à inciter le gouvernement fédéral à aller d'une manière ou d'une autre au nucléaire, sans doute en profitant des lacunes des accords de 1954 ou en coopérant avec la France. Mais il pouvait aussi choisir de se rabattre sur la voie atlantique : exercer une plus grande influence sur la politique nucléaire de l'Alliance, ou faire en sorte que l'OTAN puisse utiliser ses armes nucléaires sans attendre la décision du Président américain, ou participer à un système de « double clé » avec Washington. Ce type d'orientation correspondit aux options de la *Multilateral Force*. Elles échouèrent parce qu'aux yeux du Kremlin la non-prolifération et la « multilatéralisation » étaient incompatibles, et parce que le gouvernement américain donna la priorité au TNP sur la MLF. Washington considérait la MLF comme un moyen de concilier sa politique de non-prolifération avec l'alliance nucléaire qu'est l'OTAN. Moscou estimait que la MLF conduisait à une prolifération déguisée de l'Allemagne, contraire au TNP. Le gouvernement ouest-allemand déclara qu'il n'y aurait pas de TNP sans MLF, pas d'engagement de non-prolifération sans partage du nucléaire au sein de l'Alliance. Mais il crut à tort que Washington préférerait améliorer ses relations avec Bonn plutôt que de pactiser avec Moscou.

En juillet 1965, le gouvernement fédéral exposa pour la première fois les conditions d'une éventuelle signature du traité de non-prolifération. *Grosso modo*, il n'était pas prêt à étendre sans contrepartie sa renonciation de 1954 à la production d'armes atomiques sur le territoire de la RFA. Mais il était prêt à échanger son abstention nucléaire contre une force de dissuasion multilatérale et contre des concessions soviétiques en matière de réunification. Le ministère de la Défense examina les combinaisons possibles entre le TNP et la MLF. La signature du TNP sans la réalisation de la MLF était considérée comme la situation la plus défavorable, puisqu'elle désarmait la RFA et l'empêchait de participer à la politique nucléaire de l'Alliance. La signature du TNP et la réalisation de la MLF accroîtraient la sécurité et l'influence de la RFA, mais celle-ci devrait alors définitivement renoncer à édifier un arsenal sur une base nationale. L'absence de signature du TNP et de réalisation de la MLF donnerait aux États potentiellement nucléaires n'ayant pas renoncé à la production d'armes -au contraire de la République fédérale- la possibilité de développer des programmes militaires, ce qui serait préjudiciable aux intérêts de la RFA, même si elle conserverait elle aussi une certaine marge de manœuvre dans le domaine nucléaire. La réalisation de la MLF sans la signature du TNP accroîtrait la sécurité et l'influence de la République fédérale, mais elle permettrait aux États potentiellement nucléaires n'ayant pas renoncé à la production d'armes de développer des programmes militaires, ce qui serait préjudiciable aux intérêts de la RFA, qui avait dû renoncer à ladite production. En conclusion, du fait de sa renonciation et tant que cette renonciation vaudrait, l'Allemagne avait intérêt à interdire ou à limiter au maximum la prolifération nucléaire. L'accession d'autres puissances à l'arme atomique reviendrait en effet à subir l'inégalité des rapports stratégiques avec un nombre croissant d'États ! Mais la RFA avait aussi intérêt à renforcer la dissuasion nucléaire, donc à participer à la stratégie de l'Alliance et à accéder au nucléaire par la voie multilatérale. Il fallait donc opter pour cette voie –que Bonn croyait ouverte par sa renonciation unilatérale– afin que la RFA ne s'attire pas l'hostilité des puissances étrangères.

Le Président Johnson mit fin au projet MLF en décembre 1965. Le GPN fut institué. En mars 1966, le retrait de la France de l'Organisation militaire intégrée renforça la position de la RFA à l'intérieur de l'OTAN puisqu'elle en devenait la première puissance conventionnelle européenne. Mais le problème du TNP restait entier. Le gouvernement de Bonn en dénonçait le caractère discriminatoire. Il s'inquiétait du fait qu'il pourrait nuire au droit de légitime défense collective dans le domaine nucléaire, en particulier à la possibilité d'une défense nucléaire européenne. Il insistait donc sur la concertation nucléaire au sein de l'Alliance et sur l'inclusion d'une « clause européenne » dans le futur traité. En septembre 1966, Gromyko, ministre soviétique des Affaires étrangères, accepta l'existence de consultations nucléaires dans le cadre de l'OTAN et il n'éleva pas d'objections à l'encontre d'une éventuelle option européenne sur la base de la théorie de la « succession d'États ». Cela signifiait qu'une future fédération européenne assumerait le statut nucléaire de la France (seule puissance nucléaire des communautés à l'époque), mais qu'en attendant était interdit tout transfert nucléaire d'un EDAN vers un ENDAN. Le gouvernement ouest-allemand retint que Moscou ne s'opposait plus au droit d'un État non nucléaire (la RFA) de participer au contrôle ou à l'usage d'armes nucléaires dans le cadre d'une alliance nucléaire (l'OTAN ou, un jour, l'UEO). De son côté, le secrétaire d'État américain Rusk souligna que le futur TNP ne supprimerait ni le GPN ni les arrangements bilatéraux existants ; qu'il n'interdirait pas la constitution de forces multilatérales (atlantiques ou européennes) associant des ENDAN (la RFA) ou leur donnant un droit de *veto* sur l'usage d'armes atomiques basées sur leur territoire, tant que l'EDAN (les *USA*, la GB ou la France) garderait le contrôle de ces armes et de la décision d'emploi ; qu'il n'empêcherait pas une éventuelle fédération européenne d'acquérir un statut nucléaire en succédant à des EDAN européens (la France et/ou la GB).

C'est l'essai d'U. Nerlich, membre de l'Institut de recherche d'Ebenhausen, près de Munich, qui ouvrit fin 1965 le long débat allemand sur le TNP. Son exposé sur *Les Dilemmes nucléaires de la République fédérale d'Allemagne* soulignait deux points: la RFA a intérêt à garder ouverte l'option nucléaire pour peser dans les négociations sur la réunification et pour éviter que son statut non nucléaire ne contribue à pérenniser la division de l'Allemagne ; la RFA a intérêt à participer pleinement à la planification nucléaire de l'OTAN pour assurer sa sécurité. En octobre, le *Studiengruppe* publia le document de référence: *La Prolifération des armes nucléaires et les options nucléaires de la République fédérale*, issu d'un exposé rédigé par U. Nerlich et W. Cornides. Ses propositions étaient les suivantes. La RFA devait empêcher la formation d'une « pentarchie nucléaire » en favorisant à la fois la différenciation entre les deux Grands et les trois autres puissances nucléaires d'une part, l'indifférenciation entre ces puissances et les États non nucléaires d'autre part. Il s'agissait donc de prévenir toute accentuation de l'inégalité entre la France et la Grande-Bretagne d'une part, la RFA d'autre part. Celle-ci devait conserver une marge de manœuvre au sein du régime de non-prolifération. Elle devait préférer la conclusion de traités bilatéraux ou régionaux en la matière, plutôt qu'un traité universel, car les risques de prolifération n'existaient pas en Europe, mais dans le tiers monde. Elle ne devait renoncer à une force nationale ou européenne que tant que durerait la présence américaine en Europe. Elle devait s'efforcer de participer à la stratégie nucléaire de l'Alliance atlantique. Elle devait empêcher que le TNP ne bloque l'usage collectif des armes nucléaires dans le cadre de l'OTAN ou d'une future

Union européenne. Suivant le modèle indien, elle ne devait pas voir restreint son programme nucléaire civil, avec ses implications militaires sous-jacentes. Pour éviter les soupçons, elle devait permettre les inspections de l'AIEA ou, mieux, de la CEEA. Elle devait s'efforcer d'améliorer ses capacités techniques dans le domaine de la propulsion et des armements nucléaires. Ces neuf points servirent de référence à la diplomatie ouest-allemande. Un dernier aspect fut mis en exergue par les autorités de Bonn : la sauvegarde du programme plutonium.

Les négociations finales sur le TNP furent menées par le gouvernement de « grande coalition »[34] puis par le gouvernement SPD. Un simple « oui » au TNP était hors de question ; un « non » catégorique n'était pas non plus envisageable. L'enjeu, c'était l'utilisation de l'énergie nucléaire pour des buts militaires. Depuis les années 1950, des recherches sur les armements atomiques avaient été conduites en secret. En novembre 1967, l'Institut d'Ebenhausen publia un rapport intitulé : *Commentaires sur l'utilisation militaire de la réaction nucléaire contrôlée, en relation avec le TNP*. Juridiquement, la recherche à des fins militaires ne s'accordait guère avec la législation atomique. En 1964, la RFA avait commandé aux États-Unis un réacteur *Triga Mark F* pour tester et simuler les radiations créées par une explosion nucléaire et développer un blindage de protection contre ces radiations. Mais ce réacteur pouvait également servir à calculer la configuration de bombes atomiques. La frontière entre la recherche sur les effets des armes nucléaires et les moyens de s'en protéger d'une part, le développement de ces armes d'autre part, était poreuse, de même que celle entre la simulation des armes et leur production. La RFA était le seul ENDAN de l'OTAN où l'énergie nucléaire jouait un rôle potentiellement stratégique, à travers un développement théorico-expérimental et des bases de données susceptibles d'inflexion à des fins militaires. D'après la scientifique américaine C. M. Kelleher, qui s'était entretenue avec les membres de l'*establishment* nucléaire ouest-allemand, le projet gouvernemental était de faire de la RFA une Puissance « du seuil », à la manière de l'Inde ou du Japon, une puissance à la limite de développer les composantes d'un arsenal. Outre les gains technologiques et commerciaux, en prévision d'une possible restriction due au TNP, l'avancement du programme nucléaire devait surtout servir à renforcer la position allemande lors de négociations sur la création d'une force européenne.

Il ne fallait donc pas que le TNP, avec ses clauses de contrôle, nuise à l'utilisation pacifique de l'énergie nucléaire, c'est-à-dire au programme nucléaire allemand, avec ses potentialités militaires. C'est à cela que s'attacha le gouvernement de Bonn dans les discussions sur le TNP. Si les ENDAN devaient renoncer aux armes nucléaires, les EDAN devaient permettre l'accès à la technologie nucléaire. L'ancien package deal TNP/MLF de 1962-65 fut ainsi remplacé par le *package deal* non-prolifération/énergie nucléaire en 1966-69. Le gouvernement de Bonn réclamait: l'abolition de la clause de contrôle; si cette abolition n'était pas obtenue, le contrôle devait être non discriminatoire entre ENDAN et EDAN, c'est-à-dire être identique ; la « sauvegarde des intérêts d'Euratom », en clair, des vérifications exercées par la CEEA plutôt que par l'AIEA ; des procédures de contrôle menées par peu d'inspecteurs, avec des procédés automatiques, aux seuls points clés du cycle du combustible; la « fermeture de l'écart technologique », en clair, l'inclusion de la « zone grise » relative à la recherche sur les effets militaires dans le programme civil autorisé. Selon Brandt, les ENDAN devaient participer aux résultats de l'application militaire de l'énergie nucléaire par les EDAN, y compris les informations et les innovations, du moins au sein du monde occidental. Enfin, le gouvernement fédéral insista sur les conditions de validité du TNP, ainsi que sur le droit de s'en retirer, et il refusa qu'il fût signé pour une période illimitée comme le souhaitaient Washington et Moscou. La clause du retrait « en cas d'évènements extraordinaires » était indéfinie. Il apparut qu'aux yeux du gouvernement de Bonn, cette clause jouerait en cas d'établissement d'un système ABMpar les superpuissances, en cas de disparition de l'OTAN, au cas où les EDAN enfreindraient le traité (par exemple, l'obligation de désarmer) ou menaceraient les intérêts des ENDAN !

Outre l'usage pacifique sans limitation de l'énergie nucléaire, la connexion de la non-prolifération des ENDAN avec le désarmement des EDAN, l'absence de préjudice quant à la participation à la stratégie nucléaire de l'OTAN et à la constitution d'une future défense européenne, le dernier aspect crucial des négociations porta sur les garanties de sécurité et les clauses de contrôle, autrement dit, sur la vérification du respect du TNP. Qui devait être surveillé, les ENDAN ou les EDAN ? C'était le problème politique de la discrimination. Comment la surveillance devait-elle être exercée ? Devait-elle porter sur les matériaux fissiles ou sur les installations nucléaires ? Devait-elle être exécutée par des inspecteurs ou par des procédés automatiques ? C'était le problème technique des procédures du contrôle. Qui devait assumer la surveillance dans les États membres des Communautés européennes ? Des inspecteurs de la Ceea ou des inspecteurs de l'Aiea ? C'est ce dernier problème, celui des modalités du contrôle, qui devint le plus important et qui tendit à englober les deux autres. Appuyé par les autorités de Bruxelles, le gouvernement fédéral insistait pour que les contrôles soient effectués dans le cadre d'EURATOM et par les agents de cet organisme. Pour l'URSS, c'était hors de question : la CEEA était composé exclusivement de membres de l'OTAN ; tous les ENDAN devaient être traités également, donc être inspectés par l'Aiea, agence rattachée à l'ONU. Que diraient les Européens si les pays arabes exigeaient de n'être surveillés que par une organisation panarabe ou une « ARABATOM » ! Les États-Unis réussirent finalement à rallier l'URSS, qui ne voulait pas d'un contrôle AIEA sur son propre territoire, à la solution du contrôle Euratom en faveur des pays européens.

La tentation nucléaire III : la signature et la ratification du TNP

Le TNP fut ouvert à la signature le 1er juillet 1968 (il entra en vigueur le 5 mars 1970)[35]. Qu'allait faire la RFA ? Ce n'est qu'après les élections législatives d'octobre 1969, qui virent la victoire du SPD, que le gouvernement de Bonn signa le traité, le 28 novembre. Pendant un an-et-demi, l'ancien gouvernement poursuivit le combat contre le TNP en essayant de monnayer sa signature contre l'accroissement des droits de la RFA dans la planification nucléaire de l'OTAN (non-prolifération contre consultation), la suppression de la clause des « États ennemis » dans la Charte des Nations unies (non-prolifération contre non discrimination), la renonciation de l'URSS à l'emploi de la force contre la RFA (non-prolifération contre non-agression). Si elle n'obtint pas l'abrogation des articles 53 et 107 de la Charte, la RFA réussit à augmenter son influence au sein du GPN et à conclure le traité avec Moscou en août 1970. Les négociations finales sur le TNP se déroulèrent alors que la politique étrangère allemande recherchait la détente avec l'Est et une plus grande liberté d'action vis-à-vis de l'Ouest. L'adhésion au TNP fut ainsi le préalable et la condition de l'*Ostpolitik*. La signature du TNP fut assortie d'une déclaration d'interprétation du traité. Elle soulignait les points suivants. L'adhésion avait pour condition que la sécurité de la RFA fût garantie par l'OTAN ou par un système analogue. Sans l'OTAN, il n'y aurait plus de renonciation à l'arme nucléaire. En cas d'événements portant atteinte à ses intérêts vitaux, la RFA aurait le droit de se retirer du traité conformément à l'article 10 du TNP, et le droit de bénéficier de la défense nucléaire conformément à l'article 51 de la Charte des Nations unies. Le TNP ne ferait pas obstacle à l'Union politique de l'Europe ni à la constitution d'une défense nucléaire européenne. Il ne nuirait pas non plus à la recherche et au développement du nucléaire civil, y compris l'utilisation pacifique des explosions nucléaires. C'est interprété de la sorte que le TNP fut signé puis ratifié –cinq ans après– par la République fédérale.

Après la signature du TNP, les garanties de sécurité accédèrent au premier rang des préoccupations de la diplomatie nucléaire, opposant les États-Unis, l'URSS et l'AIEA d'un côté, la RFA, le Japon et la CEEA de l'autre. Ces négociations interférèrent avec le débat sur la ratification du TNP en Allemagne, au Japon ou dans les États non nucléaires d'EURATOM. Au long débat sur le TNP succéda l'âpre controverse sur les garanties de l'AIEA ou de la CEEA en tant qu'unique système de contrôle du respect et de l'application du traité. Toute la difficulté du TNP –instrument de compromis entre la « Grande Alliance » et « l'Axe »–, c'est qu'il entend prévenir la prolifération des armes nucléaires sans interdire la dissémination de la technologie nucléaire, autrement dit, empêcher l'usage militaire de l'énergie nucléaire ou la prolifération militaire sans proscrire l'usage civil de l'énergie nucléaire ou la dissémination civile. D'où l'importance cruciale de la vérification. L'inégalité entre ENDAN et EDAN s'étendait à l'industrie électronucléaire, puisque pour les uns les contrôles étaient obligatoires, pour les autres, facultatifs. La concurrence entre la CEEA, organisation régionale, et l'AIEA, organisation universelle, toutes deux créées en 1957, fut en quelque sorte englobée dans le débat sur le TNP et son application.

La fondation d'EURATOM s'explique largement par les projets nucléaires de la IVe République : la France voulait acquérir l'arme atomique sans que la RFA change son statut ; comme cette dernière n'accepterait pas une telle discrimination, la solution était une intégration nucléaire européenne sous leadership français. Pour la République fédérale aussi, EURATOM était regardée comme une précondition pour le développement d'une Bombe européenne sinon allemande. La CEEA avait une dimension militaire pour l'Europe occidentale. Même après que de Gaulle ait mis fin aux projets franco-germano-italiens, en 1958, la CEEA continua d'avoir une grande importance pour la RFA : elle demeurait une base pour la constitution d'une future puissance nucléaire européenne ; un programme électronucléaire développé à l'intérieur de la CEEA était moins exposé à la suspicion internationale qu'un programme développé dans le seul cadre national ; les États-Unis étaient prêts à consentir à la Communauté des transferts de matériaux ou de technologies à des conditions plus favorables qu'à n'importe quel État pris individuellement ; la CEEA offrait une protection vis-à-vis de l'AIEA. Celle-ci, créée à l'instigation des États-Unis après la conférence de Genève sur l'énergie atomique, avait pour fonction universelle de veiller à ce que le développement et l'utilisation de l'énergie nucléaire ne servent pas des buts militaires. Contre cet instrument de la politique *Us* de non-prolifération, les membres d'EURATOM réclamèrent que les inspections de leurs sites soient effectuées par leurs propres agents. Au lieu de garanties de sécurité globales, il y aurait donc des garanties de sécurité régionales. L'administration américaine était partagée entre le « *lobby Aiea* » et le « *lobby Ceea* ». Le premier s'opposait aux prétentions des membres d'EURATOM et s'inquiétait d'une Europe nucléaire. Le second s'inquiétait davantage d'une France et d'une Allemagne qui développeraient chacune leur arsenal sur une base nationale. Il soutenait donc EURATOM parce qu'elle liait la RFA, consolidait l'unité de l'Alliance atlantique, évitait la rivalité franco-allemande, fournissait une organisation intégrée avec des garanties autonomes. Eisenhower trancha en faveur du « lobby CEEA » et les États-Unis ne s'opposèrent plus, jusqu'au débat sur le TNP, à l'autonomie d'EURATOM en matière de contrôle. Mais à partir de 1968, ils durent à nouveau choisir entre l'AIEA et la CEEA.

L'institution des systèmes de contrôle de l'AIEA et de la CEEA occupa toute la décennie 1970. En avril 1970, le conseil des gouverneurs de l'Agence établit un *Safeguards Committee*, qui adopta en avril 1971 un *Livre bleu* sur les garanties de sécurité. En novembre 1971, les négociations commencèrent entre l'AIEA et la CEEA ; elles se terminèrent en juillet 1972 avec l'accord de vérification, signé en avril 1973, entre l'AIEA, la CEEA, la RFA et d'autres pays européens. En septembre, le gouvernement ouest-allemand déposa devant le *Bundestag* le projet de loi autorisant la ratification du TNP ; la loi fut votée le 4 juin 1974[36]. En mai 1975, le TNP entra en vigueur dans les États non nucléaires d'EURATOM. Commencèrent alors les discussions sur l'application du contrôle EURATOM, qui se terminèrent en octobre 1976 par l'adoption d'un réglement CEEA, entré en vigueur en février 1977. En avril 1979, le gouvernement ouest-allemand déposa devant le *Bundestag* le projet de loi autorisant la ratification de l'accord de vérification; la loi fut votée le 28 novembre 1979. C'est donc dix ans après la signature du TNP que les mesures de contrôle de ce traité furent entérinées outre-Rhin ! Il fallut attendre la loi du 22 novembre 1990 sur le contrôle des armements pour que soient interdits la mise au point, la production, le transport, le transit, l'importation, l'exportation, le commerce et la détention d'armes nucléaires ! Lors des débats des années 1970, le gouvernement fédéral avait posé ses conditions, qui tournaient autour de l'exigence de l'égalité : extension aux EDAN des contrôles de l'AIEA ou de la CEEA (« principe de l'universalité ») et établissement de contrôles dont le degré ou l'étendue seraient acceptés par tous les États (ou « plus petit dénominateur commun »). S'agissant des rapports AIEA/CEEA, EURATOM dut adapter et renforcer son système de contrôle ; mais elle garda son autonomie et la relation avec l'Agence fut placée sur un plan horizontal (égalitaire), et non pas vertical (hiérarchique) comme entre l'AIEA et un État. Les membres d'EURATOM conservèrent donc leurs privilèges (étendus au Japon).

Outre-Rhin, le débat parlementaire sur la ratification du TNP montra clairement que l'enjeu était rien moins que le statut militaire de l'Allemagne. L'adhésion de Bonn au traité ne fut finalement rendue possible que grâce à la mise au point par des chercheurs allemands d'un système de contrôle des flux de matériaux fissiles à des points stratégiques, qui garantissait l'exploitation civile de l'énergie nucléaire sans ingérence excessive. La RFA adhéra au TNP ; mais elle obtint la normalisation des relations avec l'URSS, le développement de l'OSTPOLITIK, la garantie de l'utilisation pacifique de l'énergie atomique, le maintien de la participation à la stratégie nucléaire de l'OTAN et la préservation de l'option nucléaire européenne. Un rejet du TNP aurait isolé la République fédérale au sein du monde occidental et aurait été dommageable à l'industrie nucléaire allemande en la privant de l'accès aux matériaux et à la technologie en provenance des États-Unis.

Certes, comme le souligna la droite, le TNP était l'exemple-type du traité inégal, divisant le monde entre haves et have-nots ; il n'était pas universel car tous les États n'y avaient pas adhéré[37] ; il incluait une obligation de la RFA vis-à-vis de l'URSS sans aucune réciprocité. Mais le gouvernement SPD ne se fit pas faute d'insister sur le triple fait que le traité valait *rebus sic stantibus* et contenait une clause de retrait ; que la RFA avait assuré sa liberté d'action dans la zone grise de la R/D « duale » et préservé les éventuelles « remontées militaires » de la recherche civile ; que la constitution d'une force nucléaire atlantique ou européenne était compatible avec le TNP et qu'en vertu de la « succession d'États » une fédération européenne pourrait devenir licitement une puissance nucléaire. Ces points faisaient l'unanimité de la classe politique outre-Rhin. La renonciation nucléaire de la RFA fut ainsi marquée par une interprétation restrictive du traité de non-prolifération.

La tentation nucléaire IV : les clauses du TNP

Un traité de non-prolifération sans l'Allemagne (ou le Japon) eût été sans valeur. Aussi le gouvernement fédéral exploita-t-il cette position clé, puisque les États-Unis et l'URSS étaient demandeurs. Quelles options le TNP garde-t-il ouvertes ? La réponse à cette question dépend de la façon dont est interprété le traité. Elle porte essentiellement sur quatre points : la politique de défense (art. 1 et 2), la clause de retrait (art.10), le système de contrôle (art.3), l'usage civil de l'énergie nucléaire (art.4).

L'article 1 lie de deux manières les EDAN : il leur interdit de transférer des armes ou des explosifs nucléaires à d'autres États, directement ou indirectement ; il leur interdit de soutenir, d'encourager ou d'inciter un ENDAN à produire, acheter ou contrôler des armes nucléaires. Par « armes nucléaires », l'interprétation OTAN entend « bombes » ou « ogives », pas les vecteurs, ni le combustible, ni les dispositifs ou substances qui composent les armes nucléaires. Elle révise donc à la baisse la définition de l'arme atomique énoncée par l'article 1 annexe II protocole III du traité UEO de 1954, beaucoup plus large. Quant à la prohibition du transfert « indirect » ou du « contrôle », qui avait suscité les plus vives inquiétudes de Bonn, l'interprétation OTAN est qu'elle n'affecte pas la participation des ENDAN à la planification nucléaire, ni le déploiement d'armes nucléaires sur leur territoire, ni le système de la « double clé », ni l'entraînement de leurs troupes à l'utilisation d'armes nucléaires, ni leur emploi de ces armes en cas de guerre. Il était entendu qu'une entrée en guerre entraînerait la nullité du TNP. La coopération nucléaire entre EDAN et ENDAN alliés ne s'arrête qu'à la décision d'emploi des armes atomiques. Selon l'interprétation OTAN, le TNP interdit le transfert de la décision d'emploi aux ENDAN ; il interdit également que la décision soit prise par des procédures de vote si les ENDAN sont majoritaires, dans les instances concernées, par rapport aux EDAN. Bref, ces derniers doivent conserver le monopole et l'exclusivité de la décision. L'adhésion au TNP ne nuit donc pas à la participation de la RFA à l'alliance nucléaire qu'est l'OTAN, ni à sa « nucléarisation » par déploiement, ni à son acquisition de vecteurs ; mais le commandement nucléaire reste aux mains des États-Unis. Elle ne nuirait pas non plus à la participation de la RFA à une défense européenne, si le commandement restait à la France et/ou à la Grande-Bretagne. En cas de guerre, la *Bundeswehr* aurait le droit d'utiliser les armements atomiques américains mis à sa disposition, mais sur décision des autorités américaines. Ce schéma serait le même dans le cadre d'un système franco-anglo-allemand.

L'article 2 est pour les ENDAN le pendant de l'article 1 pour les EDAN. Il interdit aux États non nucléaires de fabriquer ou d'acquérir des armes ou des explosifs nucléaires, ou d'accepter le contrôle de ces armes et explosifs directement ou indirectement. Mais il ne leur interdit pas de développer une industrie civile, ni d'aider de quelque façon des États nucléaires à produire des armes atomiques ou des États non nucléaires parties au TNP à poursuivre des programmes civils. Cette liberté a son importance, car elle permettrait à la RFA, comme l'avait souligné Strauss, de contribuer financièrement et technologiquement au développement d'une force de frappe européenne, ou de participer à l'entretien des arsenaux américain, français ou britannique, voire russe. Le TNP n'interdit pas non plus le stationnement d'armes atomiques étrangères à « double clé » sur le territoire d'un ENDAN ni la participation d'un ENDAN à une alliance nucléaire. Le régime de non-prolifération se heurte plus généralement à la complexité technique et juridique des modalités d'utilisation éventuelle des systèmes d'armes nucléaires entreposés en Europe. Cette complexité résulte techniquement de la disjonction entre vecteurs et ogives. Juridiquement, elle résulte de la séparation possible entre propriété et détention de chacun de ces éléments techniques, ainsi que de la différenciation entre la nationalité du territoire de stationnement, la nationalité du ou des État(s) propriétaire(s) des divers éléments techniques, la nationalité des personnels, la nationalité du commandement militaire et, en fin de compte, la nationalité du titulaire du pouvoir de décision. Si les EDAN conservent le monopole de la décision d'emploi des armes, l'interdépendance des intérêts entre des États associés géographiquement contigus, entraîne la nucléarisation du territoire des ENDAN alliés aux EDAN et, partant, la constitution d'une « unité nucléaire solidaire » en Europe.

L'alinéa 1 de l'article 10 donne aux États parties le droit de se retirer du traité lorsqu'ils estiment que « des évènements extraordinaires mettent en danger les intérêts suprêmes du pays ». Ils doivent en avertir trois mois à l'avance le Csnu, qui peut intervenir... s'il n'est pas bloqué. Les ENDAN ont donc la faculté de réviser leur statut et d'acquérir la Bombe. Cet « événement extraordinaire » pourrait être, non seulement l'entrée en guerre, mais la dissolution de jure ou de facto de l'OTAN. Telle est sans doute l'une des raisons tacites du maintien de l'Organisation après la disparition de l'URSS : elle prévient la RFA de réviser ou de justifier la révision de sa renonciation nucléaire. En cas de crise ou de guerre, le Président des États-Unis, selon l'interprétation OTAN, pourrait décider si et quand les ogives nucléaires américaines devraient être transférées à la *Bundeswehr*, sans que le Csnu soit saisi dans le délai de trois mois. L'alinéa 2 de l'article 10 énonçait la durée de validité du traité, soit 25 ans après son entrée en vigueur ; à cette date, une conférence internationale déciderait, à la majorité des États parties, de sa prorogation indéfinie ou périodique. Entré en vigueur en mars 1970, le TNP fut prorogé indéfiniment au printemps 1995, non sans conditions, car l'Allemagne et le Japon ont défendu leurs programmes nucléaires lors des conférences. En 1968, la limitation de la durée de validité avait été réclamée avec insistance par Bonn et Tokyo.

L'article 3 montre la différence entre le TNP et l'AIEA. L'Agence de Vienne prohibe tout usage militaire de l'énergie atomique, y compris la production d'engins de propulsion nucléaire pour les sous-marins ou les porte-avions et celle de pièces ou de composants ; l'Accord de vérification confirme la prohibition de toute utilisation de matériels nucléaires pour des activités non pacifiques. Le traité, lui, se borne à interdire la fabrication d'armes nucléaires prêtes à l'emploi ; il exempte toute activité nucléaire militaire ne portant pas sur la construction ou l'acquisition d'ogives ou de bombes. Bref, il vise le produit fini ; en ce sens, il n'interdit pas la « virtualisation » ou la stratégie de « virtualisation » des armes, la dispersion des éléments qu'il ne reste qu'à assembler. Avec les autres puissances « du seuil » favorables à des contrôles les moins stricts possibles, la RFA réussit à obtenir que les installations nucléaires soient dispensées des inspections de l'Aiea, que ces inspections se limitent aux flux de matériaux fissiles aux points stratégiques du cycle du combustible, que le système de garanties de la CEEA fût reconnue et que la vérification Aiea en soit la duplication. Le TNP ne précisant pas les modalités de l'application des garanties qu'il comporte et ne contenant pas de mesure de sanction contre une violation de ses dispositions, c'est l'Aiea qui a élaboré ces modalités d'application et de sanction à l'égard des États parties. La surveillance qu'elle exerce a pour objectif de déceler rapidement le détournement éventuel de quantités significatives de matières nucléaires. Elle peut saisir le Csnu en cas de refus par un État de ses inspections. L'Agence n'a pourtant pas mis fin à la prolifération : si des États comme Israël, l'Inde, le Pakistan, l'Afrique du Sud, ont développé leurs capacités en dehors du TNP et de l'Aiea, le cas irakien a révélé qu'un pays ayant adhéré au traité et conclu un accord de garantie avec l'Agence pouvait élaborer clandestinement un programme militaire très avancé. Le programme viennois « 1993+2 » a donc tenté accroître l'efficacité des garanties en déplaçant le centre de gravité des contrôles depuis l'inspection ordinaire des matières atomiques vers la détection des activités clandestines. Il s'agit de couvrir la totalité du cycle du combustible et d'envoyer sans préavis des inspecteurs sur tous les sites afin qu'ils observent, posent des questions ou fassent des prélèvements, et cela dans tous les pays. En dépit du resserrement des mailles du filet des garanties, l'Aiea ne saurait être infaillible : plutôt que de donner l'assurance de l'absence d'activités clandestines, le « 93+2 » augmente la capacité de l'Agence à détecter des activités clandestines (exemple de la Corée du Nord).

Le résultat le plus significatif de la diplomatie nucléaire allemande fut l'inclusion de l'article 4 dans le TNP. Il s'agissait de prévenir les effets négatifs du traité sur l'usage civil de l'énergie nucléaire. Il importait de réduire l'écart technologique entre les EDAN et les ENDAN pour des raisons à la fois militaires et économiques. Les autorités de Bonn s'inquiétaient particulièrement du plan britannique proposé par L. Beaton, qui visait à compléter la non-prolifération militaire par le statu quo civil (restriction des transferts de technologie et de la vente de matériels, contrôle généralisé des flux de *know how* et de matériaux fissiles...). C'est à cela que s'opposait le gouvernement fédéral, qui bénéficia de l'appui de Washington, principal exportateur nucléaire à l'époque. Les ENDAN devaient également avoir accès, à des conditions raisonnables auprès des EDAN, aux expériences et connaissances utilisables à des fins pacifiques qui étaient issues de l'usage militaire de l'atome. L'alinéa 1 de l'article 4 énonce que la recherche, la production et l'utilisation pacifiques de l'énergie atomique sont un droit inaliénable. Jusqu'à quel point la recherche, la production et l'utilisation de l'énergie atomique sont-elles « pacifiques » ? Jusqu'à la limite de la fabrication d'armes ou d'explosifs nucléaires, ou de matériaux et de composants qui ne peuvent servir qu'à l'acquisition de bombes ou d'ogives. En deçà, l'enrichissement de l'uranium ou le retraitement du plutonium sont permis, de même que la fabrication de tout produit de qualité « duale ». L'alinéa 2 de l'article 4 mentionne le droit pour chaque État membre de participer aux échanges d'informations, d'équipements et de matériels relatifs à l'usage pacifique de l'énergie atomique. Selon l'interprétation OTAN, l'accès général à la technologie nucléaire est garanti, sauf en ce qui concerne les bombes et ogives *stricto sensu*. À la limite, même le droit de simuler, d'expérimenter ou de réaliser des « explosions nucléaires pacifiques » est réservé, bien que ces « explosions pacifiques » soient techniquement identiques aux explosions militaires. Les options technologiques avancées ne sont pas non plus interdites par le TNP, par exemple la détonation nucléaire par fusion au moyen de rayons lasers ou de champs magnétiques. En signant le TNP, les puissances « du seuil » comme la RFA obtinrent finalement la libéralisation de la technologie nucléaire, si bien que le maintien ou la révision de leur statut militaire ne dépendrait plus que de leur volonté politique.

Le TNP est l'expression d'un compromis et d'une confiance mutuelle qui rendirent possible l'extension de la technologie et du commerce nucléaires dans le monde. De fait, les préoccupations relatives au marché nucléaire se mêlèrent, en les édulcorant, aux préoccupations relatives au contrôle des armements. D'autre part, le TNP repose sur le postulat qu'il existe une délimitation claire entre l'utilisation militaire et l'utilisation civile de l'énergie nucléaire, alors même que tout programme électronucléaire peut se muer en programme militaro-nucléaire si la technologie de l'enrichissement ou du retraitement est maîtrisée. Au-delà du TNP, quelles conclusions peut-on tirer sur la diplomatie ouest-allemande, partagée entre l'ambition et la renonciation nucléaires, entre la recherche de l'autonomie d'une part, les contraintes de l'alliance avec l'Ouest et de la détente avec l'Est d'autre part ? Il est clair que les vrais adversaires de Bonn ne furent pas Moscou mais Washington et Londres, et que le vrai souci de l'Allemagne ne fut pas le déséquilibre avec l'URSS mais l'inégalité avec la Grande-Bretagne et la France. Ce sont les Puissances anglo-américaines qui réfrénèrent et circonscrirent les ambitions allemandes. Avec elles, la RFA échangea la renonciation nucléaire contre la participation nucléaire dans l'OTAN. Avec l'URSS, elle accepta le TNP comme condition de l'Ostpolitik. Elle réserva l'option nucléaire européenne, ainsi que le développement de l'industrie nucléaire civile. En 1954 et en 1969, la renonciation fut donc moins une concession volontaire qu'un compromis mettant en lumière les contradictions entre vainqueurs et vaincus de la Seconde Guerre mondiale. L'abstention nucléaire allemande est à cet égard une conséquence de la défaite de 1945. Mais cette abstention s'accompagne du maintien de la capacité technique d'édifier un arsenal. Evitant l'isolement, la renonciation aux armes nucléaires n'est pas une renonciation à la défense nucléaire atlantique ou européenne, ni à l'énergie nucléaire, ni au commerce nucléaire.

La tentation nucléaire V : l'après-réunification

En 1990, les quatre puissances tutélaires soulignèrent que l'Allemagne réunifiée ne devait pas acquérir l'arme nucléaire. La République fédérale dut ainsi confirmer sa renonciation. Mais l'inclusion de cette renonciation dans le traité de réunification38 a été disputée. Bonn a ménagé sa marge de manoeuvre. La clause nucléaire du traité de 1990 est une « confirmation » de la renonciation énoncée dans le traité UEO et dans le TNP : elle « confirme » donc aussi les conditions et les interprétations restrictives des instruments de 1954 et de 1969. La qualification d'« éternelle » de cette renonciation a été éliminée de la version finale du traité. Ladite renonciation n'a pas été fixée dans la Loi Fondamentale comme l'avait demandé la délégation est-allemande. Juridiquement, elle repose donc sur une loi, modifiable à la majorité simple du *Bundestag* : la loi de ratification du traité « 2+4 », non pas sur la constitution, ni même sur le traité puisque le système juridique allemand est de type « dualiste » et non pas « moniste »39. L'industrie, le commerce et la R/D nucléaires civiles de la RFA n'ont pas été affectés par la renonciation de 1990. L'ensemble du territoire allemand n'a pas été soumis à un statut de « zone dénucléarisée » (seul le territoire de l'ex-RDA a été dénucléarisé de jure). Des armes nucléaires peuvent donc y être déployées, y compris sous « double clé ». Berlin peut poursuivre la participation de Bonn à l'alliance nucléaire qu'est l'OTAN et continuer à oeuvrer pour une défense nucléaire europépéenne. Favorable à la doctrine otanienne de l'emploi en premier, le gouvernement Kohl, en 1995, a obtenu que la prorogation indéfinie du TNP ne nuise pas au programme électronucléaire allemand ; il n'a pas critiqué la campagne d'essais nucléaires décidée par le Président Chirac ; il a soutenu les EDAN devant la CIJ. Bref, la renonciation allemande est rien moins qu'inéquivoque, inconditionnelle et éternelle.

M. Stürmer a exposé en 1992 « la logique du renoncement de l'Allemagne à l'arme nucléaire ». En 1954, la RFA renonça à l'arme atomique, mais les alliés entérinèrent le but de la réunification allemande. A la fin des années 1960, elle adhéra au TNP, condition de l'Ostpolitik, tout en obtenant le GPN, le maintien de l'option nucléaire européenne, l'accès à l'atome civil. Sa sécurité reposait sur l'Alliance atlantique et la présence militaire des États-Unis en Europe, mais aussi sur son poids et sa position au sein de l'OTAN. Cette structure mêlant renonciation et alliance nucléaires, dépendance et participation nucléaires, resta en vigueur jusqu'en 1989-1991. Depuis, la confirmation de la renonciation a fait partie des conditions de la réunification. Formellement, l'abstention nucléaire et la protection nucléaire de l'OTAN demeurent inchangées. Mais la situation géopolitique de l'Allemagne et de l'Europe a été complètement transformée. La sécurité de la nouvelle République fédérale ne doit toutefois pas être cherchée dans la possession de l'arme nucléaire.

Celle-ci affecterait la position politique, économique et morale de la RFA. Elle déséquilibrerait l'Europe. Elle serait « la variante contemporaine de cet auto-isolement mis en œuvre voici un siècle par l'amiral Tirpitz lorsqu'il décida de créer la flotte de guerre allemande ». Au lieu d'apporter la sécurité, elle engendrerait de nouveaux rapports d'hostilité et de nouvelles menaces. L'Allemagne continue d'avoir besoin d'une défense nucléaire, mais celle-ci ne peut venir pour le moment que de l'Alliance atlantique. Le statut non nucléaire et la poursuite de l'Alliance sont ainsi associés. « Qui veut l'un ne peut renoncer à l'autre », conclut Stürmer. La fin de l'Alliance pourrait donc entraîner la révision de la renonciation.

La dernière limite à la « normalisation » de l'Allemagne au plan international, c'est-à-dire à l'accès au statut de grande puissance militaire, est la prohibition nucléaire. Pourrait-elle sauter? L'ordre nucléaire de la guerre froide codifié par le TNP, qui reposait sur la coïncidence entre le statut d'EDAN et celui de membre permanent du CSNU, va-t-il perdurer? Il est d'ores et déjà battu en brèche par le statut nucléaire d'Israël, de l'Inde et du Pakistan, ces deux derniers pays ayant procédé à des essais en 1998 ; s'ajoute le cas de la Corée du Nord depuis l'essai d'octobre 2006. Dans les États qui refusèrent, au moins dans un premier temps, de signer le TNP40, se dessinèrent les premiers contours de l'opposition multipolaire au condominium soviéto-américaine. « Le TNP est le paradoxe devenu droit » (J. von Lohausen). Il maintenait les alliés dans un état de vulnérabilité artificielle, en leur interdisant les moyens de légitime défense dont disposait l'ennemi. Il entérinait l'inégalité des États en les divisant, à la façon de l'ONU, entre ceux autorisés à prononcer le *veto* – les vainqueurs de 1945- et ceux qui n'en avaient pas la faculté – principalement les vaincus allemand et japonais. Dernier paradoxe qui les explique tous : les EDAN fondent leur sécurité sur l'arme nucléaire, car elles voient dans cette arme un facteur de prévention de la guerre ; mais lorsque d'autres qu'elles se procurent ladite arme, elles y voient au contraire une menace croissante de guerre ; en leurs mains, la possession de l'arme diminue la propension à l'aventure, aux mains des autres, elle provoquerait l'aventure nucléaire ! Il est vrai que les fondements de l'ancienne stabilité nucléaire sont remis en cause par l'apparition de relations dissuasives complexes entre les EDAN, la « dissuasion tous azimuts » ayant remplacé la « dissuasion mutuelle » Est-Ouest. Peut-on être assuré que la distribution du jeu nucléaire en Europe restera figée ? Comment exclure que l'affaiblissement d'une dissuasion élargie américaine, qui constituait le meilleur antidote contre les tentations nucléaires, ne comporte *a contrario* le risque de voir naître ou renaître ces tentations ? L'Allemagne peut-elle rester sans armes nucléaires dans un environnement nucléaire ? La réponse à ces questions n'est pas d'ordre technique, mais d'ordre politique, car ce n'est pas la capacité –certaine– de l'Allemagne d'aller au nucléaire qui est en cause, mais seulement sa volonté.

On ne peut exclure l'irruption d'une situation de crise internationale dans laquelle le gouvernement allemand considérerait qu'il lui faudrait disposer de son propre arsenal. En 1972, H. Mendershausen mentionnait six hypothèses à la faveur desquelles la RFA pourrait acquérir l'arme nucléaire : la constitution d'une défense nucléaire européenne commune ; le retrait de la RFA de l'OTAN ou la disparition de l'Alliance ; la coopération antisoviétique avec la RPC ; les encouragements des États-Unis, de la Grande-Bretagne ou de la France pour que la RFA se dote d'un arsenal nucléaire afin de renforcer la coalition occidentale ; l'acceptation par l'URSS d'une Allemagne nucléaire pour la désolidariser des Puissances occidentales et renverser les alliances ; la réunification des deux Allemagnes et la reconstitution d'une Puissance allemande plénière au centre du continent. En 1994, B. Tertrais évoquait la conjonction de quatre facteurs susceptible de contribuer à la révision du statut non nucléaire de la RFA : l'affaiblissement de la dissuasion élargie ; l'échec de la construction européenne en matière de défense ; la permanence d'un environnement d'insécurité à l'Est ; les réticences des partenaires de l'Ouest devant la montée de l'Allemagne.

Le potentiel nucléaire allemand

En novembre 1956, Hahn, Heisenberg et Weizsäcker avaient écrit à Strauss pour lui signifier qu'ils n'étaient pas prêts à participer à la fabrication d'armes nucléaires. En avril 1957, les savants atomistes publièrent « l'Appel de Gottingen », réclamant la renonciation expresse de la RFA à l'acquisition de telles armes et exprimant leur refus de participer à leur fabrication. En 1958, fut institué l'unique conseil scientifique nucléaire auprès du ministère de la Défense que connut la RFA. Il fut dissous après quelques années d'inactivité. Les discussions entamées par le ministère en 1964 tournèrent court à cause de l'aversion des atomistes allemands envers l'usage militaire de l'énergie nucléaire. La voie directe vers l'option militaire étant coupée, elle fut remplacée à partir de 1959 par des programmes civils de R/D dont les différentes composantes, une fois reliées, devaient fournir un potentiel militaire « latent ». Une fois développé, le programme nucléaire acquit un caractère « dual ». Le gouvernement fédéral échappait ainsi aux critiques intérieures et extérieures. Il pouvait exercer une option militaire virtuelle qui accroissait son pouvoir de négociation. Il devenait un partenaire de choix pour toute coopération civile internationale. A l'arrivée du gouvernement Schroeder en 1998, les vingt-et-un réacteurs en service implantés dans seize sites en RFA[41] généraient la quatrième puissance électronucléaire du monde, soit 25000 MWe[42]. Ils fournissaient un tiers de l'électricité[43] et couvraient 10 % des besoins énergétiques du pays. Leur système de sécurité figurait parmi les meilleurs du monde. L'expansion du marché nucléaire international offrait de vastes opportunités à l'industrie allemande. Celle-ci avait acquis dans le domaine du démantèlement des centrales une expertise qui la mettait au premier rang pour s'occuper des parcs nucléaires des pays d'Europe centrale et de la CEI. Sur l'ensemble de la filière, le potentiel de production ou d'exportation allemand était immense.

La politique énergétique allemande était cependant paralysée par le dissensus entre la droite pro-nucléaire et la gauche antinucléaire. La liberté d'action d'un gouvernement central favorable au développement du secteur électronucléaire fut toujours étroite, du fait des contraintes internes dues à la structure fédérale de l'État et à l'allergie nucléaire de l'opinion. Le ministère de la Recherche et de la Technologie, qui fut longtemps le ministère de tutelle avant de passer la main au ministère de l'Environnement[44], pouvait néanmoins compter sur le « lobby nucléaire » représenté par le Forum atomique allemand et les compagnies électriques, surtout celles du sud. Au milieu des années 1960, les dirigeants ouest-allemands, pour des raisons énergétiques mais aussi militaires, avaient décidé le « décollage » de l'industrie nucléaire, après en avoir posé les bases technologiques dix ans auparavant. La première centrale fut mise en route en 1969, l'année de la signature du TNP. Rétrospectivement, il apparaît que le besoin économique de développer une source d'énergie d'origine nucléaire eut tendance à être surestimée, de même que le soutien de l'opinion, tandis qu'au contraire les délais, coûts financiers et risques technologiques eurent tendance à être sous-estimés. Les dépenses de R/D nucléaire décuplèrent entre 1960 et 1980, passant de 440 millions de marks à 4,5 milliards. Mais l'opposition au programme électronucléaire s'accrut. En même temps, les autorités et les industriels se rendirent compte des coûts et des risques du programme sur le plan écologique et financier. Ledit programme fut donc révisé à la baisse et, sur certains points, abandonné, notamment les surgénérateurs.

Après l'accident de Tchernobyl en avril 1986, le SPD opta pour la sortie du nucléaire et les coalitions SPD-Verts à la tête des *Länder* gelèrent tout investissement, les Pays disposant, en vertu de la constitution et de la législation fédérales, du pouvoir d'autoriser et de surveiller les installations et les transports nucléaires, en tenant compte notamment des incidences sur l'environnement. Au lendemain de la réunification, le gouvernement fédéral décida d'élaborer un plan énergétique national[45]. Il stipulait que « l'énergie nucléaire doit continuer substantiellement à la production d'électricité tant que des sources d'énergie plus sûres, plus abondantes et plus compétitives ne sont pas disponibles. La sûreté aura toujours la priorité sur l'économie. Du fait des problèmes liés à la génération de CO ?, l'électricité d'origine nucléaire est une option énergétique particulièrement importante ». Début 1992, les discussions menées par le ministre fédéral de l'Economie, G. Rexrodt (FDP), et le ministre fédéral de l'Environnement, K. Töpfer (CDU), avec G. Schröder (SPD) et J. Fischer (Verts), comportèrent cinq points : le sort des centrales existantes ; la fin du cycle du combustible ; l'avenir du nucléaire ; le financement du charbon ; le développement des énergies renouvelables et les économies d'énergie. Il était prévu que le consensus énergétique devait être global. Une acceptation conditionnelle du nucléaire paraissait possible pour peu que l'industrie du lignite et du charbon soit financée, que des mesures importantes soient prises en faveur des énergies renouvelables, qu'une taxe sur l'énergie soit adoptée, que le problème des déchets radioactifs trouve une solution.

Mais le consensus demeure très difficile à trouver, dès lors que la coalition SPD-Verts déclare vouloir sortir du nucléaire, tandis que la coalition CDU-CSU-FDP entend développer le nucléaire, y compris le recyclage du plutonium. En tout état de cause, le cadre stable que réclame l'industrie allemande pour structurer ses investissements fait défaut, les compagnies électriques étant elles-mêmes divisées. Les dirigeants de Siemens insistent sur l'atout économique et écologique constitué par l'édification du complexe atomique allemand au long d'un processus continu d'innovation[46]. Ils soulignent « la perte de compétence technologique » -dommageable pour l'ensemble de l'industrie- qui résulterait de l'abandon de la filière nucléaire. Le remplacement des anciennes centrales implique que de nouvelles soient construites. Précisément, une génération nouvelle de réacteurs à eau légère a été développée : le réacteur à eau pressurisée européen (EPWR), issu de la coopération entre Framatome et KWU. Ces investissements se verraient-ils compromis politiquement ? Si le développement nucléaire est bloqué outre-Rhin depuis vingt ans, à l'exception du lancement du réacteur de Garching en 1997, c'est finalement parce que la question des déchets radioactifs n'a pas été résolue. Placé en aval du cyle du combustible, le traitement des déchets apparaît, au regard du mouvement antinucléaire, comme le problème clé du cycle, celui qui conditionne sa sûreté écologique et sa rentabilité économique [47]. C'est en s'attaquant à ce bout de la filière, en particulier le transport des déchets, que les militants antinucléaires ont remis en cause l'ensemble de la filière... en empêchant l'installation d'activités de retraitement, à Kalkar, Wackersdorf, Hanau [48].

Mais il s'en faut de beaucoup que les aléas de la politique énergétique aient diminué le potentiel militaire allemand. La RFA dispose de 18,4 tonnes de plutonium séparé ; 6,6 tonnes sont entreposés à La Hague ; 76 tonnes ont été retraités en France et en Grande-Bretagne. Les installations de Hanau et de Garching recèlent de l'uranium enrichi et du plutonium de qualité militaire. Le niveau technologique atteint par l'industrie nucléaire et les stocks de matériaux fissiles à usage « dual », font de la République fédérale une Puissance atomique « en filigrane ». Située en première ligne durant la guerre froide, la *Bundeswehr* a été préparée et entraînée à la guerre nucléaire ou nucléaro-conventionnelle en Europe centrale. Elle a partagé avec les forces anglo-américaines basées en RFA des milliers de têtes nucléaires. Elle dispose des vecteurs adéquats, mines, artillerie, sous-marins, missiles, avions. Depuis la fin des années 1950, la *Bundeswehr* est une armée « duale », dont les équipements peuvent recevoir des charges classiques aussi bien qu'atomiques. Au contraire de la France, le nucléaire et le conventionnel ne sont pas séparés administrativement et opérationnellement : il n'y a pas de cloison étanche entre le stratégique, l'atome ou la dissuasion d'un côté, le tactique, le classique ou la défense de l'autre. Bref, il n'y a pas deux forces armées ou deux structures militaires, l'une nucléaire, l'autre conventionnelle. Le nucléaire allemand, dans l'OTAN et face au bloc soviétique, était un nucléaire « anti-forces », car la dissuasion à l'allemande était une dissuasion par déni, visant à persuader l'adversaire, par une menace d'escalade, qu'il échouerait militairement s'il passait à l'attaque. Au contraire, le nucléaire militaire français, derrière le glacis germano-otanien, était un nucléaire « anti-cités », car la dissuasion à la française était une dissuasion par représailles, visant à persuader l'adversaire, par une menace urbanicide, qu'il échouerait politiquement s'il menaçait nos intérêts vitaux.

L'Allemagne nucléaire vue par les néoréalistes américains

La perspective d'une Allemagne puissance nucléaire est non seulement évoquée par les études du Pentagone, mais encore ouvertement envisagée par certains de manière positive. Pour les néo-isolationnistes américains, dont l'ex-candidat à la Présidence P. Buchanan, une dissuasion allemande serait plus crédible, donc plus efficace, que toute protection par une puissance étrangère. La Russie, qui dépend des créances allemandes, s'est accomodée du nucléaire chinois ; elle pourrait aussi bien s'accomoder du nucléaire allemand. Les États-Unis ont vécu avec un Staline disposant de la Bombe, un Chancelier disposant d'un arsenal nucléaire ne leur poserait pas plus de problème.

Comme le montrent Ph. Hébert et P. Létourneau, c'est surtout entre 1955 (adhésion de la RFA à l'OTAN) et 1966 (création du GPN) que la question nucléaire allemande se trouva au cœur des débats stratégiques. Certains analystes américains critiquaient le concept de dissuasion élargie aux alliés européens. Ils considéraient que le renforcement de la dissuasion passait par une répartition plus équitable de la capacité de représailles, à laquelle la République fédérale était particulièrement intéressée. Parallèlement, l'intégration controversée de la RFA dans le système atlantique plaçait cette dernière dans une position délicate. Elle devait son réarmement au soutien des États-Unis et à la politique américaine de cooptation de la RFA dans l'endiguement antisoviétique, alors que la France et la Grande-Bretagne étaient beaucoup plus réticentes. En même temps, l'Alliance atlantique et la présence des États-Unis en Europe ne se bornaient pas au containment de l'URSS, mais s'étendaient au constrainment de l'Allemagne et à la garantie de la paix entre les pays ouest-européens. Personne en Europe ne voulait que la RFA, hostile au statu quo, ait un contrôle direct sur des armes nucléaires ; mais la crédibilité de la dissuasion élargie nécessitait un certain partage, du moins une participation allemande à la stratégie nucléaire de l'Alliance.

La controverse du nuclear sharing se résumait au problème de savoir comment seraient distribués aux forces armées les ogives ou vecteurs en cas de crise et, surtout, qui aurait « le doigt sur la gâchette ». La latitude de pouvoir dont disposerait la

Bundeswehr faisait partie de ce problème. Les commentaires de plusieurs responsables américains, diplomates ou militaires, laissent penser que ceux-ci étaient prêts à voir apparaître, à court ou moyen terme, une force atomique allemande. La position officielle de Washington ne favorisait cependant pas une multiplication des arsenaux et des centres de décisions nucléaires. Pour éviter les tentations nucléaires des pays européens et diminuer la singularisation de l'Allemagne, les États-Unis proposèrent de faire de l'OTAN une sorte de quatrième puissance nucléaire à l'Ouest, avec le projet MLF. Le Président Johnson disait qu'il comprendrait les Allemands si ces derniers exigeaient leur propre arsenal en cas d'échec de la Force multilatérale ou de tout autre projet équivalent. De nombreux officiels ou auteurs américains partaient du principe que la RFA allait inéluctablement développer son propre arsenal pour assurer sa sécurité. Elle aurait de toute façon à gagner sur le plan de la dissuasion en possédant un pouvoir accru sur les systèmes d'armes déployés sur son territoire. Après l'enterrement du projet MLF, le gouvernement américain créa le GPN, puis le problème du contrôle conjoint fut écarté par les négociations sur le TNP.

La question nucléaire allemande continua cependant d'être abordée de façon régulière dans la littérature américaine, notamment dans les années 1980. L'argumentation des auteurs se résumait au fait que les États-Unis ne pouvaient plus garantir seuls la sécurité du monde occidental ni soutenir seuls la politique d'endiguement de l'URSS. Ils devaient par conséquent encourager une décentralisation relative du système international dans le but de mieux répartir les risques et les responsabilités entre l'Amérique, l'Europe et le Japon. Le concept de dissuasion élargie ayant perdu toute crédibilité avec la disparition de la supériorité américaine, il était impératif d'inciter les Européens et les Japonais à devenir plus indépendants au niveau conventionnel et nucléaire. Cette logique fut poussée plus loin dans un article de D. Garnham[49], où la nucléarisation de l'Allemagne était vue comme la solution pour pallier au problème de la crédibilité de la garantie américaine : « étendre la dissuasion par la prolifération sélective signifie en gros l'acquisition d'armes nucléaires par l'Allemagne comme alternative à la riposte graduée. La prolifération sélective permettrait de remplacer la garantie nucléaire américaine devenue moins crédible par une force de dissuasion nucléaire allemande ». Les arguments de plusieurs auteurs à tendance isolationniste rejoignent cette perspective. Le redressement de leurs économies permettait aux pays ouest-européens d'assurer leur propre défense. Les États-Unis, en déclin économique relatif, devaient réviser à la baisse leurs engagements militaires extérieurs. Une plus grande autonomie européenne ne pouvait qu'être profitable aux USA. L'accession à cette autonomie passait par une force nucléaire européenne où l'Allemagne tiendrait un rôle concret, allant jusqu'à la possession d'armes[50].

Depuis la fin du conflit Est-Ouest, c'est à nouveau dans la littérature américaine qu'on a été le plus enclin à envisager l'éventualité d'une Allemagne nucléaire à terme. Trois raisons apparaissent : la remise en cause des postulats stratégiques issus de la guerre froide, la réévaluation de la sécurité européenne, la perception amicale de l'Allemagne. Le retrait américain d'Europe et l'émergence d'un système international multipolaire font que les Européens devront assurer leur défense de manière autonome, dissuasion nucléaire comprise. Le poids de l'Allemagne en Europe ayant augmenté, la question nucléaire allemande a acquis une nouvelle acuité, au moins à travers le projet de défense européenne. Un des premiers auteurs américains à s'être prononcé sur cette question fut J. Mearsheimer. En 1990, il analysait les conséquences probables de la fin de la guerre froide en Europe et en venait à la conclusion qu'une instabilité croissante était à prévoir sur le continent. Celle-ci serait due à la disparition de deux des trois facteurs qui expliquaient l'absence de conflit majeur depuis 1945. Ces facteurs, c'étaient la division bipolaire de l'Europe, l'égalité relative des forces militaires de l'Est et de l'Ouest, la dissuasion nucléaire. Seule cette dissuasion subsistant, elle seule pourrait contenir l'escalade éventuel des conflits. L'Amérique réduisant ses engagements, il appartenait à une Allemagne nucléaire – État démocratique fiable possédant l'infrastructure économique et militaire nécessaire au déploiement d'un arsenal crédible et suffisant – de favoriser la stabilité du système européen (et de faire contrepoids à la Russie). Partant du principe que l'Amérique ne peut plus garantir la sécurité de tous ses alliés (et moins encore celle de ses concurrents), d'autres auteurs américains sont favorables à l'extension modérée du club nucléaire[51]. Une prolifération sélective, limitée à la RFA, alliée favorable au statu quo, accroitrait la sécurité en Europe, car elle renforcerait la dissuasion nucléaire vis-à-vis des risques d'agression (ou d'un retour offensif de la Russie). Ainsi, le choix d'aller au nucléaire demeure toujours possible pour l'Allemagne, malgré la renonciation inscrite dans le traité « 2+4 ». Fondamentalement, la question nucléaire allemande est envisagée dans la perspective de la prolifération stabilisatrice[52]. Attribuée à « l'école réaliste », cette position controversée repose sur le postulat de la compétition interétatique pour la sécurité. Si la préoccupation principale de chaque État est d'assurer sa sécurité dans un environnement anarchique déterminé par la compétition, l'arme nucléaire pourrait contribuer à la stabilité en raison de son caractère présumé dissuasif.

Un accès de l'Allemagne à l'atome militaire se heurterait cependant à un obstacle constitutionnel qui est rarement perçu. Le développement d'un programme militaire clandestin de grande ampleur semble impossible dans l'État de droit fédéral, démocratique et parlementaire allemand, du fait du contrôle du Parlement, des *Länder*, des tribunaux[53], de la presse. Surtout, le modèle institutionnel militaire atomique (on le retrouve chez tous les EDAN) repose sur la concentration du pouvoir nucléaire chez une seule personne, chef de l'État (États-Unis, Russie, France), chef du gouvernement (Grande-Bretagne) ou secrétaire général du parti unique (RPC, ex-URSS), qui est investie, sans contrôle ni contrepoids, du droit de décider du moment et de la modalité d'emploi des armes nucléaires, et qui dispose à cette fin d'un état-major particulier veillant à l'acheminement de ses ordres ainsi que de forces dont le commandement est placé directement auprès d'elle hors de la hiérarchie administrative et militaire (H. PAC). Il faudrait donc attribuer au Président fédéral ou au Chancelier des pouvoirs qui sont loin d'être les leurs dans le cadre de la Loi Fondamentale actuelle ! Quoi qu'il en soit, si la perspective d'une Allemagne nucléaire est évoquée par quelques auteurs américains, elle est presqu'unaniment repoussée en Europe. En France et en Grande-Bretagne, la suspicion a été très forte vis-à-vis de l'Allemagne réunifiée, alors que les États-Unis ont soutenu la réunification[54]. Dans son article, J. Mearsheimer soulignait que le refus européen d'une Allemagne nucléaire signifie que l'Europe ne fait pas confiance à l'Allemagne. L'Europe trouve son équilibre entre la Bombe française et le *mark* allemand : c'est ce qu'on répétait volontiers durant la décennie 1990. Mais une telle représentation prête à des développements révolutionnaires : si le *deutsche mark* s'est mué en euro, la Bombe française ne devrait-elle pas se muer en Eurobombe ? C'est à travers l'édification d'une défense européenne qu'est finalement posée la question nucléaire allemande, transformée en question nucléaire européenne…

L'Allemagne et la Non-prolifération

La diffusion des technologies atomiques militaires, stigmatisée comme « prolifération », a été une préoccupation constante des États-Unis[55], désireux de constituer une logique de condominium avec l'URSS, tout en ménageant leurs alliés allemand et japonais. L'essentiel du dispositif de contrôle des armements nucléaires est apparu dans une période « bipolaire » où les Grands avaient le souci d'éviter tout « désordre » qui s'appuierait sur l'atome. C'est ainsi que la relation Amérique/Allemagne comprenait deux dimensions à l'époque du conflit Est-Ouest : une dimension coopérative – la RFA participait au containment et bénéficiait de la dissuasion élargie américaine – mais aussi une dimension conflictuelle – la politique hégémonique et oligopoliste des États-Unis empêchait la RFA d'acquérir une défense autonome. Il n'est donc pas étonnant que la convergence germano-américaine sur la non-prolifération nucléaire dissimulait une opposition politique, Berlin aspirant à l'égalisation des rapports stratégiques alors que Washington luttait contre cette égalisation.

La politique internationale de non-prolifération

Depuis la fin de la guerre froide, la prolifération balistico-nucléaire s'est substituée à la confrontation nucléaire soviéto-américaine comme préoccupation première du contrôle des armements et transferts d'armements. Cinq configurations nucléaires internationales sont envisageables : le désarmement des EDAN, donc l'abolition virtuelle des armes nucléaires, avec vérification internationale ; le retour au monopole des cinq EDAN, avec transparence des programmes nucléaires du Japon, de l'Allemagne et des autres États industriels avancés, désarmement d'Israël, de l'Inde, du Pakistan et de la Corée du Nord, confirmation de la dénucléarisation de l'Afrique du Sud, de l'Ukraine, du Kazakhstan et de la Bélarus ; la consécration des EDAN de facto, Israël, Inde, Pakistan, voire Corée du Nord ; l'apparition sélection de nouveaux EDAN, tels le Japon ou l'Allemagne, selon l'axiome more may be better ; l'apparition non sélective de nouveaux EDAN, tel l'Iran, selon l'axiome more may be worse. La RFA est favorable au premier scénario ; elle continue cependant de rattacher sa sécurité au deuxième, tout en paraissant se résigner au troisième ; elle dispose de la capacité technologique requise pour le quatrième ; libérées du système fédéral de contrôle des exportations « sensibles », ses entreprises privées pourraient contribuer au cinquième.

Malgré les inquiétudes engendrées par la scission de l'URSS, la prolifération ne semble guère avoir progressé dans le monde depuis 1991. Les États industriels avancés d'Europe ou d'Asie ayant la capacité de fabriquer la Bombe n'ont pas choisi de le faire. L'Ukraine, le Kazakhstan et la Bélarus ont accepté de détruire ou de rapatrier les armes héritées de l'ex-URSS vers la Russie. Le Brésil et l'Argentine ont mis fin à leurs programmes. L'Afrique du Sud –premier exemple de dénucléarisation volontaire– a renoncé à ses bombes et les a démontées. Tous ces pays ont adhéré au TNP et à l'AIEA. Le programme irakien a été démantelé après la guerre du Golfe. Mais Israël, l'Inde, le Pakistan et la Corée du Nord ont franchi le « seuil » du nucléaire. A surgi le cas de l'Iran... Cependant, la diffusion de la technologie nucléaire –même si ce sont des facteurs politiques, pas techniques, qui déterminent la décision d'acquérir la Bombe, le désengagement militaire des grandes puissances -même si les membres permanents du CSNU ont généralisé NSA et PSA en échange de la signature du TNP (rés.255 du 19 juin 1968) et de sa prorogation indéfinie (rés.984 du 11 avril 1995)[55] –, les failles du régime de non-prolifération, ont favorisé ou peuvent favoriser la remise en question de l'oligopole par trois types d'États. *Primo*, les États révolutionnaires, plus ou moins en situation de conflit avec leurs voisins: la Corée du Nord, l'Iran, l'Irak... *Secundo*, les États en développement qui se sentent menacés par des États nucléaires officiels ou officieux et qui ne bénéficient pas ou pas complètement de la protection d'une puissance nucléaire: l'Inde (en interaction avec la RPC), le Pakistan (en interaction avec l'Inde), Israël (en interaction avec les pays arabes), mais aussi, bien qu'ils aient renoncé à l'atome militaire, la Corée du Sud (en interaction avec la Corée du Nord et le Japon), Taïwan (en interaction avec la RPC), l'Ukraine et le Kazakhstan (en interaction avec la Russie). *Tertio*, les États industriels avancés (Allemagne et Japon surtout), qui ont les capacités techniques mais pas la volonté politique de se doter d'armes nucléaires (c'est pourquoi ils ne sont pas considérés comme « proliférants »). Sur les 192 États du globe, au moins trente peuvent fabriquer des armes nucléaires…

Parallèlement aux réductions unilatérales ou négociées des arsenaux, les réponses à la prolifération sont de trois ordres : prévention, protection, coercition. La première comprend la dissuasion politique, représentée par les NSA et PSA ; l'arms control, constitué par le TNP, le TICEN, les accords sur les zones dénucléarisées[56], les régimes d'inspections de l'AIEA, le projet sur l'interdiction de la production de matières fissiles à usage militaire ; le déni, c'est-à-dire la rupture de fournitures et le contrôle des transferts de technologies[57]. La deuxième comprend le contre-terrorisme ; la défense du territoire ; les systèmes anti-missiles. La troisième comprend les mesures diplomatiques et économiques ; la dissuasion militaire, c'est-à-dire la menace de représailles ; le désarmement par la force, avec destruction des installations et démantèlement des armes. La politique de non-prolifération va ainsi de la diplomatie déclaratoire à la « guerre préventive » en passant par la coopération judiciaire. Membre du Conseil des gouverneurs de l'AIEA, de l'AEN, de la CEEA, du CERN et des principales organisations non gouvernementales [58], la RFA fait partie du club des États à industrie nucléaire et des membres fondateurs du NSG ou Groupe de Londres. Elle appartient au club des États qui régissent la société nucléaire civile mondiale et qui élaborent le droit nucléaire civil international[59], droit dont les institutions et les normes structurent en partie sa propre politique et son propre droit nucléaires. Depuis 1990, la diplomatie allemande est résolument contre-proliferatrice, privilégiant la prévention à la coercition: garanties de sécurité aux voisins à travers la renonciation à l'atome militaire ; adhésion au régime international de non-prolifération, soutien aux traités de limitation et de réduction des armements, MDCS dans le cadre euratlantique de l'OSCE, du PPP et du CPEA ; participation au système de restriction de l'accès aux technologies; coopération judiciaire, diplomatique, économique, militaire au sein de l'UE, de l'OTAN, de l'ONU... L'Allemagne soutient le désarmement nucléaire, alors qu'elle ne rejette pas la dissuasion nucléaire. Comment expliquer ce hiatus ? *Primo*, elle adhère aux normes et institutions internationales, qui forment le cadre juridique de sa diplomatie. *Secundo*, la défense allemande n'a plus besoin de reposer sur l'emploi en premier des armes nucléaires, comme au temps de la guerre froide. *Tertio*, l'élimination de ces armes lui permettrait d'égaliser les rapports stratégiques avec la France, la Grande-Bretagne ou la Russie, de se passer du « parapluie » américain, de réaliser l'Union européenne sans nucléaire.

L'adhésion allemande au régime de non-prolifération

D'après M. Küntzel, la recherche de l'intérêt national, en fonction des contraintes de la situation de la RFA, a été une constante de la politique de la République fédérale depuis son avènement. Il ne fut jamais question de donner la priorité aux intérêts de la « communauté internationale » ni de s'imposer à soi-même des restrictions militaires. Celles-ci furent toujours dénoncées comme autant de discriminations qui aggravaient les conséquences dramatiques de la défaite[60]. L'accès au nucléaire fut toujours un secret gardé par un cercle d'experts et de hauts fonctionnaires. Ce n'est que dans les années 1980 que la gauche brisa le consensus au sein de l'élite sur l'industrie nucléaire, consensus qui contrastait avec l'allergie nucléaire de l'opinion. H.Müller ou A.Kelle développent une autre interprétation. D'après eux, la République fédérale s'est totalement ralliée au régime international de la non-prolifération et, après en avoir été l'un des principaux opposants, elle en est devenue l'un des plus fermes supporters.

Comment expliquer le choix politique allemand de ne pas acquérir l'arme nucléaire alors qu'il le pourrait techniquement, c'est-à-dire de respecter les engagements internationaux de 1954, 1969 et 1990 ? Ce choix démontrerait la pertinence de « l'école libérale » des relations internationales et l'insuffisance de « l'école réaliste ». Celle-ci argue que le comportement des États est guidé par la recherche de l'intérêt national, de la puissance et de la sécurité ; que les traités ne sont qu'une fixation temporaire des intérêts politiques et des rapports de forces, et qu'ils perdent leur efficacité lorsque ces intérêts et ces rapports changent ; que la situation géopolitique des États et la structure de l'équilibre des puissances déterminent leur diplomatie et leur stratégie. De même que « l'école réaliste » ignore l'importance du régime intérieur, c'est-à-dire du droit constitutionnel, dans l'élaboration de la politique étrangère, elle ignore l'influence du droit international, des institutions internationales ou des régimes internationaux sur les perceptions et les comportements des gouvernements. Elle oublie que les États respectent la plupart du temps les accords qu'ils ont conclu, et qu'ils ont intérêt à coopérer plutôt qu'à s'affronter. Bref, elle néglige la force de la légitimité ou la contrainte de la légitimation sur la conduite internationale des États, laquelle n'est pas seulement mûe par les calculs d'intérêt, mais aussi par des idées, notamment celle de soumettre la politique au droit. Les régimes internationaux comportent dans leurs domaines des principes, des règles et des procédures qui régissent la politique des États et auxquels ces États ont accepté de se soumettre, pour des raisons tirées de leur intérêt et de leur culture politique. Ces régimes forment le cadre institutionnel et normatif, plus ou moins contraignant, dans lequel la diplomatie des États s'est habituée à coopérer et à résoudre ou à contenir les conflits. Bref, ils constituent une sorte d'habitus de la diplomatie. Mais si les États respectent les engagements qu'ils ont contractés, continuent-ils à les observer lorsqu'ils sont perçus comme contraires à l'intérêt national en cas de crise ?

Le TNP est l'élément central du régime international de non-prolifération et, au-delà, du droit des relations nucléaires militaires. Outre le TNP, le régime de non-prolifération est constitué par l'Aiea et les instruments de contrôle, limitation et réduction des armements nucléaires… Il repose sur quatre grands principes : la renonciation des ENDAN à fabriquer, acquérir ou contrôler des armes nucléaires et celle des EDAN à leur céder ou vendre des armes nucléaires ; l'acceptation par les États de l'inspection internationale de leurs installations nucléaires ; l'interdiction de céder ou de vendre des biens ou technologies nucléaires civiles aux États qui ne respectent pas les deux principes susmentionnés (les États respectant ces deux principes ayant, eux, droit au commerce et à la coopération technologique civils) ; l'engagement des EDAN à désarmer. Qu'est-ce qui détermine l'efficacité d'un régime de coopération ? Pourquoi les États acceptent-ils les normes de ce régime ? Pour des raisons liées à l'évaluation des intérêts et des rapports de force, mais aussi à « l'acculturation normative » : dans un cadre juridique international, les États apprennent et intégrent les normes qu'ils ont élaborées et acceptées. L'efficacité du régime de non-prolifération, dans son ensemble, dépend de la volonté et de la capacité de chacun des principaux États fournisseurs de resserrer leur système national de contrôle de l'export. On a là l'exemple d'une situation d'interdépendance coopérative dans un contexte économique compétitif : si l'on raisonne en termes de calculs d'intérêts, le rapport coût-bénéfice de la participation au contrôle de l'export doit excéder celui de la non participation ou du free riding. Mais ce raisonnement n'est pas le seul ; il est contrebalancé, complété ou remplacé par la croyance en la légitimité et en l'obligatoriété du régime de non-prolifération. Pourquoi certains États se tiennent-ils à l'écart de ce régime ? Pourquoi certains autres rompent-ils avec lui en violant les obligations qu'ils ont souscrites, malgré les coûts et les risques d'une telle attitude ? Pour des raisons liées à la sécurité et à la puissance, mais aussi au refus de la discrimination et de « l'injustice ».

Outre le Japon, la plus importante renonciation nucléaire a été celle de l'Allemagne. En 1957-58, la RFA avait pourtant passé des accords secrets avec la France et l'Italie pour entamer un programme militaire, en contournant les restrictions du traité UEO. Au début des années 1960, elle avait soutenu la MLF. En 1969, elle avait signé avec beaucoup de réticences le TNP ; elle l'avait interprété restrictivement; elle n'avait ratifié les mesures de vérification qu'en 1979. Jusqu'à la fin des années 1980, elle continua d'adopter une politique laxiste en matière d'exportation nucléaire, qui sapait un régime de non-prolifération qu'elle n'acceptait qu'à contre-coeur. Les tendances prolifératrices qui résulteraient du libre commerce nucléaire auraient-elles légitimé l'accession de la RFA au nucléaire ? On peut en déduire que c'est l'évaluation de ses intérêts, non la volonté de renforcer un régime normatif international, qui conduisit la République fédérale à renoncer (conditionnellement) au nucléaire. C'était le prix à payer pour le réarmement conventionnel et l'intégration à l'Ouest, en 1954, pour le maintien de l'alliance avec les États-Unis et la détente avec l'URSS, en 1969. Jusqu'à cette date, la question nucléaire outre-Rhin était liée à la perte de puissance et de statut consécutive à la défaite de 1945. Gagner l'indépendance et l'égalité nucléaires sur les plans civil et militaire faisait partie du programme général de réhabilitation poursuivi par Bonn. A défaut d'acquérir des armes nucléaires, en raison du poids des oppositions intérieure et internationale, la maîtrise de l'énergie nucléaire à des fins pacifiques symbolisa, avec la participation au GPN, la réussite technologique et stratégique de la République fédérale. Mais le nucléaire perdit ce pouvoir d'attraction au cours des décennies 1970 et 1980, du fait de la montée de la contestation. Devenue en Europe la puissance la plus forte économiquement et la plus dynamique politiquement, puisqu'elle remettait en cause le *statu quo* à travers son *Ostpolitik*, la RFA n'avait pas besoin de l'arme nucléaire pour asseoir son rang (au contraire de la France ou de la GB). Elle continuait d'avoir besoin de la dissuasion nucléaire pour asseoir sa sécurité. Mais les risques de l'acquisition d'un arsenal national –l'hostilité générale et la rupture de l'alliance occidentale- excédaient de beaucoup les avantages. Ces armes n'auraient servi à remplir aucun des objectifs de politique étrangère de la RFA, car celle-ci n'aurait pu espérer contraindre l'URSS à accepter la réunification ou la rétrocession des territoires à l'Est de l'Oder-Neisse. En raison de l'asymétrie géostratégique, elles n'auraient pas non plus apporter de réelle sécurité à la RFA, dont les autorités politiques et militaires n'ont jamais cru à la pertinence d'une dissuasion « du faible au fort » pour un pays confronté directement à une superpuissance. Mieux valait donc s'en tenir à la dissuasion élargie américaine et à la consultation nucléaire OTAN, tout en réservant l'option européenne.

Dans la décennie 1970, le régime de non-prolifération se consolida, mais également les arrangements otaniens sur le contrôle des armes nucléaires américaines outre-Rhin. Parallèlement, de nouveaux fournisseurs (Canada, France, RFA) apparurent sur le marché nucléaire international. En dépit de l'essai indien de mai 1974, le gouvernement de Bonn estimait que le TNP avait résolu le problème de la prolifération et que le commerce nucléaire devait rester libre: à preuve les gros contrats avec l'Inde, le Pakistan, le Brésil, l'Argentine... Dans la première moitié des années 1980, la lutte contre la prolifération passa après la lutte contre l'URSS dans les priorités de la politique américaine. Mais en 1985, la conférence sur le TNP demanda aux États parties que tout contrat nucléaire soit assorti d'une garantie d'inspections généralisées (FSS) par l'AIEA des installations du pays récipiendaire. Un an plus tard, la catastrophe de Tchernobyl mit au premier plan le problème de la sûreté des centrales. Puis la fin du conflit Est-Ouest suivie de la scission de l'URSS fit de la prolifération le problème stratégique n°1. La RFA révisa alors partiellement sa position. Elle maintint l'exigence de l'égalité : que les EDAN soient soumis aux contrôles de l'Aiea et aux directives du NSG, qu'ils adhèrent au TICEN, qu'ils publient un registre de leurs arsenaux, qu'ils respectent leur engagement à désarmer[61], qu'il leur soit interdit de réutiliser à des fins militaires les matériels issus du désarmement (« principe d'irréversibilité »). Surtout, elle décida de resserrer le contrôle du commerce nucléaire, id est le volet économique de la non-prolifération. L'évènement décisif fut la reconnaissance, après la guerre du Golfe, que les entreprises allemandes avaient massivement contribué, par leurs exportations, à l'édification de l'arsenal irakien. La crédibilité de l'Allemagne comme puissance alliée oeuvrant pour la paix et la stabilité était en cause, et avec elle, la revendication d'une politique de « responsabilité globale ». Jusqu'alors l'un des « maillons faibles » du régime de non-prolifération, la RFA devint l'un de ses plus fermes piliers, comme l'ont montré une série d'initiatives diplomatiques [62] visant à l'étendre et à le renforcer, ainsi qu'à prévenir et à punir ceux qui l'enfreindraient. Ce changement montre que l'évaluation de l'intérêt national a été modifiée par la reconstruction de l'identité allemande et « l'acculturation normative ». En tant que « puissance civile » respectueuse du droit international, la RFA, conformément à sa « culture antinucléaire », conduirait désormais une diplomatie antinucléaire.

Il ne fait pourtant aucun doute que la dissuasion élargie américaine et le GPN étaient des conditions nécessaires pour maintenir la République fédérale dans son statut d'ENDAN et persuader des élites politiques réticentes d'accepter la conclusion du TNP. Le gouvernement de Bonn l'a souligné dans ses déclarations en 1969, en 1974, en 1990: l'adhésion dépend du maintien de l'OTAN. L'Allemagne renoncerait-elle à son statut non nucléaire au cas où le « parapluie » américain viendrait à se fermer? Autrement dit, l'attitude des élites allemandes est-elle dépendante ou indépendante des changements dans la position américaine? La perception de l'atome militaire est déterminée par trois ensembles de facteurs : la culture politique nationale; le cadre juridique international de la politique de défense ; la situation sécuritaire, c'est-à-dire l'équilibre des forces et des menaces. 1) La prégnance d'une « culture antinucléaire » dans l'opinion allemande contraste avec la « tentation nucléaire » d'une partie des élites, encore que celles-ci aient toujours préféré l'intégration européenne ou atlantique. 2) La RFA est engagée dans quatre cadres institutionnels. Le premier correspond à la sécurité collective des Nations Unies. Le deuxième, à la sécurité coopérative de l'OSCE, du PPP et du CPEA. Le troisième, à l'OTAN et à l'UE en tant qu'héritière de l'UEO. Le quatrième, aux traités de maîtrise des armements et de désarmement nucléaires, mésologiques, biologiques, chimiques, conventionnels et balistiques. 3) L'Allemagne est entourée d'amis. Au lieu d'être un paria comme après les deux guerres, elle est intégrée dans les organisations internationales, atlantiques et européennes. Elle n'est plus une puissance hostile au *statu quo*, comme c'était le cas de 1890 à 1990, mais elle lui est favorable. Elle est alliée à trois EDAN, au sein de l'OTAN, et elle a noué des liens étroits avec un quatrième, la Russie, dont elle cofinance le désarmement et dont elle est séparée par un cordon d'États ayant rejoint l'OTAN et l'UE. La RFA a réalisé les objectifs qu'elle s'était fixée à son avènement : elle est prospère, influente, en sécurité, unie et souveraine. Tout cela s'est accompli sans armes nucléaires, et peut-être parce qu'elle n'en avait ou n'en voulait pas. Rebus sic stantibus, l'Allemagne n'aurait donc que faire de ces armes[63].

L'intérêt national qui avait poussé la République de Bonn à la participation nucléaire pendant la guerre froide pousserait aujourd'hui la République de Berlin à la dénucléarisation. Seuls des évènements extraordinaires pourraient entraîner une révision de la renonciation : un tournant de l'opinion vers un nouveau nationalisme ; la dégradation des cadres institutionnels, principalement l'OTAN, en raison d'un divorce germano-américain, sans qu'il soit remplacé par une défense européenne ; la détérioration de la situation sécuritaire en Europe ou dans le monde. *A contrario*, une partie des élites politiques allemandes considère que leur pays doit devenir –avec le Japon, autre candidat– le premier membre permanent non nucléaire du Csnu et que la qualité de membre permanent doit être dissociée du statut d'EDAN. Les Puissances nucléaires ayant failli à leur obligation de désarmer stipulé à l'article 6 du TNP, elles ne peuvent plus prétendre être les championnes du droit international. C'est à d'autres puissances démocratiques, plus fidèles aux principes du droit des gens, qu'il appartiendrait de co-diriger les affaires du monde.

Le droit nucléaire allemand

Le cadre juridique régissant l'usage de l'énergie nucléaire en RFA a été établi en 1959 sous la forme d'un amendement à la Loi Fondamentale. Avec l'introduction de l'article 74-11a, le domaine de la législation concurrente, et non pas exclusive, de l'État fédéral a été élargi de façon à couvrir la production et la consommation de l'énergie nucléaire. Aux termes de l'article 87c, les lois promulguées en vertu de l'article 74-11a peuvent stipuler, avec l'accord du Conseil fédéral (*Bundesrat*), qu'elles seront appliquées par les Länder pour le compte du Bund. Le même jour que cette révision légiconstitutionnelle, le 23 décembre 1959, a été promulguée la Loi sur l'utilisation pacifique de l'énergie nucléaire et sur la protection contre les dangers de cette utilisation, ou Loi atomique[64]. Celle-ci doit être mise en œuvre par les autorités fédérales et par les autorités fédérées. En cas de conflit entre le *Bund* et les *Länder*, la Cour constitutionnelle fédérale est habilitée à trancher.

La Loi atomique a pour objet: d'encourager la recherche, le développement et l'utilisation de l'énergie nucléaire à des fins pacifiques ; de protéger la vie, la santé et les biens contre les dangers de l'énergie nucléaire ou des rayonnements ionisants, ainsi que d'assurer la réparation des dommages causés; d'empêcher que l'utilisation de l'énergie nucléaire ne porte atteinte à la sécurité intérieure ou extérieure du pays ; de permettre à l'État fédéral de remplir ses obligations internationales dans le domaine de l'énergie nucléaire et de la protection contre les rayonnements. La priorité accordée à la protection se concrétise dans les dispositions relatives aux autorisations, à la surveillance, à la responsabilité, à l'assurance, aux infractions et aux sanctions. La Loi atomique habilite le gouvernement fédéral, en partie avec l'assentiment du *Bundesrat*, à prendre des décrets en vue d'atteindre les objectifs définis dans la Loi. Au plan matériel, le droit nucléaire allemand comprend une série de dispositions sur le régime minier; les matières et équipements nucléaires ; les installations nucléaires ; le commerce des matières et équipements nucléaires; la radioprotection; la gestion des déchets radioactifs ; la non-prolifération et la protection physique; les transports ; la responsabilité civile nucléaire. On constate que si la Loi atomique a été édictée sous le régime de la renonciation militaire d'octobre 1954, l'essentiel de la législation atomique a été édictée après l'adoption des textes d'application du TNP, notamment l'Accord de vérification de l'AIEA du 5 avril 1973 et le règlement Ceea du 19 octobre 1976 sur le contrôle d'Euratom. C'est rappeler que l'usage de l'énergie nucléaire en RFA est également régi par des traités et accords internationaux, principalement dans le cadre de la CEEA, de l'OCDE et de l'AIEA.

Parmi les autorités fédérales, c'est le ministère de l'Environnement (BMU) qui est compétent en matière de sûreté nucléaire et de radioprotection. C'est lui qui exerce le contrôle de la légalité et de l'opportunité des mesures prises par les autorités des Länder chargées d'appliquer la législation atomique. Le ministère fédéral de la Recherche et de la Technologie est compétent pour la R/D nucléaire. Avec le ministère des Affaires étrangères, il partage les compétences en matière de coopération internationale (CEEA, AEN, AIEA). Avec le BMU, il partage les compétences en matière de responsabilité nucléaire. Le contrôle des importations et exportations des matières nucléaires relève du ministère fédéral des Finances, mais c'est le ministère de l'Economie qui est chargé de la délivrance des autorisations d'importation et d'exportation. La surveillance du transport des matières nucléaires incombe au ministère fédéral des Transports. En ce qui concerne les forces armées, les compétences en matière de sûreté nucléaire, de radioprotection et de transport sont exercées, en accord avec le BMU, par le ministère fédéral de la Défense. Dans le domaine nucléaire, celui-ci n'a donc pas de compétence portant sur la R/D ou sur les relations internationales. Les autorités fédérées exécutent par délégation du *Bund* les tâches administratives qui ne sont pas réservées aux autorités fédérales. Elles sont placées sous le contrôle du BMU. En vue de la mise en œuvre de la législation nucléaire, les *Länder* désignent les autorités compétentes. La tâche la plus importante qui leur est dévolue est la délivrance des autorisations relatives à la construction et à l'exploitation des installations nucléaires. La procédure implique cependant la participation de toutes les autorités compétentes au niveau du B*und*, du *Land* et des communes. C'est dire si la politique nucléaire allemande, éclatée entre les diverses administrations fédérales et fédérées, a besoin d'un consensus !

Le resserrement de la législation sur le contrôle des exportations

Les transferts de technologies sont une question décisive des relations internationales en raison de leur implication sur la compétitivité économique et la puissance militaire. La République de Bonn a soutenu une conception libérale des transferts, une conception « marchande » plus que « sécuritaire », en les considérant comme bénéfiques sur le plan commercial et diplomatique, y compris avec les pays de l'Est visés par le COCOM ou les pays du Sud soupçonnés de « prolifération ». Elle a donc négligemment contribué à la dissémination des programmes NBC, des missiles et des armements conventionnels dans des « pays suspects » tels le Brésil, l'Argentine, l'Inde, le Pakistan, l'Iran, l'Irak, la Syrie, la Libye. Les entreprises privées allemandes ont ainsi montré qu'elles avaient le pouvoir, en l'absence de réglementation contraignante, de priver de toute efficacité la politique internationale de non-prolifération, donc de déstabiliser l'ordre politico-militaire mondial. Tout cela confirme que la RFA pourrait devenir facilement une puissance nucléaire si elle avait le droit de fabriquer des armes sur son territoire. Quoi qu'il en soit, la politique de « responsabilité globale » revendiquée après la réunification, le choc provoqué par la révélation du programme atomique irakien et du rôle joué par les firmes allemandes dans l'édification de ce programme, décidèrent le gouvernement fédéral, pressé par le Parlement, de combler les lacunes de son système de contrôle des exportations et de restaurer la réputation de fiabilité de l'Allemagne. « L'État marchand » a fait passer le contrôle politique de l'export avant la promotion économique de l'export. Il a opté pour le contrôle hégémonique de la technologie au détriment du principe international de coopération, de libre accès et d'indiscrimination. Le consensus politique « anti-proliférant » entre les États industriels « du Nord » -qui, tous, ont resserré leur législation- a été plus fort que la compétition économique sur les marchés « du Sud »[65]. Dans ce domaine, les préoccupations géostratégiques l'ont donc emporté sur les préoccupations géo-économiques.

L'importation et l'exportation de matières nucléaires sont réglementées par la Loi sur le contrôle des armes de guerre (KWKG) et par la Loi sur le commerce extérieur (Awg). Elles sont soumises à l'autorisation de l'Office fédéral de l'Export (BAFA), rattaché au ministère de l'Économie, et au contrôle des autorités douanières, sous tutelle du ministère des Finances. Les réformes engagées en 1990-1992 ont remédié aux quatre principales faiblesses du système de contrôle des exportations qu'avait retenues la commission d'enquête du Bundestag : la territorialité de la législation ; le silence sur les transferts de technologie ; la légèreté des peines pour les infractions, donc leur caractère peu dissuasif ; l'insuffisance des moyens juridiques et matériels mis à la disposition des services compétents ; le défaut d'autorité des différents ministères (Affaires étrangères, Finances, Economie, Recherche et Technologie, Transports, Environnement) pour mener une politique claire de restriction des exportations « sensibles », à la place de l'ancienne politique d'expansion commerciale. L'export est en principe libre en Allemagne. Mais en vertu de l'AWG, les autorités, sous contrôle du juge dûment saisi, peuvent restreindre ou interdire le commerce extérieur, soit en vertu d'accords internationaux conclus par l'Allemagne (section 5), soit pour garantir la sécurité de la RFA, prévenir une perturbation de la coexistence pacifique entre les nations ou une rupture majeure des relations extérieures de la RFA (section 7). Depuis 1990-92, la charge de la preuve de la légalité des contrats commerciaux incombe aux entreprises, non plus à l'administration, et toute exportation non autorisée par une licence est considérée comme un délit pénal. Le Décret sur le commerce extérieur contient depuis 1989 une liste d'exportation en deux parties. La première énumère les biens et services dont l'exportation est restreinte aux termes des sections 5 et 7 de l'AWG : armes et munitions (liste A), énergie nucléaire (liste B), autres produits et technologies d'importance stratégique (liste C), produits et installations chimiques (liste D), produits et installations bactériologiques (liste E). La seconde classe les pays étrangers en différentes catégories. La liste G incluait les pays de la liste COCOM[66]. La liste H, introduite en mars 1991, désignait 33 pays[67] : impliqués dans des conflits régionaux, ou soupçonnés d'avoir des programmes militaires dangereux ou de servir de relais pour la réexportation de biens ou services « sensibles ». La liste I comprenait les États n'ayant pas signé et ratifié le TNP. Ces listes furent révisées en 1994 pour tenir compte du remplacement du COCOM par l'Arrangement de Wassenaar et des directives de l'AIEA, du NSG, du MTCR, du Groupe de Canberra[68]. La liste G disparut ; la liste I fut maintenue ; la liste H fut remplacé par une liste K, incluant seulement 17 pays[69]. Cette rétraction s'explique aussi par les pressions des industriels allemands inquiets à l'idée de perdre des marchés au profit de concurrents qui ne seraient pas gênés par une législation aussi contraignante que celle de la RFA : il est significatif que la liste K ne comporte pratiquement que des pays insolvables, ou en guerre, ou placés sous embargo international !

La législation allemande distingue les « biens militaires » et les « armes de guerre ». Les premiers sont couverts par l'AWG, les secondes par la KWKG. Celle-ci comprend une liste qui différencie les « armes de destruction massive » dans une partie A et les autres armes de guerre dans une partie B. Avant d'être révisée en novembre 1990, la partie A de la loi ne s'appliquait qu'aux systèmes d'armes proprement dits, non pas aux pièces ou composants ni aux transferts de technologies, et elle ne couvrait que le territoire de la RFA. Désormais, la production comme l'assemblage d'ADM sont explicitement, complètement et pénalement interdites aux entreprises, qu'ils aient lieu sur le territoire allemand ou à l'étranger. Une « clause scientifique » a été introduite ; elle bannit tout transfert de *know how*, de bases de données, de services ou de main d'œuvre qui pourrait s'avérer « proliférante ». Une « clause extraterritoriale » a également été introduite : le gouvernement doit donner son autorisation à toute participation de citoyens allemands à des programmes militaires « sensibles » à l'étranger. Persiste toutefois une différence entre les armes nucléaires d'un côté, les armes mésologiques, chimiques et biologiques de l'autre : ces dernières sont purement et simplement proscrites (comme en droit international), alors que les premières ne voient leur production prohibée que si elle ne s'effectue pas sous le contrôle d'un EDAN de l'OTAN et si elle menace la paix, la sécurité de la RFA ou ses relations extérieures. La législation ne ferme donc pas la voie à une participation allemande à d'éventuels programmes nucléaires atlantiques ou européens.

Alors que l'ancien Office fédéral était chargé à la fois du contrôle et de la promotion des exportations, le BAFA est exclusivement chargé de leur contrôle, lequel est devenu une priorité du ministère de l'Economie, en liaison avec les autres ministères compétents. Les relations entre le gouvernement et l'industrie ont été remodelées à travers une série de directives du BAFA, qui ont éclairci ou précisé les termes de la législation, ses objectifs et ses modalités. L'Office fédéral, s'il soupçonne une infraction à l'AWG ou à la KWKG de la part d'une entreprise, est habilité à intervenir suivant trois étapes : les démarches commerciales de la compagnie sont interrompues, jusqu'à ce qu'il soit certain qu'une violation de la loi ne risque pas d'être commise ; si l'exportateur n'est pas jugé fiable après cette première investigation, la compagnie est informée qu'elle ne recevra pas sa licence d'exportation ; privée de son droit d'exporter, la compagnie peut alors porter l'action en justice ou bien se voir elle-même intenter une action en justice. De plus, le BAFA publie régulièrement une liste de « mise en garde » indiquant les noms des entreprises qui fournissent des « pays sensibles ». Basée sur les informations données par les douanes ou les services de renseignement, cette liste est agréée par les ministres des Affaires étrangères et de l'Economie. Les firmes allemandes qui noueraient des relations commerciales avec ces entreprises sont passibles de poursuites [70]. Les industriels allemands ont donc dû adopter de nouvelles lignes de conduite. Leurs organisations ont accepté le nouveau système de contrôle de l'export, en soulignant que la législation devait être claire, précise et détaillée, sans risque de mésinterprétation.

Du fait de l'interdépendance entre le commerce et la diplomatie nucléaires, le gouvernement fédéral n'a pas seulement corrigé le laxisme de sa politique commerciale passée, il a voulu renforcé le système international de contrôle des transferts d'armes et de technologies. La RFA a fait de l'acceptation universelle des FSS une priorité de sa diplomatie nucléaire, tant pour éviter un désavantage compétitif de son industrie que pour montrer son changement d'attitude à l'égard du régime de non-prolifération. Pour les mêmes raisons, elle a pressé ses partenaires de la CE de resserrer leur propre législation de contrôle de l'export. La Communauté n'est compétente que pour fixer la liste des matériels militaires exemptés des règles communautaires. S'ensuit un double problème : celui de l'intégration des biens « sensibles » dans la réglementation communautaire ; celui de la réexportation éventuelle de biens « sensibles » via des États membres dont le système de contrôle serait plus lâche. S'agissant des biens nucléaires, le commerce intra-communautaire est libre, sauf certains produits critiques : eau lourde, uranium hautement enrichi, plutonium, matériels d'enrichissement et de retraitement. Quant au commerce extra-communautaire, qui relève à la fois de la PCC et de la PESC, il est soumis aux directives du NSG. Un contrôle européen de l'export se heurte à une série de problèmes : l'adoption d'une liste uniforme de biens astreints à autorisation ; le traitement des produits « à double usage » ; l'inclusion ou non des services et technologies, qu'il reste à définir ; l'application extraterritoriale de la réglementation; l'absence d'une agence de contrôle européenne qui appliquerait une réglementation unifiée.

Le désarmement nucléaire de l'ex-URSS

La RFA oeuvre donc en faveur de la non-prolifération des ENDAN et du désarmement des EDAN. Sur le premier point, le cas de l'Iran, après celui de la Corée du Nord, est le plus important à l'heure actuelle, et la RFA y joue un rôle de premier plan, avec la France et la Grande-Bretagne d'une part, les États-Unis et les deux autres membres permanents du Csnu d'autre part. Sur le second point, c'est le cas de l'ex-URSS qui est ou était le plus important. La sûreté de l'arsenal et du C3I de la CEI, le rapatriement en Russie des armes nucléaires localisées en dehors du territoire de la Fédération, le démantèlement des armements que Moscou s'est engagé à supprimer, le stockage et le retraitement du plutonium et de l'uranium enrichi extrait des armes démontées, la prévention de la dissémination des matériaux fissiles et la lutte contre d'éventuels trafics, le maintien des ingénieurs russes dans leur pays, constituaient ou constituent encore autant de défis stratégiques depuis l'effondrement de l'URSS. Ces défis vont au-delà des problèmes classiques de l'arms control, car ils ont des implications écologiques, économiques, sociales et politiques. D'autre part, leur gestion revient à conférer à la Russie le monopole de l'armement nucléaire de l'ex-URSS et, par conséquent, à supprimer la principale garantie militaire de la souveraineté des États de la CEI vis-à-vis de Moscou, en lui reconnaissant une prépondérance dans son « étranger proche ». Pour les Puissances de l'Ouest, en particulier l'Allemagne, cette monopolisation, revers de la non-prolifération, est le prix à payer pour la poursuite du processus de désarmement amorcé par le sommet de Reykjavik de 1986 et le traité FNI de 1987. Il résulte de la promesse faite en septembre 1991 par les Présidents Bush et Gorbatchev de retirer et d'éliminer les armes nucléaires déployées en Europe, des accords START I du 31 juillet 1991, START II du 3 janvier 1993 et SORT du 24 mai 2002, de l'accord d'Alma-Ata du 21 décembre 1991, du Protocole de Lisbonne du 23 mai 1992 et des accords de New York du 26 septembre 1997, que la Russie aura dû, d'ici 2010, démanteler 20 à 25 000 armes nucléaires !

Cette tâche colossale, aucune des Républiques de la CEI n'avait le pouvoir technologique et financier de l'accomplir en toute sécurité. Aussi a-t-elle requis l'assistance économique et technique des Puissances du G7 [71]. Cela signifie que des États non nucléaires comme l'Allemagne ou le Japon ont été impliqués activement dans les affaires nucléaires d'États nucléaires étrangers. La RFA a soutenu la création d'un groupe de travail ad hoc au sein de l'OTAN pour coordonner l'aide à la Russie. Elle a été à l'origine de l'établissement du Centre technique et scientifique international à Moscou, qui sert de comptoir général de virement pour l'assistance aux atomistes russes. Sa participation aux dons et prêts du G7, du FMI, de la Banque mondiale, de la BERD et de la CE [72], a fait d'elle le premier contributeur au désarmement nucléaire de la CEI. L'expertise acquise par les techniciens allemands sur les matériaux fissiles lui a permis de participer au démantèlement de l'arsenal russe. La RFA a demandé que les États-Unis et la Russie placent sous contrôle de l'Aiea les matériaux fissiles de qualité militaire extraits des armes démontées. Les préoccupations sur le devenir de ces matériaux [73] ont d'abord incité le gouvernement allemand à proposer de construire en Russie des usines pour convertir ou brûler l'uranium enrichi et le plutonium. Poussé par les dirigeants de Siemens, il a ensuite proposé le transport de ces matériaux en RFA pour qu'ils soient convertis ou brûlés dans les réacteurs allemands ou ceux d'autres pays européens. L'Allemagne serait ainsi maîtresse d'un stock considérable de matières fissiles de qualité militaire... Cette « option de Hanau » fut dénoncée par certains comme une manoeuvre visant une « prolifération déguisée ». Les responsables allemands répondirent que la récupération de l'uranium enrichi et du plutonium russes procède de motifs énergétiques et écologiques, non pas militaires, qu'elle est une contribution au désarmement. Pour parer à toute suspicion, il était prévu que ce plan de récupération devrait être approuvé par les Nations unies, que le transfert des matériaux serait réalisé par un consortium multilatéral et que les matériaux seraient placés sous le contrôle de l'Aiea. Il n'en reste pas moins que le désarmement d'un EDAN est susceptible d'offrir l'occasion d'armer un ENDAN !

Les risques de prolifération en Europe

Dans les motivations proliférantes en Europe -continent où pourtant tous les États ont adhéré au TNP- on peut distinguer cinq zones. La première zone regroupe les États avancés du Nord-Ouest, la plupart membres de l'OTAN ou de l'UE, qui disposent d'une industrie nucléaire civile performante mais qui n'ont pas d'ambitions militaires : les Pays-Bas, la Suisse, la Suède, l'Allemagne... Malgré ses engagements répétés, la RFA pourrait voir dans l'acquisition de l'arme nucléaire le parachèvement de son retour à la « normalité », c'est-à-dire à la puissance. La deuxième zone concerne les pays d'Europe centrale, autrefois satellites de l'URSS, aujourd'hui membres de l'OTAN ou de l'UE : la Pologne, les Républiques tchèque et slovaque, la Hongrie, la Roumanie, la Bulgarie. Leur niveau économique est beaucoup plus bas et leur industrie nucléaire, beaucoup plus rudimentaire, mais ils pourraient considérer l'arme nucléaire comme une garantie de sécurité face à la Russie sinon à l'Allemagne. La troisième zone rassemble, à l'Est, les anciennes Républiques de l'URSS, dont certaines avaient hérité d'une partie de l'arsenal soviétique : les pays baltes, la Bélarus, l'Ukraine, la Moldavie, la Géorgie, l'Arménie. Ces nouveaux États, instables, dont l'indépendance politique ou l'intégrité territoriale pourraient être mises en cause par la Russie (qui les considère comme son « étranger proche ») ou par d'autres voisins, seraient suceptibles d'être intéressés par l'arme nucléaire, puisqu'ils ne sont couverts par aucune alliance militaire, sinon la CEI. La Bélarus et, surtout, l'Ukraine ont une solide expérience nucléaire. Comme le Kazakhstan, elles ont cependant accepté de détruire ou de rapatrier vers la Russie les armes nucléaires qui se trouvaient sur leur territoire. La chaîne prolifératrice qui répandrait les armes nucléaires en Europe (par achat ou fabrication) aurait pu venir d'Ukraine, si celle-ci n'avait pas respecté les accords d'Alma-Ata[74] et le Protocole de Lisbonne[75], adhéré au TNP et à l'AIEA, détruit ou rapatrié ses armes vers la Russie. La quatrième zone regroupe, au Sud-Est, les entités issues de l'ancienne République fédérale de Yougoslavie : Slovénie, Croatie, Bosnie-Herzégovine, Macédoine, Monténégro, plus l'Albanie. Ces pays se trouvent plus ou moins sous la tutelle des Puissances de l'OTAN, mais ils pourraient se sentir menacées par la Serbie. Celle-ci bénéficie de la protection implicite de Moscou, qui pourrait lui étendre son « parapluie » nucléaire ou, pourquoi pas, lui céder des armes. La cinquième zone concerne le pourtour méridional de l'Europe, de la péninsule ibérique aux Balkans en passant par l'Italie, pourtour inquiété par les tendances révolutionnaires – panislamique, panarabe ou panturque – qui agitent le Maghreb et le Proche-Orient, espaces d'instabilité politique, de croissance démographique et d'émigration. Le Portugal, l'Espagne, l'Italie et la Grèce font partie de l'UE et de l'OTAN. Seules l'Espagne et l'Italie auraient des capacités nucléaires, elles n'ont toutefois jamais été soupçonnés de visées militaires.

La garantie américaine dans le « second âge » du nucléaire

C'est la dissuasion élargie américaine qui a été la principale garantie de la non-prolifération en Europe. Que devient-elle dans le « second âge » du nucléaire [77] ? L'Europe du conflit Est-Ouest était le cadre géostratégique privilégié du « premier âge », caractérisé par la primauté de la bipolarité soviéto-américaine et la dissuasion « du fort au fort » (du « faible au fort » dans le cas de la relation dissuasive franco-soviétique). Le « second âge », axé sur la problématique de la prolifération et de la contre-prolifération, correspond au système multipolaire à prépondérance militaire américaine, dans lequel la dissuasion, vue de l'Ouest, s'exercerait « du fort au faible » ou « du sage au fou ». Pourquoi certains États sont-ils animés par des ambitions nucléaires et balistiques coûteuses et risquées ? Vis-à-vis des États-Unis, on distingue trois raisons principales : les dissuader d'une intervention régionale, les intimider en menaçant leurs alliés locaux, assurer la survie de l'État ou du régime en limitant les objectifs politiques et militaires de leur intervention éventuelle[78]. Autant d'objectifs qui, s'ils étaient remplis, ruineraient les engagements de sécurité américains.

La dissuasion est un exercice incertain car l'intention et/ou la capacité du dissuadeur peuvent ne pas être crédibles ou ne pas être comprises. Elles peuvent se heurter à la dissymétrie des enjeux ou à une autre évaluation des coûts et avantages, ou bien à des personnalités décidées à ne pas se laisser intimider ou à exercer une vengeance quel qu'en soit le prix, ou encore à des gouvernants ou des populations prêts à prendre des risques ou dont la culture de guerre accepte les sacrifices ou comporte d'autres critères de rationalité, etc[79]. L'ère nucléaire a transformé la stratégie en dissuasion, et la dissuasion en exercice intellectuel ésotérique. Comme il n'est possible de tester la dissuasion que de manière négative, par des évènements qui ne se produisent pas, et comme il est impossible de démontrer pourquoi quelque chose ne s'est pas produit, il n'est pas facile d'évaluer concrètement, et non abstraitement, l'efficacité de la stratégie de dissuasion. Rien ne garantit vraiment cette efficacité, tant il est difficile de savoir si l'adversaire avait réellement l'intention d'attaquer et, s'il avait cette intention, de savoir pour quelles raisons il ne l'a pas fait[80]. Nul n'a jamais osé employer la bombe atomique, depuis Hiroshima et Nagasaki, par peur de créer un précédent. Et si quelqu'un osait ? Sans parler des guérillas, l'arsenal nucléaire américain n'a pas dissuadé la Corée du Nord, l'Inde ou l'Irak d'attaquer la Corée du Sud, le Pakistan ou le Koweït. Ces trois derniers pays étaient pourtant liés aux États-Unis, même s'ils ne bénéficiaient pas d'une garantie militaire explicite. Il semble que l'arme nucléaire ne serve qu'à dissuader les menaces militaires directes exercées par des grandes puissances de rang égal ou supérieur.

Comment dissuader un « perturbateur » s'appuyant sur des armes nucléaires ou sur la menace d'acquérir des armes nucléaires ? Par le pouvoir communiqué de le terroriser (punishment) ou celui de le vaincre (denial) ? Washington a maintenu ses engagements en Europe dans le cadre de l'OTAN. La fonction de la garantie américaine est de dissuader un adversaire d'actions militaires contre un allié des États-Unis, en le menaçant d'une escalade conventionnelle et nucléaire. Cette dissuasion est-elle crédible ? Sa crédibilité doit être technique, stratégique, politique. Techniquement, le désarmement engagé ne doit pas compromettre l'efficacité des représailles éventuelles en augmentant la vulnérabilité de l'arsenal stratégique, ni empêcher les États-Unis de remplir leurs obligations extérieures. À cet égard, ne semble pas poser de problème la diminution de l'arsenal américain à 2200 têtes nucléaires d'ici 2012. Les difficultés ne se posent pas au niveau technique mais au niveau stratégique et politique.

Stratégiquement, la dissuasion en faveur de l'allié ne doit pas être contre-dissuadée par la probabilité de rétorsions adverses dont le coût serait supérieur au bénéfice tiré de la protection. C'est pourquoi les débiteurs d'une dissuasion élargie ont intérêt à une « sanctuarisation » de leur créancier. Il faut « dissuader le dissuadeur », par hypothèse un pays non membre de l'OTAN. Comment ? Une première solution consiste à le menacer de représailles (stratégie de punition), soit par une action dissuasive anticités, soit par une action dissuasive contre-leadership. Une seconde solution consiste à limiter les dommages (stratégie de déni), soit par une action offensive antiforces, soit par une action défensive antimissiles. Il convient alors de distinguer trois types de « dissuadeurs à dissuader » : un adversaire capable d'entrer dans un rapport de MAD avec les États-Unis ; un adversaire encore incapable d'entrer dans un tel rapport, mais capable de menacer nucléairement le territoire américain ; un adversaire encore incapable d'exercer une telle menace, mais capable de menacer nucléairement le territoire de l'allié des USA. Vis-à-vis de la Russie, la stratégie contre-forces visant à acquérir une capacité de première frappe désarmante et la stratégie ABM visant à rendre invulnérable le territoire à toute représailles, n'apparaissent pas seulement irréalisables, mais encore déstabilisantes, puisqu'elles saperaient la vulnérabilité mutuelle donc la dissuasion mutuelle russo-américaines [81]. Cependant, la destruction mutuelle assurée sape les alliances en vigueur. Il est douteux que la pérennité d'une alliance nucléaire repose sur la vulnérabilité de la population civile urbaine de chacun des alliés. Une Puissance nucléaire n'exercera sa protection que si elle peut limiter les dommages sur son territoire. Il ne semble pas rationnel qu'elle risque ses villes pour défendre des alliés attaqués par une autre Puissance nucléaire capable d'entrer dans un rapport de MAD avec elle. C'est ce que peut supputer l'agresseur nucléaire, s'il prête au protecteur nucléaire un raisonnement axé sur le calcul coût-avantage. La réaction du protecteur nucléaire n'en est pas moins incertaine, d'abord parce que le résultat d'un calcul coût-avantage est variable, ensuite parce que le protecteur peut adopter un raisonnement axé sur le respect des engagements. De ce point de vue, une puissance « idéaliste » pratiquant « l'éthique de la conviction » [82] serait plus fiable qu'une Puissance « réaliste » pratiquant « l'éthique de la responsabilité »[83] ; un comportement « idéaliste » de la part du protecteur nucléaire apparaît donc plus judicieux qu'un comportement « réaliste ». Mais un tel comportement demeure peu crédible, d'autant moins si l'agresseur adhère lui-même à une culture « réaliste ».

Si l'adversaire n'éprouve pas la « peur nucléaire », seule la certitude qu'il aura d'être vaincu sera dissuasive. Cela suppose de savoir ce que signifie pour lui « victoire » ou « défaite ». La dissuasion des perturbateurs désireux de contrecarrer la suprématie conventionnelle des grandes puissances de facto contraintes au no first use, découlerait ainsi du pouvoir de mener et de gagner une guerre contre ces perturbateurs. La dissuasion deviendrait ainsi fonction de la capacité de vaincre et de communiquer à l'adversaire la certitude de sa défaite au cas où il recourrait la force, ou menacerait d'acquérir des ADM, ou enfreindrait le régime de non-prolifération. Cette capacité de victoire ne procède pas d'une stratégie anticitéé délégitimée ou inefficace [84]; mais plutôt, sinon d'une stratégie préventive, du moins d'une stratégie de représailles antiforces ou contre-leadership [85], menée avec des moyens conventionnels de pointe à l'abri d'une défense antimissiles « de théâtre » apte à limiter les dommages. Cette logique de la « victoire » serait plus adaptée au « second âge » de l'atome que celle de la « terreur ». Mais les alliés non nucléaires des États-Unis censément couverts par leur garantie doivent faire face à un nouveau risque, celui de perturbateurs équipés d'arsenaux NBC de petite taille usant de la dissuasion « triangulaire ». Désabilisant le « couplage » entre une Amérique invulnérable et des alliés vulnérables, donc ne partageant pas les mêmes risques, ce type de dissuasion « du faible au fort » ou « du fou au sage » pourrait être exercé par des États n'ayant pas la possibilité technologique de menacer le territoire américain en raison des distances géographiques. Il consiste à tenter de neutraliser la menace militaire américaine par une contre-menace sur les alliés des USA, par hypothèse voisins du perturbateur, vulnérables à ses frappes et donc pris en otages. La dissuasion élargie se trouve ainsi mise en cause, puisque, au lieu de protéger, l'alliance avec les États-Unis attire la menace des pays hostiles à la politique américaine ! Grâce à la supériorité conventionnelle et nucléaire des États-Unis, la dissuasion élargie pourrait toutefois être sauvegardée de deux façons : par une menace crédible de riposte conventionnelle ou nucléaire antiforces ou anticités, décapitante ou écrasante, en cas d'usage en premier d'armes NBC par le perturbateur ; par des systèmes antimissiles centraux ou locaux qui limiteraient sensiblement les dommages. Il n'en reste pas moins que, loin d'être un « sanctuaire », le territoire de l'allié se voit transformer en « théâtre » potentiel.

Politiquement, enfin, la crédibilité de la garantie américaine dépend du maintien d'un partenariat mutuellement bénéfique, les frictions ne devant pas mettre en cause la relation d'amitié. Or, cette dimension politique de l'alliance germano-américaine est altérée par les divergences bilatérales, dernièrement sur l'Irak, mais aussi parce que la politique des États-Unis en Europe n'est plus tant une politique « d'alliance » qu'une politique « d'équilibre » entre les puissances (France, Allemagne, Russie) ou qu'une politique de « contrôle » de l'Europe. Alignée derrière Washington, la RFA pouvait compter sur l'appui des États-Unis, dans les limites de leurs intérêts ; partenaire en interdépendance avec eux, elle le pourrait encore, dans les mêmes limites ; Puissance rivale, elle ne le peut plus. Si l'Allemagne a besoin d'une dissuasion nucléaire élargie, celle-ci ne semble pouvoir être fournie par l'Amérique qu'à défaut d'une avancée européenne majeure, laquelle dépend avant tout de la France.

Les intérêts de sécurité nucléaire de la RFA

La République fédérale n'a pas d'ambitions nucléaires officielles, mais elle a des intérêts nucléaires légitimes en matière de sécurité. La sécurité allemande n'est pas exempte de risques à dimension nucléaire : reconstitution d'un potentiel agressif russe, prolifération des ADM et des missiles à longue portée au Sud ou à l'Est, rivalité euro-américaine. La dissémination des technologies stratégiques et des matériaux fissiles, ou bien la vulnérabilité des installations nucléaires civiles, pourraient contribuer à l'apparition d'un terrorisme nucléaire. Deux options fondamentales ont jusqu'à présent constitué le cadre dans lequel les Allemands concevaient leur sécurité nucléaire : la dissuasion élargie fournie par une grande puissance dans le cadre de l'Alliance atlantique ; le projet d'une défense européenne. Celle-ci requiert une autorité politico-militaire unifiée en Europe, ainsi que le transfert des forces nucléaires franco-britanniques à cette autorité. Mais la France ou la Grande-Bretagne n'y procéderont que si elles se rallient totalement à l'idée européenne et/ou si elles estiment que ce transfert améliorera leur sécurité. L'érosion de la dissuasion élargie américaine depuis la fin de la guerre froide (accompagnée de la réduction de la coopération nucléaire dans l'OTAN, de la transformation des armes nucléaires en armes de « dernier ressort », de la confirmation que ces armes ne peuvent dissuader toutes les menaces éventuelles) et le délai pour qu'une éventuelle dissuasion européenne soit créée (la France et la GB maintiennent l'indépendance de leurs forces nucléaires) engendrent une situation « transitoire » instable, dans laquelle l'Allemagne se trouverait plus vulnérable à une menace NBC.

Comment y remédier ? Trois solutions théoriques se présentent : la constitution d'une force de frappe nationale, mais la RFA a formellement renoncé à cette option particulièrement risquée ; le renforcement de la coopération nucléaire avec les États-Unis, la Grande-Bretagne ou la France, mais cette coopération ne lui donne pas un pouvoir de décision ; l'élimination des armes nucléaires, mais les EDAN ne semblent pas vouloir renoncer à leurs arsenaux et la RFA continue de compter sur la dissuasion nucléaire pour prévenir la guerre (conventionnelle ou non). Les gouvernements de l'Allemagne réunifiée ont reconnu que les armes nucléaires continuent à peser sur l'équilibre des puissances en Europe, que la gestion des crises ne peut être menée sans prise en considération des risques liées à la prolifération NBC et que la RFA a intérêt à participer à des alliances nucléaires telles l'OTAN ou l'UE. La stabilité militaire en Europe pendant la guerre froide se déclina sur deux modes complémentaires : la dissuasion, la non-prolifération [86]. C'est le sentiment de sécurité nucléaire procuré à la RFA par le partage des responsabilités stratégiques dans le cadre de l'OTAN qui assura la pérennité de sa renonciation. Depuis la fin du conflit Est-Ouest, on s'interroge sur le rôle dissuasif de la Bombe, le devenir des garanties nucléaires, l'évolution de la prolifération. Tendanciellement, la fonction dissuasive est reléguée à la seule agression nucléaire, d'où une élévation du seuil qui confine la dissuasion à la défense des sanctuaires (la « dissuasion nationale sans alliance »), dans un contexte de réduction des arsenaux (la « dissuasion suffisante tous azimuts »). En l'absence d'une dénonciation de la part du protecteur ou d'un renoncement de la part des protégés, la garantie américaine subsiste, mais on a vu qu'elle était stratégiquement et politiquement incertaine. La fin de la confrontation bipolaire dont l'Europe était l'enjeu central met en cause la partition entre une zone de stratégies nucléaires au Nord et une zone de stratégies non nucléaires au Sud, tandis que le développement technologique rend plus probable l'accès des puissances du tiers monde à l'atome militaire.

Non-prolifération et Europe nucléaire

Depuis longtemps, l'Allemagne se déclare prête à partager sa souveraineté, de façon égale et mutuelle, dans une Europe unie. Ce « partage de la souveraineté », dans une Union ou une fédération d'États membres, impliquerait aussi le partage des armes atomiques. EDAN et ENDAN se fondraient en une entité politique à statut nucléaire. Selon la manière de compter, il n'y aurait alors plus qu'une seule puissance nucléaire en Europe, au lieu de deux... ou bien il y en aurait vingt-sept ! L'idée d'une force de frappe européenne ou même d'une défense européene – avec partage des responsabilités diplomatiques, militaires, financières – pose le problème de la participation ou de l'accession allemande à l'atome militaire. Comment résoudre la contradiction entre une Allemagne non nucléaire et une Europe nucléaire ? Option nucléaire européenne et régime de non-prolifération sont-ils compatibles ? Quel l'impact aurait l'avènement d'une Puissance nucléaire européenne dans le monde en général, au Sud et à l'Est de la Méditerranée en particulier, sur les candidatures à l'atome militaire ?

Lors des négociations sur le TNP, l'option nucléaire européenne fut officiellement assurée, en vertu de la théorie de la « succession d'États ». La RFA assortit sa signature puis sa ratification d'une déclaration interprétative réservant cette option. Le TNP n'était pas considérée comme incompatible avec la coopération nucléaire atlantique ou européenne, mais au contraire comme le cadre possible de cette coopération, l'option européenne étant une sorte d'assurance en cas de disparition ou d'affaiblissement de l'OTAN. Que valent depuis cette interprétation ou cette réserve ? Ne contredisent-elles pas le principe de la non-prolifération ? Celle-ci interdit l'accroissement du nombre des EDAN, fixé à cinq (les États ayant procédé à des essais avant le 1er janvier 1967, en l'occurrence, les membres permanents du Csnu). Une Union européenne composée de vingt-sept États, dont vingt-cinq ENDAN et deux EDAN, pourrait-elle équivaloir à un EDAN ? A moins qu'une Union européenne ne choisisse, non la nucléarisation, mais la dénucléarisation, si bien qu'il n'y aurait plus d'EDAN en Europe ! Une Allemagne allant au nucléaire, même par la voie européenne, demeurerait-elle un casus belli pour la Russie ou le deviendrait-elle pour l'Amérique ? Une Europe nucléaire serait issue d'une succession d'États : elle hériterait de l'arsenal franco-britannique. Mais le rejet du nucléaire (par les ENDAN) ne pourrait-il entraîner, à l'inverse, une sécession d'États (des EDAN) ?

Si l'intégration européenne se poursuit, elle pourrait aboutir, via la constitutionnalisation de l'Union, à une fédération. On aurait pu croire que la fin de la guerre froide, la disparition de l'URSS et la réunification de l'Allemagne avaient mis fin aux conditions de l'unification européenne. Le traité de Maastricht (la « version initiale » de l'UE) signé en 1992 fut à bien des égards une réponse à la réunification allemande, une tentative pour « neutraliser » la puissance allemande, selon la même logique qui avait présidé à la construction européenne depuis la CECA. En ce sens, il est l'une des dernières conséquences de la situation issue de la seconde guerre mondiale. Mais la construction européenne, malgré le changement radical du contexte international, s'est poursuivie du traité d'Amsterdam (la « version consolidée » de l'UE) signé en 1997 et du traité de Nice (la « nouvelle version consolidée ») signé en 2001 au projet de traité établissant une Constitution pour l'Europe présenté en 2003. Parallèlement, le nombre d'États membres est passé de quinze à vingt-cinq puis vingt-sept, en attendant trente-deux (33 avec la Turquie !). L'Union européenne reste cependant une Union d'États souverains réunis pour l'édification d'un marché intérieur doté d'une monnaie unique (à douze puis treize). Les États membres demeurent les entités politiques décisives ; mais ils sont juridiquement en état d'association les uns avec les autres. Des États non nucléaires sont associés à des États nucléaires, et vice-versa, à travers l'IESD, la PESC et, depuis 1999, la PESD. L'UE aboutit-elle à une prolifération déguisée ?

Un EDAN dispose des attributs suivants : *primo*, la production, la maintenance et la possession d'armes nucléaires ; *secundo*, le contrôle et la décision d'emploi de ces armes ; *tertio*, la planification de la stratégie nucléaire. Le TNP interdit aux ENDAN la première série d'attributs, encore que la construction d'infrastructures, de C3I, de pièces ne soient pas proscrites selon l'interprétation restrictive (allemande) du traité. Pour les deuxième et troisième séries d'attributs, les choses sont moins claires. Si la décision d'emploi est exclue, du moins sa version monopoliste et exclusive, le système de la « double clé », c'est-à-dire le consentement de l'ENDAN à la mise à feu (notamment mais pas seulement) des armes nucléaires basées sur son territoire, ou le droit de *veto* de l'ENDAN sur cette mise à feu, ne sont pas expressément prohibés par le TNP. Donner l'ordre d'utiliser les armes atomiques est interdit aux ENDAN, mais pas celui d'empêcher leur utilisation dans des cas ou selon des modalités prévues entre alliés. De même, le déploiement d'armes nucléaires sur le territoire d'un ENDAN lui donne d'une certaine façon une sorte de contrôle conjoint de ces armes, malgré les clauses d'extraterritorialité. On l'a dit, c'est sous la réserve que le TNP ne nuirait ni au déploiement d'armes nucléaires américaines sur son territoire, ni à la consultation nucléaire dans l'OTAN, que la RFA adhéra au traité. Enfin, la participation à la planification de la stratégie nucléaire n'est pas non plus explicitement visée par le TNP.

Le TNP ne ferait donc pas obstacle à ce que les ENDAN de l'UE contribuent au financement, à l'organisation ou à la planification des forces nucléaires franco-britanniques, tant qu'ils n'en ont pas la décision d'emploi. Cette décision serait réservée à la France et à la Grande-Bretagne, tandis que les partenaires participeraient à la concertation et à la planification. Le TNP ne s'opposerait pas à ce que les ENDAN membres d'un éventuel « Comité nucléaire » de l'UE soient autorisés à détenir un « contrôle négatif », c'est-à-dire un droit de *veto*, sur les armes mises à la disposition de l'Union par la France ou la Grande-Bretagne, tandis que ces dernières, en tant qu'EDAN, détiendraient seules le « contrôle positif », c'est-à-dire le pouvoir de décision. La question serait alors de savoir si elles pourraient outrepasser le *veto* de leurs partenaires ou si elles seraient liées par ce *veto*, bref, si elles auraient besoin politiquement voire techniquement de leur consentement. La crédibilité de la dissuasion commande une réponse négative. Mais les ENDAN de l'Union risqueraient d'être entraînés malgré eux dans un conflit nucléaire décidé par les EDAN, alors même qu'ils contribueraient à l'entretien de l'arsenal. Le problème serait donc de concilier l'efficacité de la dissuasion avec un processus décisionnel conjoint ou une décision collective des membres de l'UE. Or, la crédibilité de la posture dissuasive dépend de la personnalisation du commandement nucléaire. La méthode supranationale est-elle applicable en la matière ? Peut-on envisager de confier la décision nucléaire au Président de la Commission, ou au

Président du Parlement européen, ou au Président tournant du Conseil des Ministres ou du Conseil européen [87] ? Cela paraît difficilement imaginable techniquement, mais aussi et surtout politiquement en raison de la faible légitimité de ces personnages. Un Président de l'Union élu au suffrage direct ou indirect ferait-il l'affaire ? Cela impliquerait une révolution politique.

Une Union européenne nucléaire succéderait à la France et à la Grande-Bretagne en tant qu'EDAN. Quelle serait la réaction des autres États ? Au lieu de cinq EDAN de jure, il n'y en aurait apparemment plus que quatre. Cela semble conforme au TNP, qui n'en admet que cinq au maximum. Mais le principe de la discrimination entre haves et have-nots resterait inchangé. L'inégalité Nord/Sud serait accentué, puisque peu ou prou tous les États de peuplement européen seraient nucléarisés (Amérique, Europe, Russie). La « nucléarisation » de l'Europe ou « l'européanisation » de l'arsenal franco-britannique signifierait une « prolifération géographique », un élargissement non seulement de la dissuasion comme dans l'OTAN mais de la co-possession d'armes nucléaires. La « succession européenne » inciterait le Japon à demander un statut égal, comme il l'a fait au plan civil par rapport à Euratom. Elle encouragerait les pays de la Ligue arabe, ou de la Conférence islamique, ou de n'importe quelle association régionale, à exploiter le concept d'une force nucléaire collective. On pourrait imaginer qu'une UE nucléaire soit le premier pas vers la division et l'organisation du monde en grands rassemblements régionaux : hémisphère occidental, Europe, Eurasie, Asie orientale, qui s'érigeraient en ensembles pluri-étatiques nucléaires sur la base de la « succession » des États-Unis, de la France et de la Grande-Bretagne, de la Russie, de la Chine ! Un équilibre dissuasif multipolaire, multicivilisationnel et intercontinental émergeraient-ils ?

Dans la perspective de la fédéralisation de l'UE, la copossession impliquerait une répartition des coûts relatifs à la R/D, à la production, au test, à la maintenance, au stockage et au recyclage des systèmes d'armes. Une Union fédérale répartirait les pouvoirs entre les États et l'Union selon le principe de subsidiarité, ce qui serait matière à négociation. Elle régirait la politique de défense commune, incluant la planification, le contrôle et le commandement des armes nucléaires. Celle-ci associerait, sur le plan horizontal, des États fédérés nucléaires et des États fédérés non nucléaires, et, sur le plan vertical, ces différents États et l'Union. Soit les États fédérés nucléaires garderaient le pouvoir de décision nucléaire et échapperaient à la subordination envers l'Union. Soit les « provinces nucléaires » de l'Union [88] transféreraient ce pouvoir de décision et seraient subordonnées à l'Union. Cette hypothèse de la nucléarisation consécutive à la fédéralisation n'est cependant pas la seule envisageable ni même la plus probable. Compte tenu du sentiment antinucléaire dans la plupart des pays européens, « l'option nucléaire » pourrait bien se transformer en « option antinucléaire », et la fédéralisation signifier la dénucléarisation. L'atome, tant civil que militaire, est un sujet de dissensus en Europe. Ce dissensus est susceptible de bloquer le processus d'intégration de la défense, les uns craignant de perdre leur privilège nucléaire, les autres de s'encombrer d'un fardeau dont il n'aurait pas le contrôle. Plutôt que de créer une brèche dans le régime de non-prolifération en accédant indirectement au statut nucléaire, les ENDAN de l'UE ne préféreraient-ils pas opter pour le désarmement ?

Le désarmement nucléaire et l'Europe

Les alignements opérés lors de la procédure devant la CIJ en 1993-1995 sur la licéité de l'emploi ou de la menace d'emploi des armes nucléaires, ont été révélateurs : seuls six États ont osé soutenir, dans la phase orale, que la dissuasion nucléaire était licite, quatre EDAN, les États-Unis, la Grande-Bretagne, la Russie et la France, plus l'Allemagne [89] et l'Italie. Ils étaient un peu plus nombreux lors de la phase écrite. On a noté le silence d'un grand nombre de pays de l'Alliance atlantique ou de l'Union européenne, certains, comme la Suède, s'étant même prononcés contre la licéité, avec l'Australie, la Nouvelle-Zélande ou le Japon. Lors de la campagne d'essais nucléaires français de 1995, sur les dix membres de l'UEO, huit se sont déclarés contre ces essais, et sur les quinze membres de l'Union, treize, par leur vote aux Nations Unies, ont pris position contre la France (Autriche, Belgique, Danemark, Finlande, Irlande, Italie, Luxembourg, Pays-Bas, Portugal, Suède) ou se sont abstenus (Allemagne, Espagne, Grèce). Seule la Grande-Bretagne s'est montrée solidaire. L'Autriche, le Danemark, la Finlande, l'Irlande, les Pays-Bas et la Suède faisaient partie du Groupe qui, sous la direction de l'Australie, a mené la contestation contre les EDAN au cours de la conférence de prorogation du TNP, prenant la relève des non-alignés [90]. Le nucléaire ne semble pouvoir être abordé que sous l'angle de la non-prolifération et du désarmement.

La réévaluation du rôle des armes nucléaires a pourtant été mesurée en Europe. L'OTAN a défini la ligne directrice à laquelle les gouvernements des ENDAN européens se sont peu ou prou ralliés : celle de la dissuasion minimale (limitation des représailles nucléaires à une attaque nucléaire, même si l'incertitude dissuasive demeure, et préférence pour la projection conventionnelle et les BMD). Le débat déclenché par les essais français, parallèlement à la procédure devant la CIJ, a pris une tournure plus écologique que stratégique. L'élargissement de l'OTAN s'est accompagné de l'engagement de ne déployer aucune force nucléaire à l'Est de l'Elbe. Les pays européens soutiennent le régime de non-prolifération ainsi que le processus de désarmement et de maîtrise des armements. Certains auraient voulu que les arsenaux britanniques et français soient inclus dans les négociations START, qu'un traité sur les NSA et PSA soit conclu entre EDAN et ENDAN membres du TNP, que soient fermés les sites de production de matériaux fissiles de qualité militaire… À l'égard du désarmement total, les pays européens se divisent en quatre groupes. Le premier (Autriche, Irlande, pays scandinaves) exprime sa solidarité envers le concept d'un monde exempt d'armes nucléaires. Le deuxième (Belgique, Grèce, Pays-Bas, Portugal, PECO) assortit sa déclaration de soutien d'un scepticisme quant à la réalisation du concept. Le troisième (Allemagne, Italie, Espagne) adhère à la dissuasion nucléaire, tout en soutenant le désarmement. Le quatrième représente les deux EDAN, France et Grande-Bretagne, qui souhaitent conserver leur statut nucléaire même si elles ont réduit leurs arsenaux. Mais les gouvernements ont généralement préféré adopter un profil bas en matière nucléaire qui favorise le *statu quo*. Trois circonstances pourraient cependant remettre en cause ce *statu quo* : un revirement anti-occidental de la politique russe ; un cas dramatique de prolifération balistico-nucléaire sur le pourtour du continent ; une opposition euro-américaine.

L'ALLEMAGNE ET L'EUROPE NUCLÉAIRE

D'après Henry Kissinger [91], dans le monde de l'après-guerre froide, la coopération de l'Amérique et de la France, autrefois rivales dans l'Alliance, constitue la clef de relations atlantiques et européennes renouvelées. La disparition de la menace unificatrice du bloc soviétique, associée à la redistribution des forces économiques, fait que l'ordre international a besoin d'un nouvel équilibrage des intérêts nationaux. La scission de l'URSS et la réunification de l'Allemagne ont mis fin à la plus grande partie et du dispositif qui assurait l'hégémonie américaine sur le « monde libre » et des hypothèses gaulliennes sur la prépondérance politique de la France en Europe occidentale. L'Allemagne n'a plus besoin de ses alliés de l'Ouest face à ses adversaires de l'Est. La France manque de la puissance nécessaire pour organiser seule un nouvel ensemble continental. Son choix traditionnel, qui consiste à contenir l'Allemagne en se rapprochant de la Russie, se heurte aux deux dénouements prévisibles de l'évolution de l'ex-URSS : si tout sombre dans la confusion, la Russie sera trop faible pour faire contrepoids à l'Allemagne ; si le nationalisme russe l'emporte et si l'on assiste à une recentralisation, le nouvel État risque d'être trop fort pour se poser en partenaire de la France. Et rien ne dit qu'une telle puissance choisirait la France, car une option allemande ou américaine lui paraîtrait au moins aussi tentante. L'Amérique reste donc le partenaire le plus fiable de la France, ainsi que la seule garantie de l'équilibre donc de la coopération en Europe. La France et la Grande-

Bretagne pourraient-elles seules, sans les États-Unis, faire contrepoids à l'Allemagne et à la Russie ? Mais le raisonnement kissingérien fait l'impasse sur la construction européenne dans laquelle la France est engagée avec l'Allemagne : l'émergence d'une Europe unie rend caduque la représentation occidentale d'une coalition franco-anglo-américaine face à l'Allemagne ou à la Russie ; elle dessine au contraire la rivalité de l'Europe et de l'Amérique. Si l'alliance euro-américaine ne se fonde que sur l'offre américaine et la demande européenne de sécurité, elle ne saurait durer en l'absence de menace majeure permanente. Si elle repose sur une communauté de valeurs et d'institutions, sa pérennité semble plus assurer… sous réserve de la persistance d'une communauté d'intérêts.

La Communauté européenne de l'énergie atomique

Avec le transfert de l'OTB dans l'OTAN, lorsque l'Union Occidentale [92] se transforma en Union de l'Europe occidentale après l'adhésion de la RFA et de l'Italie, l'Europe de l'Ouest fut dans l'impossibilité de créer une défense autonome vis-à-vis des États-Unis. Les forces des États membres de l'UEO étant placées sous l'autorité du SACEUR (sauf celles demeurées sous commandement national par autorisation de l'Alliance), la compétence de l'UEO en tant qu'organisation européenne de défense devint purement formelle. Évolution significative : lorsque la RFA adhéra à l'UEO, il ne fut plus question d'organisation européenne de défense avec assistance automatique, mais d'organisation atlantique sans assistance automatique. En même temps, une inégalité statutaire dans le domaine de l'atome se développa entre Paris et Bonn. Ce problème d'une défense européenne à dimension nucléaire réapparut au moment de la négociation du traité Ceea, après l'échec de la CED. Une communauté électronucléaire pourrait-elle être la base « civile » d'une nouvelle organisation européenne de défense au potentiel atomique ?

Au moment de la discussion sur la CED, la question nucléaire portait sur l'extension des restrictions imposées à la RFA à tous les États membres de la future Communauté, au nom de l'égalité réclamée par le gouvernement Adenauer. Ceux-ci devaient donc s'engager à limiter à 500 grammes par an leur production de plutonium ou d'uranium enrichi et à adopter le régime d'inspection prévu. Or, ces dispositions étaient incompatibles avec les objectifs du Commissariat français à l'énergie atomique. Il fallait par conséquent, soit renoncer au programme militaire [93], soit accepter que l'Allemagne accède également au nucléaire militaire. La modification des clauses relatives à l'atome engendra un « protocole d'application » qui rendit finalement le traité CED compatible avec les exigences de la France. Mais ce « protocole » fut rejeté à Bruxelles par les cinq autres parties en août 1954, puis l'assemblée française refusa de ratifier le traité, désormais enterré. Peu après, la RFA put adhérer à l'OTAN et à l'UEO, dont l'activité limitée au contrôle des armements déclina progressivement. Bonn recouvrit la liberté dans le domaine des applications civiles de l'atome et, corrélativement, renonça à la production de tout armement nucléaire sur son territoire, comme l'Italie avait dû le faire en 1947. La France, elle, réussit à éviter que les puissances continentales de l'UEO soient obligées de requérir l'assentiment du Conseil de l'UEO pour mettre en oeuvre un programme militaire. Mais le Conseil conservait la responsabilité du niveau et du contrôle de leurs stocks d'armes nucléaires. Cette clause, jamais appliquée, favorisait la Grande-Bretagne au détriment de la France, la RFA étant, quant à elle, hors course.

Ce problème de la discrimination nucléaire de la RFA fut le point crucial de la négociation du traité CEEA. Pour Jean Monnet, l'unification de l'Europe impliquait l'égalité des droits entre la France et l'Allemagne ; comme l'URSS n'accepterait jamais un réarmement allemand nucléaire, la France devait donc renoncer à la Bombe au nom de l'unité d'une Europe… qui aurait été désarmée ! Le Comité d'action pour les États-Unis d'Europe qu'il avait fondé proposa, avec la renonciation commune à l'arme atomique, qu'Euratom soit seul possesseur des matières fissiles, développe l'énergie atomique à des fins exclusivement pacifiques et soit soumis au contrôle d'un corps d'inspecteurs européens. Le gouvernement français s'opposait à une telle renonciation -cette position fit échouer les prétentions américaines visant à dénucléariser l'Europe- et il réclamait au contraire la possibilité de développer un programme militaire. Quant aux Allemands, ils étaient invités à accepter leur propre discrimination. Finalement, la mise au point du traité CEEA donna satisfaction à la France, en autorisant le développement, à l'époque déjà bien engagé, du programme militaire français : le droit de propriété des matériaux fissiles était limité au domaine des applications civiles ; le contrôle prévu devint un contrôle de conformité -id est de vérification de la destination civile ou militaire des matières avec la déclaration d'usage faite par l'opérateur- qui s'arrêtait au stade de l'utilisation militaire. Ce contrôle permettait ainsi de vérifier l'abstention militaire de la RFA et de l'Italie, tandis que le centre de Marcoule, lui, ne devait pas recevoir d'inspecteurs avant le courant des années 1970. Mais le gouvernement de Bonn adhéra au traité car il fournissait un cadre coopératif au développement de l'industrie nucléaire allemande et il ménageait la possibilité d'une collaboration militaire avec la France. Adenauer voyait même dans la réalisation d'Euratom « la possibilité de produire nos propres armes nucléaires ».

L'intention globale des parties contractantes était, après la CECA et parallèlement à la CEE, de procéder à l'intégration sectorielle de la source d'énergie du futur : l'atome. Étayée par un système institutionnel et financier constitutif de la Communauté européenne de l'énergie atomique, la politique intégrée de l'approvisionnement par le canal d'une Agence autonome trouvait sa garantie dans le contrôle de sécurité que venait assoir le régime de propriété, des investissements et des entreprises communes. L'ensemble était tourné vers la coopération en matière de recherche, la diffusion des connaissances, la protection sanitaire, au sein de l'organisation d'un marché commun nucléaire. En 1957-58, la question de l'approvisionnement était prioritaire. L'enjeu implicite était de contrebalancer, par une politique commune, la position dominante des États-Unis. Ceux-ci bénéficiaient du monopole de la fournitures des produits enrichis, disposant d'un réseau d'accords bilatéraux conclus avec les divers États européens, dont les intérêts se trouvaient ainsi divisés. La création d'une agence autonome pour l'approvisionnement devait remédier à cette situation : elle aurait eu le monopole de l'importation et du contrôle des matières radioactives, et en aurait garanti l'utilisation pacifique. Mais la France réussit à transformer ce contrôle en simple contrôle de conformité afin de préserver l'autonomie des choix stratégiques des États membres.

Le traité CEEA reposait sur la conviction qu'il était possible d'établir une cloison étanche entre les applications civiles et militaires de l'atome, alors que les deux aspects de la question nucléaire étaient et demeurent liés. Les facteurs militaires pesèrent de manière décisive sur EURATOM malgré sa vocation expressément civile. Cet aspect eu pour effet de limiter la latitude d'action des gouvernements européens, divisés, dans l'orientation de leur politique nucléaire. Parallèlement, l'évolution heurtée du marché nucléaire, perturbant le fonctionnement des institutions mises en place, incita les États membres à s'affranchir des obligations prévues par le traité. La volonté d'autonomie militaire de la Ve République détermina les rapports qui s'établirent entre la CEEA et ses États membres. Contrairement à Washington qui, après l'échec de la CED, souhaitait rétablir une égalité des chances dans le développement du nucléaire civil entre la RFA et la France, celle-ci entendait maintenir une avance technologique qui devait contrebalancer la supériorité industrielle allemande. En excluant le nucléaire militaire de son champ d'application, la CEEA dut se borner à s'assurer, par le biais du tryptique « propriété/contrôle/ approvisionnement », de l'abstention des ENDAN. Mais même cet équilibre précaire entre autonomie militaire et intégration civile fut rapidement rompu, les réticences de la France à l'égard d'EURATOM s'accentuant avec la signature de l'accord-cadre de coopération CEEA/USA.

La divergence des politiques nucléaires française et allemande, renouvelant les querelles de l'atlantisme et de la supranationalité, contribua à ruiner le consensus de départ sur la construction européenne en matière atomique. La RFA ne pouvait nourrir une ambition militaire nationale en raison de son statut politique, du rôle de l'UEO sur le contrôle de ses armements, de sa dépendance envers l'OTAN. À partir de la seconde moitié des années 1960, la coopération militaire avec la France ne pouvait plus se concevoir que dans le cadre étroit qui unissait Bonn à Washington. De plus, la RFA redoutait une emprise française sur le développement civil de la CEEA et, surtout, elle choisit de se doter de sa propre filière technologique-industrielle. Les efforts européens en matière d'enrichissement et de retraitement ne furent donc jamais unifiés, et longtemps la France et la RFA rivalisèrent sur deux projets distincts, Eurodif à l'initiative de Paris, Urenco à celle de Bonn. Il n'en reste pas moins que la Grande-Bretagne, la France et la RFA réussirent à briser le monopole des États-Unis et à se dégager de leur tutelle [94]. Dans la compétition franco-allemande, l'influence du nucléaire militaire apparut d'abord déterminante pour les performances des programmes civils nationaux [95], d'où l'inquiétude de Bonn. En effet, ces programmes puisent en partie leurs racines technologiques dans la maîtrise acquise par la fabrication d'armes. Le statut d'ENDAN n'empêcha cependant pas le développement de l'industrie nucléaire allemande…

À l'ombre d'un traité peu ou mal appliquée naquit une autre Europe de l'Atome, faite essentiellement de programmes nationaux juxtaposés, inégalement développés, où une coopération interétatique plus ou moins affirmée se mêle à une action communautaire périphérique. La France et la RFA, soucieuses de préserver leur autonomie, s'accordèrent pour s'opposer à l'emprise d'Euratom sur l'approvisionnement.

L'intégration que devait réalisée le contrôle CEEA buta également sur l'existence des forces de frappe britannique et française, qui excluait l'uniformité du régime européen de sécurité dans son application interne à la Communauté comme dans son application externe. Finalement, la crise de l'énergie de 1973 conduisit à un double mouvement : le développement de l'énergie nucléaire sur une base économique générale dépassant le cadre sectoriel d'Euratom ; le caractère interdisciplinaire de la technologie nucléaire, qui emprunte aux résultats de la R/D générale et perd donc de sa spécificité. Cette double évolution rend illusoire l'appréhension des problèmes nucléaires dans le seul cadre Euratom ; c'est pourquoi le marché commun nucléaire tend à se fondre dans le marché commun général et la recherche nucléaire, à s'inscrire dans les politiques connexes de la CEE puis de la CE. La CEEA existe toujours néanmoins, aucun traité européen, pas même le projet de traité de 2003, n'ayant prévu son absorption dans la CE ou l'UE.

Le projet de communauté stratégique entre la France, la RFA et l'Italie

Parallèlement aux négociations sur la CEE et la CEEA, qui aboutirent aux traités du Rome du 25 mars 1957, d'autres discussions, plus discrètes, se déroulèrent en 1957-58 entre les représentants de la France, de la RFA et de l'Italie. Ils aboutirent à trois accords militaires : celui de Colomb-Béchar, conclu le 17 janvier 1957 entre les ministres de la Défense français et allemand ; celui de Paris, conclu le 25 novembre entre les ministres de la Défense français, allemand et italien, Chaban-Delmas, Strauss et Taviani, qui reprenait l'accord précédent, le précisait et l'étendait ; celui de Rome, conclu le 8 avril 1958, qui concernait la construction d'une usine de séparation isotopique à Pierrelatte. Mais le retour au pouvoir du général de Gaulle en juin fit avorter ces accords tripartites, longtemps tenus secrets et qui faisaient l'objet de rumeurs dubitatives. La coopération prévue, considérable, devait se dérouler en dehors de la CEEA (cantonnée au domaine civil, celle-ci ne fournirait pas les matériaux fissiles indispensables à la réalisation du programme militaire). Elle avait pour but de rééquilibrer les relations transatlantiques, en constituant au sein de l'Alliance un bloc nucléaire européen. Outre l'étude de concepts stratégiques et tactiques communs, il était question de fabriquer et de stocker des armes nucléaires sur le territoire français avec une participation financière et technique de la RFA et de l'Italie. On créerait ainsi une force de frappe commune ou, du moins, une force dont les armements basés en France seraient remis aux partenaires quand Paris le déciderait, ce qui revenait à un système de « double clé » et à une « dissuasion partagée ».

Depuis le plan de 1952, la France avait entamé le développement industriel de l'atome avec des perspectives de production de plutonium et d'uranium enrichi. La décision de produire des bombes fut prise en secret en 1954, puis réaffirmée fin 1956 et, formellement, en avril 1958. Parallèlement, apparurent les premières réflexions politiques et stratégiques sur l'arme nucléaire. Celle-ci devait rétablir l'égalité de statut avec la Grande-Bretagne, maintenir la supériorité sur la RFA, donner à la France un plus grand poids dans l'OTAN. Il n'était pas question d'une stratégie indépendante par rapport à l'Alliance atlantique : il fallait être en mesure d'influencer l'allié américain et de « nucléariser » un conflit en cas d'hésitation américaine. D'autre part, la stratégie de dissuasion « du faible au fort » était évoquée : il ne s'agissait pas d'être aussi puissant que l'URSS mais d'être capable de lui infliger des destructions proportionnées à l'enjeu français. De son côté, l'Italie avait commencé à s'intéresser sérieusement à la recherche nucléaire fondamentale en 1951, puis à la production d'énergie d'origine nucléaire en 1954. Au même moment, les militaires italiens soulignaient de plus en plus l'importance des armes nucléaires. Quant aux Allemands, ils s'étaient lancés dans des recherches assez développées dès que les Alliés l'avaient autorisé en 1952, avec un intérêt marqué pour le plutonium et l'uranium enrichi. Comme les accords de 1954 n'interdisaient pas à la RFA de posséder des armes nucléaires si celles-ci étaient fournies par un autre pays ou fabriquées hors de son territoire, ni de participer à des travaux de R/D, la solution semblait la création d'un pool atomique européen dans le cadre atlantique.

L'affaire commença à l'automne 1956 dans le contexte des crises de Suez et de Hongrie. De part et d'autre du Rhin, on considérait que la position américaine dans l'affaire égyptienne avait dénoté un mépris des intérêts vitaux de l'Europe. À Paris, on était persuadé que, devant les progrès soviétiques en matière nucléaire puis balistique, l'administration Eisenhower abandonnerait la doctrine des « représailles massives » sur laquelle reposait la stratégie de l'OTAN et chercherait désormais à limiter les échanges nucléaires à l'Europe. On était également préoccupé à Bonn par cette substitution de la « guerre nucléaire limitée » à la dissuasion. Mais on pensait aussi que l'URSS, confrontée à un risque de déstabilisation de son glacis, se trouvait temporairement dans une position de faiblesse relative, qu'il s'agissait d'exploiter pour maintenir ouverte la question allemande et renforcer l'intégration occidentale. D'autre part, le gouvernement fédéral était persuadé que la crise avait prouvé que la France et la Grande-Bretagne n'étaient plus des Puissances mondiales, et que l'heure était venue pour la RFA de participer pleinement à la planification de l'Alliance atlantique. Cette nouvelle conscience de l'importance de la RFA était accrue par l'intimité des rapports franco-allemands manifestée lors de la crise égyptienne, les responsables de Bonn soulignant qu'ils étaient pratiquement associés aux délibérations du gouvernement français. Du fait de cette perception partagée d'un affaiblissement de la garantie américaine, il n'était pas étonnant que Paris et Bonn tombent d'accord pour développer l'effort de défense européen.

Dans l'immédiat, Adenauer fit dans le domaine d'Euratom une concession essentielle au point de vue français : les matières fissiles destinées au programme militaire d'un pays membre (la France) ne seraient pas soumises au contrôle de la Ceea. Le Chancelier reconnaissait ainsi la légitimité de l'effort militaire français, puisqu'il pensait que la RFA pourrait en bénéficier, alors que cet effort était jusque-là contestée par les partenaires de la France. Le 30 novembre 1956, le gouvernement Mollet ordonna au CEA de se lancer de façon définitive dans la préparation d'explosions atomiques expérimentales, ce qui conduisit le Commissariat à préparer la construction d'une usine de séparation isotopique de l'uranium 235. En raison du coût financier, on envisageait une collaboration européenne. De son côté, Adenauer déclarait en Conseil des ministres, le 19 septembre, que la RFA ne pourrait pas rester un protectorat nucléaire des États-Unis. Le 5 octobre, il admettait que sans la renonciation à l'arme nucléaire, l'Allemagne n'aurait pas retrouvé sa souveraineté ; mais il rappelait que cet engagement valait rebus sic stantibus. Il y avait donc des convergences entre Paris et Bonn, mais aussi des frictions virtuelles, dans la mesure où Adenauer envisageait bel et bien une Bombe allemande. Or, il est probable que Paris souhaitait une collaboration nucléaire franco-allemande à la fois pour faciliter son propre effort, mais aussi pour empêcher la RFA de se doter seule de l'arme nucléaire.

Le 17 janvier 1957, Strauss signa avec Bourgès-Maunoury l'accord de Colomb-Béchar dans le but d'« harmoniser les conceptions militaires des deux pays concernant l'organisation, les doctrines d'emploi et l'armement de leurs forces armées, en particulier dans le domaine des armes nouvelles et créer les moyens de combat nécessaires pour réaliser ces conceptions ». La coopération s'effectuerait dans le cadre de l'OTAN et de l'UEO, donc dans celui des accords de Paris de 1954. Ceux-ci limitaient les possibilités allemandes en matière de fusées, mais les limitations pouvaient être levées par le Conseil de l'UEO à la majorité des deux tiers ; ils interdisaient la fabrication d'armes nucléaires, mais uniquement sur le territoire ouest-allemand. Certains évènements de l'année 1957 renforcèrent la détermination de Paris et de Bonn de mettre le nucléaire au premier rang de leurs préoccupations. D'abord la politique britannique : la Grande-Bretagne, par les accords des Bermudes du mois de mars, s'orientait vers une collaboration nucléaire étroite et exclusive avec les États-Unis ; elle faisait exploser sa première bombe à fusion au mois de mai ; elle annonçait un accroissement de ses forces nucléaires et une réduction des forces classiques stationnées en RFA. Les progrès nucléaires soviétiques, ainsi que le tir réussi d'un ICBM au mois d'octobre, renforcèrent les doutes sur l'utilisation par les Américains d'armes nucléaires en cas de conflit en Europe.

Du côté français, on pensait que États-Unis réduiraient leur garantie nucléaire au fur et à mesure qu'ils seraient menacés par les ICBM soviétiques. Aussi fallait-il se préparer à organiser une fabrication franco-germano-italienne d'armes nucléaires. Mais en même temps, l'annonce par Eisenhower de la modification de la loi McMahon, afin de permettre une collaboration plus étroite avec la Grande-Bretagne ou d'autres alliés, ouvrait à la France des perspectives qui jusque-là lui étaient fermées. Jusqu'au retour du général de Gaulle, la politique étrangère française fut dominée par les évènements d'Afrique du Nord et par une contradiction qui colora toute la question des accords militaires avec la RFA et l'Italie : d'une part le ressentiment envers les Anglo-Saxons, d'autre part la conviction que la France avait besoin de leur appui en Algérie, d'autant plus que le conflit était perçu comme une partie de l'affrontement Est-Ouest. Pour la plupart des membres du gouvernement Gaillard, les arrangements avec la RFA et l'Italie devaient être conclus dans le cadre atlantique : il s'agissait de rééquilibrer l'OTAN, pas de la transformer et encore moins de l'affaiblir. Mais pour le gaulliste Chaban-Delmas, très indépendant au ministère de la Défense, l'orientation était différente. Elle donnait à penser que la collaboration militaire avec Bonn et Rome pouvait déboucher sur une vaste révision de la défense occidentale. Quoi qu'il en soit, Paris proposait à ses partenaires d'unir leurs ressources pour constituer un *pool* atomique continental, à côté des forces américaines et britanniques, en développant à la fois les ogives et les vecteurs. Pour les Français, les propositions américaines – la fourniture d'armes sous « double clé » – étaient insuffisantes car les États-Unis conserveraient le monopole de la décision. Face à leur mauvaise volonté prévisible, il fallait que la France puisse parler au nom de l'Europe et donc s'entende avec la RFA et l'Italie, car seule l'Europe unie pourrait les amener à admettre l'égalité de statut au sein de l'Alliance et à réviser la loi McMahon. A cet égard, le but était de convaincre les Américains d'ouvrir leurs secrets scientifiques. S'ils refusaient, il faudrait « chercher, découvrir et produire seuls ».

Adenauer était d'accord pour souligner que l'Europe ne devait pas rester complètement dépendante des États-Unis, étant donné l'incertitude qui pèse tous les quatre ans sur le résultat des élections américaines. Lui et Strauss voulaient que la coopération nucléaire européenne se déroule de façon à la fois « secrète et légale ». Or, selon Chaban-Delmas, faire participer les Allemands à des travaux français sur le territoire français ne mettrait aucunement en cause les accords de 1954, et on s'arrangerait pour dissimuler la contribution financière allemande aux projets nucléaires. Adenauer maintenait toutes les options ouvertes alors qu'il gérait une situation complexe : il devait intégrer dans la politique de sécurité de Bonn les relations avec Washington et celles avec Paris, mais aussi le problème interallemand et les rapports avec Moscou. Rapacki, le ministre des Affaires étrangères polonais, avait proposé un plan de dénucléarisation de l'Europe centrale, qui mettait en ligne de mire toutes les conceptions du Chancelier (l'intégration de la RFA dans l'OTAN, l'égalité des droits y compris dans le domaine nucléaire, la politique « en position de force » avec l'Est...). Aussi la coopération envisagée avec Paris devait-elle également servir à exercer une pression sur les Anglo-Américains lors d'éventuelles discussions sur le désarmement. Il fallait renforcer la *Bundeswehr*, y compris en marchant avec les seuls Français en cas de refus de Washington.

Les trois ministres de la Défense signèrent donc le 25 novembre à Paris l'accord sur la coopération en matière d'armements conventionnels et nucléaires. Ils reprenaient les objectifs du texte de Colomb-Béchar, s'engageaient à inscrire leur collaboration dans le cadre de l'OTAN et de l'UEO, soulignaient l'existence « de problèmes ayant un caractère européen propre » ou « de problèmes spécifiques des pays européens de l'Alliance ». Aussi chargeaient-ils un Comité militaire tripartite de mettre en oeuvre un programme d'action très large conduisant à une véritable communauté militaire et militaro-industrielle, y compris en matière de production d'armements balistico-nucléaires. Certains points essentiels restent cependant obscurs. Pensait-on à Paris à une collaboration réelle qui aurait conduit la RFA à se voir attribuer des équipements fabriqués en France et à partager leur décision d'emploi, ou bien n'envisageait-on qu'une participation financière et technologique germano-italienne à des programmes qui seraient demeurés essentiellement français dans l'inspiration et la direction? De toute façon, la RFA et l'Italie auraient bénéficié de contreparties, sinon la coopération avec Paris n'eût pas recélé d'intérêt pour elles. Le gouvernement ouest-allemand ne se mit pas en avant, laissant aux Français le soin d'aborder les problèmes stratégiques dans les forums atlantiques, au moment même où l'offre américaine d'installer des IRBM en Europe voire en France donnait lieu à des négociations difficiles entre Washington et Paris.

Il y avait semble-t-il pour la France trois hypothèses possibles : une collaboration France-Amérique, ou France-Allemagne-Italie, ou France-Allemagne-Italie-Amérique. L'intérêt d'une collaboration avec l'Allemagne et l'Italie dépendait de ce qu'elle pourrait ou ne pourrait pas obtenir de l'Amérique dans les domaine nucléaire (modification de la loi McMahon). C'était du moins la position de Pineau aux Affaires étrangères, alors que Chaban à la Défense paraissait désireux de marcher en tout état de cause avec les Allemands et les Italiens. Quoi qu'il en soit, le 8 avril à Rome, les trois ministres de la Défense signèrent l'accord sur le financement de l'usine de séparation isotopique dont les Français se proposaient de commencer la construction à Pierrelatte. La France et la RFA paieraient chacune 45 % du coût total et l'Italie 10 %. Or, l'usine de Pierrelatte était une étape essentielle vers la bombe à fusion et vers les moteurs des sous-marins nucléaires. C'est dire qu'elle correspondait à un programme de grande ampleur. Qu'auraient obtenu Bonn et Rome en échange ? Il semble qu'on envisageait de créer des centres de recherche communs aux trois pays en matière de recherche militaire fondamentale et appliquée. Chacun des pays aurait été propriétaire des matériaux fissiles à Pierrelatte à hauteur de sa participation dans l'entreprise. La fabrication de bombes aurait été prévue ; celle-ci n'aurait pas eu lieu en territoire allemand ; elle aurait été organisée de telle sorte qu'aucun des trois pays ne pût produire seul les engins, mais que la collaboration des trois fût toujours indispensable. Les bombes fabriquées auraient constitué la base d'une force de frappe intégrée. La RFA aurait obtenu des têtes nucléaires en toute propriété, mais stationnées en France en temps de paix.

Ce projet tripartite, immédiatement avorté, susciste en général un certain scepticisme. Ce scepticisme est triple. 1) Il porte d'abord sur l'attitude probable des États-Unis et sur la relation avec l'OTAN. Le débat n'est pas tranché. Les Américains avaient été informés dès le départ, quoique de façon vague ; ils n'étaient pas absolument hostiles ; il aurait été possible d'explorer le problème avec eux en profitant des débats engagés sur la modification de la loi McMahon. D'autre part, les Français n'avaient pas mis la RFA devant un choix entre Paris et Washington, puisqu'ils concevaient leur effort nucléaire selon le modèle britannique, dans le cadre de l'Alliance atlantique. 2) Mais le scepticisme porte également sur la détermination réelle des acteurs des deux côtés du Rhin. Ne s'agissait-il pas simplement pour Adenauer d'exercer une pression sur les Américains pour l'armement nucléaire de la *Bundeswehr* ? On peut répondre par la négative. Le gouvernement fédéral rompit les contacts militaires avec la France pendant deux ans, parce qu'il avait été très déçu par la décision du général de Gaulle de mettre fin au projet. Le Chancelier avait pris les offres françaises très au sérieux, parce qu'elles permettaient à la RFA de se rapprocher de l'arme nucléaire voire à terme de la posséder. Quant aux responsables français, convaincus de la nécessité de se doter de la Bombe, ils recherchaient une aide financière et technologique. Les Britanniques ayant refusé sous la pression des Américains, il était logique qu'ils se tournent vers les Allemands, qui avaient travaillé sur la séparation isotopique dès la seconde guerre mondiale. 3) Le scepticisme porte finalement sur la compatibilité entre arme nucléaire et alliance. La Ve République a établi le dogme de l'indépendance nationale en matière nucléaire. Les dirigeants de la IVe, eux, ne concevaient pas l'effort nucléaire français comme incompatible avec une collaboration européenne ou avec l'Alliance atlantique. Il s'agissait d'influencer la stratégie des États-Unis et de se doter d'une réassurance en cas d'érosion de leur garantie. Les Français aspiraient au même statut que les Britanniques. Les projets en question appliquaient au domaine nucléaire la politique européenne entamée en 1950, qui visait à encadrer la RFA et à construire une Europe continentale intégrée sous direction française. Ainsi, les accords de 1957-58 visaient bel et bien à instaurer une coopération nucléaire tripartite. Ce projet retrouve tout son intérêt avec les débats sur la défense européenne entamés depuis la fondation de l'UE.

La Ve République, l'Allemagne et le nucléaire

La plupart des Allemands n'accordaient pas à la Bombe française une crédibilité dissuasive vis-à-vis de l'URSS ; certains soupçonnaient qu'elle servait d'assurance vis-à-vis de l'Allemagne et d'instrument pour une hégémonie continentale. L'amitié franco-allemande, noyau de la construction européenne, ne fut cependant pas remise en cause, même si le traité de l'Élysée fut édulcoré et peu appliqué. La coopération bilatérale en matière de défense dépendit de l'attitude de Paris envers l'OTAN et de la stratégie nucléaire française. La doctrine de la « sanctuarisation » et de « l'avertissement préstratégique » posait le problème de la solidarité de la France envers ses alliés et celui des frappes en territoire allemand. Le *Livre blanc* de 1975 admit que l'arsenal français améliorait la dissuasion à l'Ouest. Schmidt puis Kohl, après avoir invité Mitterrand à venir prendre position au *Bundestag* sur les euromissiles, auraient voulu poursuivre l'intégration politique de l'Europe avec la France et édifier un pilier européen de l'Alliance, puis sur cette base développer l'*Ostpolitik*... dont le but ultime était une réunification que Paris ne souhaitait guère. L'un des objectifs de la coopération recherchée avec la France était de pouvoir influencer le ciblage français (des Pluton ou des Hadès), afin d'obtenir d'elle ce que la RFA avait obtenu des États-Unis et de la Grande-Bretagne auprès du GPN, à savoir une concertation nucléaire. Mais Paris s'en tint à une posture strictement nationale, à peine amendée depuis le traité de Maastricht. Les deux États étaient d'accord pour prévenir la guerre grâce à la dissuasion nucléaire, maintenir la présence de forces américaines sur le continent (quoique pas sur le territoire français), développer une coopération bilatérale ou européenne en matière de défense. Issues de deux cultures politiques différentes, les divergences dans le domaine nucléaire n'en demeurèrent pas moins fondamentales, rendant vaines les promesses de collaboration militaire.

Avec les plans Fouchet de 1961-62 [96], de Gaulle proposa que la RFA partage la *Sonderweg* de la France au sein de l'Alliance atlantique, pour former le noyau d'une Europe occidentale unie. Mais en l'absence d'un gouvernement européen, qui commanderait la force nucléaire ? Celle-ci serait-elle vraiment une force européenne ou simplement une force française ? Dans ce cas, serait-elle employée automatiquement en cas d'attaque de la RFA par le PDV ? Une force nucléaire européenne sans organe décisionnel européen était-elle concevable ? Quelle conséquence aurait-elle sur l'Alliance atlantique et la garantie américaine ? La France aurait-elle accepté que la RFA soit en position d'égalité avec elle, comme le souhaitait Adenauer ? Pour de Gaulle, semble-t-il, une Allemagne acquérant des armes nucléaires représentait le dernier casus belli existant en Europe [97]. Envisageant la substitution d'une organisation européenne de défense à l'organisation atlantique, il déclara pourtant à Adenauer le 30 juillet 1960 : « cette situation implique incontestablement une union entre la France et l'Allemagne, et impliquera sans doute qu'à partir d'un certain moment, celle-ci ne reste pas, non plus, dépourvue d'armes nucléaires ». « Celle-ci » renvoie-t-il à « Allemagne », ce qui serait grammaticalement exacte, ou à « union », ce qui n'aurait pas le même sens ? De Gaulle voulait un nucléaire national, et même un nucléaire « tous azimuts », contre tout adversaire sérieux [98]. Le *Livre blanc* de 1972, le seul de son espèce jusqu'à celui de 1994, confirma cette posture. La France « déseuropéanisa » donc son effort d'armement dans le domaine nucléaire. N'étant pas l'élément fédérateur de l'Europe, le nucléaire devint un élément diviseur. Après 1963, le projet d'une force atomique commune dans une défense continentale n'exista plus qu'à l'état d'hypothèse tout au long de la construction européenne, notamment après la création de la CPE dans les années 1970 puis son institutionnalisation par l'Acte unique en 1986.

La première exigence d'une défense commune est la confiance mutuelle entre les partenaires. Seule cette confiance née de l'information et de la concertation réciproques peut susciter la certitude que chaque membre remplira ses engagements. Seule elle rend crédible et efficace aux yeux de l'adversaire hypothétique ou de l'agresseur potentiel l'alliance de dissuasion constituée par la défense commune. Cette confiance existe-t-elle ? Lorsqu'on parle de « vocation européenne de la dissuasion française », s'agit-il de lier l'Allemagne ou de se lier à elle ? La RFA pouvait-elle se fier aux concepts franco-américains d'un « pilier européen » de l'Alliance atlantique ou d'une « défense européenne » s'imbriquant dans la « défense occidentale » ? Ou ces concepts ne visaient-ils qu'à accroître les responsabilités des Allemands en matière de sécurité, tout en les verrouillant dans un cadre collectif contrôlé, au niveau régional ou européen, par la France et, au niveau global ou atlantique, par l'Amérique ? Il est significatif que Paris ait toujours refusé que le « modèle français » –se retirer du dispositif de l'OTAN pour poursuivre une politique indépendante– soit une option envisageable pour la RFA : l'OTAN devait poursuivre le constrainment de l'Allemagne. De même, l'IESD apparaît comme une tentative pour « neutraliser » la politique étrangère allemande, tout comme l'UEM « neutralise » sa puissance économique et monétaire. À bien des égards, la rivalité sous-jacente avec l'Allemagne continuait de guider la politique de la France, l'Union de l'Europe n'étant pas une finalité, mais un moyen de ligoter Berlin [99]. Dans cette perspective, il est clair qu'il ne saurait y avoir de collaboration nucléaire entre les deux pays, ni de « défense commune », ni de remise en cause du protectorat américain. La célébration du quarantième anniversaire du traité de l'Élysée, dans le contexte de l'opposition entre le pôle franco-germano-russe et le pôle anglo-nippo-américain lors de la « crise irakienne » de l'hiver 2003, n'a-t-elle été qu'un exercice conjoncturel ou a-t-elle signalé un changement de fond dans la relation franco-allemande ?

La force de frappe française fut édifiée par des moyens nationaux au service de la défense nationale. Cette édification s'effectua malgré les instances européennes et atlantiques. Elle fut perçue par les partenaires comme une menace à l'unité de la défense en Europe occidentale, car elle était dépourvue des vertus dissuasives attribuées à la force nucléaire américaine. Le discours européen de la doctrine française n'était pas crédible, car une force nationale ne pouvait trouver une justification d'emploi à des fins collectives en dehors d'un cadre de dissuasion élargie que les autorités françaises ont toujours récusé. Les États-Unis y voyaient un danger pour l'organisation militaire intégrée et la Grande-Bretagne, un défi jeté à sa force nucléaire intégrée. La RFA se montrait peu soucieuse de troquer la protection américaine contre une hypothétique garantie française. À la différence des dirigeants de la IVe République qui, par attachement à l'intégration européenne et atlantique, considéraient la détention de l'arme nucléaire, dont ils avaient ouvert le développement, comme un atout diplomatique et militaire à faire valoir dans les conseils européens et atlantiques, les dirigeants de la Vème virent la force nucléaire comme le fondement de la souveraineté nationale et l'instrument d'une politique étrangère indépendante. L'arsenal contribuait indirectement à la la sécurité des alliés : cela fut reconnu à partir de 1974. Mais une puissance moyenne comme la France ne pouvait étendre sa garantie nucléaire aux pays voisins et alliés sans entamer la crédibilité de sa doctrine de dissuasion du « faible au fort », cependant que sa force de frappe ne valait que dans la mesure où elle était affranchie des servitudes de l'intégration militaire et relevait d'un centre de décision autonome.

La perspective d'une défense européenne se heurte à l'exclusivisme de la doctrine nucléaire française, qui sert à la protection du sanctuaire national et qui repose sur le pouvoir discrétionnaire du chef de l'État. Une véritable intégration européenne impliquant une mise en commun des responsabilités militaires n'est donc pas possible sans une modification radicale de cette doctrine. Une « défense européenne » où la France garderait son autonomie de décision et une prééminence de fait grâce à son armement nucléaire reviendrait, pour la RFA, à devoir se contenter d'une OTAN au rabais, sans GPN. Dépendance pour dépendance, mieux vaut s'aligner sur les États-Unis, car ils ont le double avantage d'être beaucoup plus puissants et de se trouver très loin [100]. Le principe du sanctuaire introduisait une ligne de partage entre le territoire national protégé, et des avants, théâtre d'éventuelles batailles conventionnelles. Dans ce schéma de la guerre froide, la RFA était un glacis et la France un pré carré, symboliquement limité au Rhin. La stratégie française était composite, puisqu'elle devait articuler la protection du sanctuaire et l'intervention sur le glacis, en raison des engagements pris et concrétisés par la présence sur le sol de la RFA d'un sixième de l'armée française. La question était de définir l'aire d'extension des « intérêts vitaux » au-delà de la ligne de discontinuité stratégique. Diverses adaptations furent suggérées : notions de « bataille de l'avant », de « sanctuarisation élargie » (qui reportait à l'Elbe le champ d'application de la dissuasion nucléaire), de « défense européenne » (qui supposait une modernisation des forces nucléaires de manière à ce qu'elles tiennent sous leur menace une population équivalente à celle de la France et de la RFA). Depuis la fin de la guerre froide, l'arme nucléaire est-elle au service d'une défense nationale? Cela implique le maintien d'une relation d'hostilité potentielle à l'intérieur de Europe, y compris entre la France et l'Allemagne, alors même qu'on prétend construire l'Union européenne. L'arme nucléaire est-elle au service d'une défense européenne? Cela implique le report d'une relation d'hostilité potentielle à l'extérieur de l'Europe, y compris entre l'Europe et l'Amérique, alors même qu'on prétend préserver l'Alliance atlantique.

Les discussions nucléaires franco-allemandes

La lecture des *Verbatim* de Jacques Attali nous apprend que, parallèlement au projet d'Union européenne, les discussions franco-allemandes sur la coopération nucléaire allèrent bon train durant la crise des euromissiles des années 1980. Elles eurent lieu essentiellement entre le Président Mitterrand, le Chancelier Kohl et leurs conseillers respectifs, J. Attali et H. Teltschik. Avant de les examiner, il convient de mentionner le projet présenté à l'Élysée le 22 juin 1984 par le Chancelier Schmidt. Ce dernier réclamait une initiative franco-allemande en vue d'une défense commune, en suggérant « une déclaration unilatérale du Président de la République française, par laquelle la mission de la force de frappe sera étendue au territoire allemand ». Lorsque leur territoire serait concerné, les Allemands devraient être consultés, mais ils ne disposeraient pas du droit de décider de l'emploi des armes. Ce projet se situerait dans le cadre de l'OTAN et de l'UEO. Sa mise en œuvre n'exigerait pas de nouvel instrument, mais seulement l'application du traité de l'Élysée. Si la France étendait sa force nucléaire à la RFA, celle-ci participerait à son financement. Le général Saulnier, ancien CEMPP, fit une analyse critique de ces propositions : « elles diminuent le couplage Europe/États-Unis sans lui apporter de substitut crédible. La valeur ajoutée à la sécurité de la RFA par la garantie française semble très faible au regard (des) inconvénients. L'URSS y verra une raison supplémentaire de nier le caractère autonome des forces françaises et de les comptabiliser par simple addition dans l'arsenal occidental. Aux États-Unis, certains y trouveront un argument supplémentaire pour tenter de diminuer les moyens américains nécessaires à la défense de leurs alliés européens ». Le projet fut repoussé par Mitterrand et Kohl, qui tombèrent d'accord pour considérer que la défense de la RFA était « impensable » sans les États-Unis.

Ceux-ci se rencontrèrent pour la première fois le 2 février 1984 à Ludwigshafen. Pour le Chancelier allemand, le désintérêt croissant des États-Unis vis-à-vis de l'Europe nécessitait de relancer la coopération franco-allemande. « On peut parler de tout ensemble, même du plan Fouchet », déclara-t-il. De son côté, le Président français n'exclua pas l'arme nucléaire de la défense européenne et il envisagea de développer la collaboration militaire, sur les navettes spatiales ou les lasers. « On peut faire plus encore, même sur le nucléaire, lui répondit le Chancelier allemand : il y a un accord secret entre le Président des USA et moi sur l'utilisation des armes nucléaires. J'ai une lettre de Reagan là-dessus. On peut imaginer une lettre du même type de vous à moi... ». « Pourquoi pas ? », acquiesça Mitterrand. Il fut alors convenu qu'Attali et Teltschik approfondiraient le projet d'accord. Le sommet franco-allemand de Bad Kreuznach, le 29 octobre, porta essentiellement sur la coopération militaire bilatérale, rendue urgente par un retrait américain dont Kohl se disait « certain à terme ». « Il faut faire ensemble tout ce qui ne vous est pas interdit, c'est-à-dire l'espace, le laser », déclara Mitterrand. Le Chancelier précisa : « je ne veux en aucun cas ouvrir de discussion en Allemagne sur notre droit éventuel à disposer de l'arme nucléaire. Mais nous devons développer toutes les technologies nécessaires pour devenir partie prenante au dialogue mondial ». Pour Mitterrand, la clé de l'Europe, c'était le couple franco-allemand, et la clé de ce couple, c'était la sécurité de la RFA. Or, aucun chef d'État français ne pouvait s'engager à utiliser la dissuasion nucléaire pour l'Allemagne exactement comme il le ferait pour la France. Le Président envisageait néanmoins une consultation permanente entre lui et le Chancelier en temps de crise ou une consultation stratégique à trois (France, GB, RFA). Deux mois plus tard, en septembre 1985, il déclarait au conseiller pour la sécurité de Reagan, McFarlane, que les Européens devaient arriver à une politique commune en matière nucléaire, mais que la chose prendrait du temps du fait de la position allemande. Le 2 octobre, cependant, il promettait à Gorbatchev que la France ne pouvait partager avec la RFA l'arme nucléaire, « parce que cela mettrait en péril tout l'équilibre européen ». Le nouveau n°1 soviétique s'inquiétait de l'éventuel accès de Bonn à la Bombe via la coopération militaire avec Paris. Mitterrand lui répondit que « s'il n'y avait pas l'obstacle du nucléaire, nous aurions un accord militaire complet avec la RFA. Mais le nucléaire, ça, non ! ».

Au sommet franco-allemand de Bonn, en novembre, on parla de collaboration militaire. Le Chancelier proposa de renforcer la capacité de défense de l'Europe en discutant le rôle opérationnel de la 1ère armée française et de la FAR. « Tout est possible, déclara le Président, sauf l'intégration de l'arme nucléaire ». Il évoqua la promesse faite à Gorbatchev. Kohl reconnut que « les Américains aussi seraient hostiles à une alliance nucléaire entre la France et la RFA ». Après que Mitterrand lui ait dit qu'il fallait entreprendre la conquête de l'espace, « qui permettra à l'Allemagne d'aller au-delà du nucléaire », il répondit : « vous avez devancé mes pensées ». En décembre, il développa ses conceptions. La France et l'Allemagne étaient « une unité du point de vue de la sécurité ». Il fallait s'appuyer sur le « pilier américain », mais aussi accroître la « dimension franco-allemande ». La RFA n'était pas une puissance nucléaire, elle ne pouvait ni ne voulait l'être. Mais il était bon que la France, elle, soit une puissance nucléaire. « De toute façon, dans un avenir assez proche, le nucléaire sera dévalorisé ». Pour notre part, « nous avons avec la *Bundeswehr* l'armée conventionnelle la plus forte d'Europe. Cela est très important, y compris pour la France (car) l'URSS ne peut risquer une attaque conventionnelle ». Ce qui intéressait Kohl, c'était de savoir dans quelle mesure rendre comparables les intérêts vitaux des deux pays. Mitterrand ne rejetait pas la coordination ni même l'évolution vers « la fusion des armées, dans l'esprit du traité de 1963 ». Mais subsistaient le problème de l'intégration de l'armée allemande dans l'OTAN et la question de la « bataille de l'avant », c'est-à-dire l'emploi de la 1ère armée et de la FAR. « Que souhaite l'Allemagne ? Et jusqu'où peut-aller la France sans être entraînée dans une guerre où elle devrait employer son arme nucléaire ? ». Kohl répondit : « sur le nucléaire, j'accepte votre position. À votre place, j'aurais la même, et je pense qu'à ma place, vous auriez ma position. Je n'ai qu'un souhait concret. C'est que nous puissions procéder au même type de consultations que celles que nous avons avec les États-Unis et la Grande-Bretagne, avec discrétion bien sûr ». Pour le Président français, il était clair que la France n'avait pas les moyens d'élargir sa protection à la RFA, dont la sécurité ne pouvait être qu'américaine. Les deux dirigeants tombèrent d'accord pour considérer que le problème était de savoir si une concertation nucléaire était possible et quel pourrait en être le mécanisme.

En février 1986, le général Altenburg fit remettre au général Saulnier un projet de déclaration conjointe pour le prochain sommet franco-allemand, prévu le 27. « Dans le cadre de la collaboration politico-stratégique avec la RFA, le gouvernement français se déclare disposé à consulter le gouvernement allemand avant tout emploi d'armes nucléaires françaises dans la mesure où un tel emploi affecterait directement des intérêts vitaux de la République fédérale ». D'après Attali, le Chancelier demandait rien moins qu'être associé à la décision d'emploi de l'arme nucléaire française. Avec Teltschik, le conseiller français prépara le texte d'un éventuel accord militaire à partir du projet proposé par Altenburg. Le sommet franco-allemand eut ainsi pour sujet la coopération dans la décision d'emploi. Mitterrand était d'accord pour une coopération stratégique avec le gouvernement fédéral dès lors que le territoire allemand serait affecté. Il fallait donc avoir une « bonne liaison » et il était prêt à organiser une « consultation ». Mais il n'était pas question d'une « codécision » sur l'arme nucléaire. Fut donc rédigée la Déclaration commune franco-allemande préparée la veille par Attali et Teltschik : « dans les limites qu'impose l'extrême rapidité de telles décisions, le Président de la République se déclare disposé à consulter le Chancelier de la RFA sur l'emploi éventuel des armes préstratégiques françaises sur le sol allemand. Il rappelle qu'en cette matière, la décision ne peut être partagée. Le Président de la République indique qu'il a décidé, avec le Chancelier fédéral, de se doter des moyens techniques d'une consultation immédiate et sûre en temps de crise ». Le point crucial de la discussion, réglé, fut l'expression « sur le sol allemand », qui incluait la RDA. Genscher avait insisté là-dessus. La RFA bénéficia ainsi de la seule consultation que la France ait jamais voulu octroyer à un de ses alliés.

Kohl avait en vue l'unité politique de l'Europe. Il voulait être en mesure d'influencer les États-Unis. Pour cela, il importait d'établir un lien solide entre la RFA, la France et la Grande-Bretagne, y compris par une révision du traité de l'UEO. Or, à cette époque, Margareth Thatcher s'inquiétait vivement de l'attitude antinucléaire de Reagan, inquiétude qui atteignit son paroxysme après le sommet de Reykjavik. Elle semblait donc prête à développer la coopération ouest-européenne en matière de défense, d'autant plus qu'elle redoutait le neutralisme allemand. Aussi Kohl pouvait-il envisager une étroite collaboration entre Bonn, Paris et Londres, face à Washington, dans la négociation sur les FNI. Dans cette négociation, l'un des problèmes clés portait sur les *Pershing* 1A. En avril 1987, Teltschik rapporta avec enthousiasme à Attali que Dobrynine avait reconnu que les missiles en question étaient des missiles allemands : « pour nous, Allemands, c'est une grande victoire politique que d'être considérés comme "propriétaires de missiles" ! ». Ils n'avaient en effet jamais été plus prêts d'avoir « un doigt sur la gâchette » qu'avec ces fusées. Le conseiller admit cependant que cette concession soviétique était illusoire, car les Pershing 1A n'étaient pas utilisables sans pièces détachées américaines. Or, en cas d'option double zéro sur les SRINF, les États-Unis ne fabriqueraient plus ni *Pershing* ni pièces. C'est pourquoi les Allemands étaient opposés à cette nouvelle « option zéro » et demandaient que les États-Unis déploient d'autres armes intermédiaires (air-sol ou mer-sol) en RFA. En complément, et peut-être en guise de pression, Teltschik recommandait d'« étudier des mesures concrètes d'intégration et de division du travail entre les armées française et allemande ». Kohl dut s'incliner sur l'option « double zéro » et le démantèlement des *Pershing* 1A. On remarque que Mitterrand n'était pas hostile à l'élimination des FNI, qui faisait de la France le seul pays du continent doté d'armes nucléaires terrestres capables d'atteindre le territoire soviétique. Quoi qu'il en soit, il importait au gouvernement allemand d'arrêter le désarmement nucléaire (pas de « triple zéro »), de rassembler les Européens, de se tourner vers la coopération de défense avec Paris ou Londres (exemple du missile ASLP). Dès le mois de mars 1987, le Chancelier demanda à Mitterrand que leurs deux conseillers discutent de façon approfondie et secrète d'une « coopération très étroite » sur la sécurité de l'Europe.

En juillet, Teltschik, accompagné par M. von Richstoffen (directeur des affaires politiques au ministère des Affaires étrangères) et l'amiral Brost (du ministère de la Défense), et Attali, accompagné par deux collaborateurs du Président Mitterrand, H. Védrine et le général Forray [101], se rencontrèrent pour préparer les détails d'une éventuelle déclaration commune sur la défense et examiner ce que pourrait être une brigade franco-allemande. Les Allemands étaient très intéressés par la formation d'un corps militaire commun, pas pour des raisons liées à d'éventuelles opérations conventionnelles, mais pour des raisons liées à la couverture nucléaire. En effet, ce corps serait forcément couvert par la force nucléaire française.

Celle-ci serait par conséquent étendue aux troupes allemandes conjointes et le gouvernement allemand aurait inévitablement son mot à dire. Lors de la réunion de travail du 24 juillet 1987, Teltschik dévoila son plan à Attali : « la France et la RFA doivent renforcer leur coopération dans la mesure où les États-Unis vont, à moyen terme, laisser à Paris et à Bonn une part croissante de la défense de l'Europe dans le cadre de l'Alliance ». Le traité de l'Élysée a fondé la politique de sécurité commune, les intérêts de sécurité franco-allemands convergent, les territoires de la France et de la RFA représentent un espace de sécurité unique. Il convenait donc de développer l'accord de consultation bilatérale comme base d'une communauté de défense élargie, dans la perspective d'une fusion de la CEE et de l'UEO. « Nous devons continuer de progresser jusque dans tous les détails militaires, telle l'organisation d'une brigade ». Von Richstoffen, trouvant que Teltschik allait trop loin, corrigea : « charte de l'UEO doit maintenir cette organisation dans l'OTAN ». Mais le conseiller de Kohl continua sans se troubler : « comment institutionnaliser cette coopération ? Comment avoir un espace de sécurité commun ? Quelles consultations nucléaires ? ». Au-delà de l'intégration de forces conventionnelles, Teltschik souhaitait que la RFA ait un droit de regard sur l'usage par la France de l'arme nucléaire. « À la suite de l'accord du 28 février 1986, il convient de trouver un accord général sur les conditions (des) consultations, d'établir des directives générales d'emploi, en premier lieu pour les armements préstratégiques, (même si) la décision d'emploi reste de la compétence souveraine du Président de la République française ». Enfin, il lança l'idée d'un Conseil de défense franco-allemand dont la mission consisterait « à définir une conception commune de l'usage de toutes les forces armées pour la défense de l'Europe occidentale ».

Les Allemands voulaient donc la coopération en matière militaire. Les Français, eux, voulaient la coopération en matière monétaire – ils ne l'auront qu'avec le traité de Maastricht, après la réunification. Informé par son conseiller, Mitterrand était sceptique : « il faudrait obtenir autant sur la monnaie que sur la défense, mais nous ne l'aurons pas ». Attali, lui, était sûr que les Allemands tenaient tant à la coopération militaire qu'ils accepteraient une coopération monétaire. Mais le Président français pensait qu'on ne pouvait conclure d'accord véritable que sur les forces classiques, à l'exclusion des forces atomiques. Un an auparavant, en juillet 1986, il avait assuré Gorbatchev qu'« il n'était pas question de mêler la RFA à la décision et à l'élaboration de la dissuasion nucléaire française », ni d'étendre la couverture française au-delà du territoire national, ni de changer la doctrine stratégique de la France. « Pour ce qui touche à l'Allemagne, mon appréciation reste libre ». Il le redit au Premier ministre espagnol, Felipe Gonzalez, le 27 août 1987 : « sur le nucléaire, rien n'est possible ». Il admettait cependant que l'objectif des frappes préstratégiques était le territoire ou les forces soviétiques. Mais l'emploi des armes françaises ne pouvait être prédéterminé. En décembre, la négociation détaillée sur le Conseil de défense franco-allemand achoppa donc sur le nucléaire. Le Conseil fut néanmoins institué en janvier 1988. Jusqu'aux évènements de l'automne 1989, qui mirent à l'ordre du jour la réunification allemande et la disparition du bloc soviétique, la coopération militaire (plutôt que la coopération monétaire), le renforcement de l'UEO et le refus du « triple zéro » furent une priorité du gouvernement fédéral. Mais du côté du gouvernement français, la priorité, en 1990, ce fut de contrôler l'Allemagne, sinon d'empêcher sa réunification, et de confirmer l'interdiction faite aux Allemands de disposer de l'arme nucléaire [102]. Le 19 mai 1989, Mitterrand déclarait à Bush : « il n'y a que deux causes de guerre possible en Europe : si la RFA se dote de l'arme nucléaire et si un mouvement populaire pousse à la réunification des deux Allemagnes ». Le problème n'était donc plus soviétique, mais allemand. In fine, la coopération de défense avec une RFA en quête de sécurité était souhaitable, même si elle s'arrêtait à la consultation sur les Pluton ou les Hadès ; elle ne l'était plus avec une Allemagne réunifiée.

La consultation nucléaire franco-allemande

Par sa déclaration du 28 février 1986, le Président français prit l'engagement de consulter le Chancelier ouest-allemand au cas où la France envisagerait d'utiliser ses armes Pluton ou Hadès sur le « territoire allemand ». Mais les autorités françaises ne cachèrent jamais qu'aucun droit de *veto* ne serait accordé aux autorités ouest-allemandes qui n'auraient pas non plus d'influence décisive sur le choix des cibles ni sur l'élaboration des plans pour la conduite des opérations. Pour de nombreux responsables français, les arguments contre des consultations détaillées avec la RFA demeuraient valables. Il n'était pas possible de programmer à l'avance les décisions d'utilisation des armes contre des cibles mobiles. Tout accord portant atteinte au pouvoir discrétionnaire du Président français de décider quand, où et comment délivrer un « ultime avertissement », pouvait nuire à la dissuasion et à l'efficacité des opérations éventuelles. La stratégie de dissuasion pouvait perdre de sa crédibilité aux yeux de l'adversaire soviétique si les plans français étaient soumis à des accords entre Paris et Bonn. Enfin, on s'interrogeait sur l'aptitude des Allemands de l'Ouest à garder des informations secrètes. De leur côté, certains responsables à Bonn estimaient qu'organiser des consultations nucléaires allait de soi entre alliés, surtout lorsque le territoire de ces alliés était concerné ! Pour eux, la RFA avait contribué indirectement à payer la facture des forces nucléaires françaises en assumant une part très importante du fardeau des forces conventionnelles en Europe. Si la France avait vraiment l'intention d'aller vers un système de défense européen, elle devait accepter que les Allemands donnent leur avis, voire participent à la constitution de son arsenal et à l'orientation de sa doctrine. De nombreux responsables français exprimèrent donc leur scepticisme sur la coopération nucléaire avec Bonn. Les Allemands pourraient hésiter à se prononcer sur l'emploi d'armes nucléaires, surtout si ce choix concernait des cibles en « territoire allemand ». Même les discussions françaises sur les armes à neutrons, les plus capables de compenser la supériorité du PDV en divisions blindées, soulevaient des controverses outre-Rhin.

Néanmoins, d'autres responsables ouest-allemands estimaient que la puissance nucléaire de la France présentait des avantages pour la RFA, non seulement parce qu'elle contribuait aux capacités de dissuasion de l'Occident, mais aussi parce qu'elle pouvait constituer la base d'une autonomie plus grande de l'Europe dans l'avenir. La coopération franco-allemande était jugée à cet égard indispensable pour que l'Europe fasse valoir son propre poids politique aux côtés de l'Amérique. Il semble pourtant qu'il y eut aussi peu de chance de voir la RFA et la France parvenir à une concertation nucléaire que de voir la France encourager la RFA à se doter d'une force de frappe. Parmi les propositions de concertation, on peut citer les plaidoyers en faveur d'un système de « double clé » franco-allemand pour les armements préstratégiques, ou d'une contribution allemande à l'arsenal français. Mais le concept de « double clé » fut rejeté parce qu'il risquait de saper la crédibilité de la dissuasion nationale. Et Mitterrand repoussait l'idée d'une coopération bilatérale pour la construction d'une force de frappe : « il n'a pas été question d'une association de la RFA à la stratégie nucléaire de la France. Pas davantage d'un transfert de technologie nucléaire à l'Allemagne. Il n'a pas (non plus) été question d'obtenir, ni même de demander, ni même de songer à un concours financier de l'Allemagne, pour le développement de la force nucléaire française ». Il n'était pas non plus vraisemblable que Paris propose d'étendre sa garantie nucléaire à la RFA, malgré les suggestions dans ce sens faites par diverses personnalités de part et d'autre du Rhin.

La France ne saurait proposer une telle garantie, tant qu'elle persistera à faire régner l'incertitude sur la définition de ses intérêts vitaux et qu'il sera essentiel pour elle de conserver son autonomie de décision en évitant de se lier les mains à l'avance. Les experts français firent remarquer que si la France accordait sa garantie à la RFA, elle n'en tirerait aucun bénéfice dans ses relations avec ses autres alliés, cependant qu'elle s'exposerait à l'analyse publique des faiblesses de sa capacité de dissuasion dans une réelle épreuve de force avec l'URSS à propos de l'Allemagne. Ils affirmaient et affirment toujours que la proximité géographique et la solidarité politique des deux pays entraînent une engagement nucléaire de facto bien plus digne de confiance que toute garantie *de jure* [103]. Ni les Français ni les Allemands n'avaient en vérité la moindre envie d'échanger le rôle de la dissuasion américaine contre un rôle identique que tiendrait une éventuelle dissuasion européenne. Sans une augmentation notable des budgets militaires des principaux pays européens, le rééquilibrage des rapports stratégiques entre l'Amérique et l'Europe dans le sens d'une indépendance accrue de cette dernière, n'était et n'est toujours pas envisageable. Enfin, toute synergie franco-allemande était et demeure freinée par des obstacles importants qui reflètent des priorités nationales divergentes, à savoir des représentations et des investissements politiques et stratégiques différents depuis la fin des années 1950. La divergence essentielle résidait dans la recherche par la France d'un pouvoir de dissuasion nucléaire indépendant, d'une part, dans l'intégration militaire de la RFA dans l'OTAN et sa dépendance vis-à-vis des États-Unis, d'autre part.

Les projets de coopération nucléaire

Entre le sommet Reagan/Gorbatchev à Reykjavik en octobre 1986 et la signature du traité FNI en décembre 1987, un plan de coopération nucléaire entre Paris et Bonn fut préparée par J. Attali et H. Teltschik. Il fut présenté sans succès à Mitterrand, le 24 juillet 1987. Il confirme le fait essentiel que la RFA se tourne vers la France lorsqu'elle a le sentiment qu'elle ne peut plus compter ou qu'elle peut moins compter sur l'Amérique pour assurer sa défense. Après qu'il dut sacrifier ses *Pershing* 1A, le gouvernement fédéral se trouva privé de forces nucléaires intermédiaires basées à terre. Conséquence directe de l'option « double zéro », le débat se focalisa sur les missiles à courte portée, qui ne pouvaient atteindre que le « territoire allemand ». Bonn repoussait une troisième « option zéro » pour éviter la dénucléarisation de l'OTAN en Europe. Fut à nouveau posé le problème des armes préstratégiques françaises104 et de la doctrine de « l'ultime avertissement », qui faisait de la RFA le glacis nucléaire de la France. Jacques Chirac, alors Premier ministre de cohabitation, répondit en garantissant l'engagement « immédiat et sans réserve » de la France au profit de la RFA en cas de conflit. Mais le Président Mitterrand refusa cette proposition, qui limitait sa liberté de décision, tout en maintenant la promesse de la consultation faite le 28 février 1986. Cependant, lorsqu'Attali lui montra le plan de coopération nucléaire qu'il avait préparé avec Teltschik, il refusa d'en discuter et le plan tomba à l'eau.

Le risque d'un désengagement américain ou d'un condominium soviéto-américain avait inciter les Européens à relancer leur coopération de défense et à rechercher une solution continentale à la menace soviétique. Le réveil de l'UEO et la plateforme sur les intérêts de sécurité européens d'octobre 1987, qui soulignait l'importance de disposer de quantités suffisantes d'armes nucléaires face au PDV, témoignèrent de cette orientation. D'après S. Silvestri, l'option double zéro –l'impossibilité pour l'OTAN de lancer une frappe rapide (sol-sol) sur l'URSS depuis l'Europe de l'Ouest– requérait une « européanisation » des forces nucléaires de la France et de la Grande-Bretagne. Il importait de conférer une plus grande validité européenne à la stratégie de l'OTAN en acceptant l'inévitabilité du découplage partiel de l'Amérique et de l'Europe. La voie possible pour renforcer la dissuasion passait par des consultations approfondies entre pays européens, voire par la création d'une structure de décision autorisant la mise au point d'une doctrine qui corresponde aux besoins européens. Il fallait pour cela que Londres et Paris étendent leur garantie nucléaire aux alliés, que Paris s'accomode d'une forme quelconque d'escalade graduée, que l'OTAN maintienne les liens entre les forces de dissuasion européennes et les forces de dissuasion américaines. Au-delà de la coordination, on pouvait envisager la constitution d'organismes de gestion des moyens nucléaires des pays européens membres de l'Alliance. L'UEO pourrait accueillir un groupe de planification nucléaire, non subordonné à l'OTAN mais en rapport avec lui, pour gérer les forces de dissuasion nationales en Europe, suivant des modalités semblables à celles du GPN. Ce groupe établirait les plans de frappe. Il serait lié à un fonds européen de financement d'une partie au moins des programmes correspondants. Une autre option consisterait à envisager un redéploiement des forces franco-britanniques en Europe, avec des systèmes à « double clé ». On pourrait également étudier la formation d'une agence européenne pour la maîtrise des armements, qui jouerait le rôle d'interlocuteur européen dans les négociations Est-Ouest.

Toutefois, des solutions aussi ambitieuses semblaient improbables, surtout parce que la France refusait une véritable coordination des plans de frappe nucléaire. Même si l'on n'arrivait pas à une « européanisation » des forces franco-britanniques, il était néanmoins permis de penser que ces forces pourraient jouer un rôle plus « européen » que dans le passé, en sauvegardant la dimension nucléaire de la sécurité européenne et en rééquilibrant les disparités Est-Ouest sur le continent. La décision franco-allemande de constituer un Conseil de défense ouvert à la participation d'autres pays européens allait dans la direction souhaitée. L'adoption d'idées telles que la « défense avancée », l'utilisation coordonnée avec Bonn des armes préstratégiques, la « sanctuarisation élargie », témoignaient de la plus grande compatibilité entre les doctrines française et otanienne. Le projet -finalement abandonné- de construire en commun un missile air-sol à longue portée franco-britannique qui pourrait également équiper la *Luftwaffe* était particulièrement intéressant pour la dissuasion commune. Il visait en effet à redonner aux Européens la capacité de viser le territoire soviétique, en contournant le traité FNI qui ne concernait que les missiles sol-sol équipés d'ogives nucléaires américaines [105]. D'autre part, la création d'un GPN européen n'obligerait pas Paris à renoncer au contrôle national de ses forces, pas plus que le GPN atlantique n'impliquait le renoncement américain au contrôle national de ses forces basées en Europe (quel que fût leur régime juridique). L'arsenal français était et reste le pivot de toute construction européenne de défense. Mais la France, quelle que soit son éventuelle bonne volonté, n'avait et n'a pas la capacité de gérer seule la sécurité européenne. Elle doit collaborer avec la Grande-Bretagne et/ou avec l'Allemagne.

Or, la fin de la menace soviétique a eu trois effets sur la relation franco-allemande, noyau de la construction européenne : enlevant l'ennemi commun, elle a amoindri la solidarité établie sur une alliance de défense [106] ; rendant moins important l'argument de la puissance militaire vis-à-vis de la puissance économique, elle a sapé l'équilibre entre la France et l'Allemagne [107] ; la crainte de la suprématie soviétique disparue, celle de la suprématie allemande est réapparue un moment. Avec son siège permanent au Csnu et son statut nucléaire entériné par le TNP, les droits particuliers de la France outre-Rhin constituaient l'un des trois piliers de son rang international, qui se trouvait ainsi lié au contrôle de l'Allemagne. Ces droits ont disparu depuis le traité « 2+4 » et la réunification, d'où la perception d'un affaiblissement relatif de la France par rapport à l'Allemagne. On peut cependant voir les choses différemment : les évènements de 1989-1991 ont davantage bénéficié à l'Allemagne divisée qu'à la France cogardienne du statu quo ; mais ils ont aussi et surtout libéré l'Europe de l'affrontement et/ou du condominium soviéto-américain. L'Europe devenant de ce point de vue plus forte, la France, en tant qu'État européen, est également devenue plus forte.

La concertation nucléaire européenne

Malgré l'abandon des Pluton et des Hadès, véritable contentieux franco-allemand [108], l'arme nucléaire reste un sujet de divergence entre la France et la RFA. Les Français critiquaient hier la doctrine de la « riposte flexible ». Ils continuent de souligner que leur stratégie nucléaire est indépendante. Persiste cependant le problème de l'autonomie de la défense européenne vis-à-vis des États-Unis et celui de la couverture nucléaire de l'Allemagne. Celle-ci doit à la fois se trouver à l'abri d'une coercition nucléaire et ne pas être incitée à développer une force de frappe autonome. Des responsables ont suggéré de parvenir à un arrangement multilatéral qui affirmerait la solidarité stratégique de la Grande-Bretagne, de la France et de l'Allemagne, sous la forme d'un accord éventuel de consultation nucléaire. Il importe, déclarait Jean-Pierre Chevènement, de trouver entre Européens un cadre assez souple pour préserver à la fois la concertation nécessaire et l'unicité inévitable de la décision. Le débat sur la CNE a été lancé en 1994, l'année de la rédaction du *Livre blanc* en France.

En mai, l'Assemblée de l'UEO avait souligné qu'il n'y aurait pas d'Europe politique si la France et la Grande-Bretagne continuaient de refuser aux États membres de l'UE la faculté de participer à l'élaboration d'une doctrine voire d'une stratégie de dissuasion commune. Elle conclua –ce qu'aucun dirigeant allemand ou européen n'admettrait en public– que l'Allemagne pourrait aller au nucléaire si sa sécurité l'exigeait. La construction européenne doit donc fournir à chacun des États membres une structure de défense, y compris une dissuasion nucléaire crédible. Mais étant donné le primat de l'OTAN, la dissuasion européenne est envisagée comme un substitut à la dissuasion atlantique, c'est-à-dire à la dissuasion élargie américaine, au cas où celle-ci disparaîtrait ou perdrait toute crédibilité. Elle est donc moins une alternative qu'une issue de secours en cas de crise qui verrait le « découplage » voire la rupture de l'Amérique et de l'Europe. Or, pour certains experts, le « parapluie » américain n'existe plus depuis que la guerre froide a pris fin. Disons plutôt qu'il aurait changé de fonction principale : non plus dissuader la Russie d'attaquer l'Allemagne ou l'Europe, mais dissuader l'Allemagne ou l'Europe de s'armer nucléairement.

Quoi qu'il en soit, Alain Juppé, ministre des Affaires étrangères [109], a pour la première fois, en janvier 1995, employé l'expression de « dissuasion concertée » pour évoquer le dialogue stratégique entre la France et l'Allemagne. Qu'est-ce que la « dissuasion concertée » ? Qu'entend-on par là à Paris et à Berlin ? Il ne s'agit pas de partager la décision ou d'établir une co-décision, mais d'étudier les doctrines, la planification stratégique, les hypothèses de recours à la menace ou à la force dans le contexte de crises internationales. Franco-allemande, la concertation nucléaire deviendrait européenne en s'insérant dans la PESC ou en se combinant avec la Commission franco-britannique sur les questions de politique et de doctrine nucléaires créée fin 1992 [110]. La CNE est un projet de longue haleine, qui comporte des volets différents et prend des formes multiples en fonction des interlocuteurs ou des discussions : les plus générales s'agissant de l'approche politique, les plus détaillées s'agissant des modalités techniques. F. Géré évoquait trois « cadres de concertation » possibles : politico-stratégique, psycho-culturel, technico-opérationnel, répondant respectivement aux points suivants : identification des États parties, nature du processus décisionnel, détermination de la manoeuvre dissuasive, lien avec les États-Unis ; évaluation des intérêts vitaux, type de forces armées, rôle des opinions publiques, rapport à la guerre et à la paix ; échange d'informations, déploiement des forces, planification, coopération technologique.

Le débat allemand sur la concertation nucléaire européenne

Les élites politiques allemandes doivent d'abord compter avec « l'allergie nucléaire » de l'opinion et avec l'adhésion au régime de non-prolifération. Jusqu'à présent, la RFA avait davantage confiance en la consultation OTAN et en la garantie américaine, qu'en une éventuelle garantie « européenne » de la France ou de la Grande-Bretagne. Mais la construction européenne oblige à se demander si l'arme nucléaire doit être intégrée dans la PESC et si oui, comment. Le gouvernement de Berlin répugne à prendre des initiatives en la matière, de crainte de réveiller des controverses à la fois internes, européennes, transatlantiques et internationales. Aussi l'atome militaire n'a-t-il joué, après la réunification, qu'un rôle discret dans le débat politique allemand. En 1995, la conférence sur la prorogation du TNP, la procédure devant la CIJ sur la licéité des armes nucléaires et les essais français confirmèrent la discorde entre l'opinion et le gouvernement, entre la gauche anti-nucléaire et la droite pro-nucléaire. Paradoxalement, ce dissensus aboutit à un consensus sur la nécessité de ne pas mettre la question nucléaire à l'ordre du jour. Les responsables allemands eurent cependant l'occasion de répondre à la proposition française d'une concertation nucléaire européenne.

À droite comme à gauche, apparut un clivage entre « atlantistes » et « européistes ». Les premiers soulignèrent la primauté de la relation avec les États-Unis et l'OTAN. Les seconds se félicitèrent que la France soit prête à élaborer avec l'Allemagne une doctrine de défense nucléaire pour l'Europe. Le ministre des Affaires étrangères, Klaus Kinkel, estima que l'idée de « dissuasion concertée » proposée par Alain Juppé était « intéressante », qu'elle devait être « étudiée attentivement » et que son gouvernement était favorable « à ce que soit réexaminé le statut des forces de dissuasion française et britannique, afin de faciliter la création d'une identité européenne de défense ». W. Schäuble, président du groupe parlementaire CDU, n'hésita pas à déclarer : « je ne peux pas m'imaginer une future sécurité européenne sans composante nucléaire ». F. Pflüger, porte-parole de la CDU, appela à « l'européanisation de la dissuasion ». F. Duve résuma bien la position du SPD. Il existait, dit-il, un consensus, à l'époque du conflit Est-Ouest, entre partisans et adversaires de la stratégie de dissuasion : pas de guerre nucléaire. Mais alors que la guerre froide était fondée sur la dissuasion nucléaire, les armes nucléaires n'ont plus d'effet dissuasif sur les conflits qui menacent l'Europe. La guerre en Bosnie montre qu'on est entré dans « l'ère de l'affrontement entre la terreur et la civilité » ; or, « les ennemis de la civilité ne se laissent pas dissuader par les armes nucléaires, car leur arme est la prise d'otage ». Sous-entendu : la dissuasion nucléaire, reposant sur la prise en otages des populations civiles urbaines, doit être rejetée. La force de frappe n'est pas non plus d'une quelconque utilité pour mettre un terme à la guerre en Algérie ou au Kurdistan, ni empêcher son extension sur le territoire français ou allemand. La dissuasion ne fonctionne pas vis-à-vis des menaces transnationales non-étatiques. La France et l'Allemagne ont des représentations très divergentes : les Français se souviennent qu'être faible militairement conduit à la défaite et à la soumission ; les Allemands ont une méfiance viscérale vis-à-vis de la force militaire, même si elle est démocratiquement fondée et contribue à maintenir la paix. Que signifierait « européaniser » la force nucléaire française ? Le Président Chirac a rayé l'idée de la concertation avec sa décision solitaire de reprendre les essais à Mururoa. Cette concertation aurait-elle donné aux Allemands un droit de co-décision ? La RFA a définitivement renoncé à l'arme nucléaire et se considère comme la championne de la non-prolifération. « Dans cette optique, la concertation ne pourrait que signifier que l'Europe organise en commun son renoncement à cette technique militaire inadaptée à notre époque ». La gauche critiqua finalement la proposition Juppé, en considérant qu'il ne visait qu'à relégitimer l'arsenal français, qu'il affaiblissait l'OTAN et qu'il allait à l'encontre du TNP.

La contradiction est la suivante les Allemands favorables à « l'Europe fédérale » sont partisans d'une « défense européenne », alors que les « intergouvernementalistes » préfèrent « l'atlantisme » ; au contraire, les Français favorables à « l'Europe des États » sont partisans d'une « défense européenne » alors que les « fédéralistes » préfèrent « l'atlantisme ». Les déclarations des responsables français plaçant la force de dissuasion dans une perspective européenne paraissent conforter deux objectifs constants de la République fédérale : mettre la force de frappe de la France au service d'une défense de l'Europe et s'assurer que le gouvernement allemand soit consulté sinon associé. Mais la réflexion sur la dissuasion européenne touche au sujet sensible du rapport de l'Allemagne à l'arme nucléaire. Le gouvernement fédéral est confronté à un dilemme : l'opinion refuse une implication directe dans la prise de décision nucléaire, mais aussi la dépendance complète de la RFA à l'égard des décisions d'autrui ; elle conteste la validité morale de la dissuasion, mais elle n'est pas prête à renoncer à la dissuasion élargie. Sur le plan extérieur, Berlin pourrait craindre que la mise en œuvre d'une dissuasion européenne interfère avec l'Alliance atlantique, entraîne une duplication des structures, précipite le désengagement des États-Unis. Or, la garantie nucléaire américaine est peut-être moins problématique en termes de statut politique pour l'Allemagne qu'une garantie européenne, qui renforcerait le poids de Paris (et/ou de Londres) au détriment de Berlin. D'autre part, une défense européenne contraindrait la RFA à s'impliquer dans les problèmes de ses partenaires, qui ne sont pas forcément les siens, ainsi en Méditerranée ou en Afrique.

Un concept commun franco-allemand en matière de sécurité et de défense fut néanmoins élaboré par les gouvernements Balladur et Kohl, en janvier 1997. Il consacre le caractère de plus en plus inséparable des intérêts de sécurité entre les deux pays, avec des objectifs communs [111] et une vision commune des risques [112]. Il souligne que la posture de sécurité commune n'est pas orientée contre une menace militaire clairement identifiée, mais qu'elle est tournée vers la prévention et la maîtrise des crises pouvant affecter la sécurité européenne. Au niveau opérationnel, l'accent est donc mis sur la capacité à conduire des actions armées limitées bi- ou multinationales. Le document explicite une conception commune et globale du rôle des forces armées de la France et de l'Allemagne, avec rapprochement des structures et des doctrines, approche commune pour la stratégie et les missions des forces, directives pour la coopération militaro-industrielle, y compris la formation de capacités militaires communes [113] et la recherche d'une BITD européenne compétitive [114]. Dans le domaine nucléaire, le texte s'inscrit dans le cadre de l'initiative française de dissuasion concertée, les deux pays s'engageant à un dialogue sur la dissuasion nucléaire dans le contexte de la politique de défense européenne. Il reste entendu que l'indépendance française dans la conception et la gestion des moyens nucléaires n'est pas remise en cause [115]. Le Concept commun doit donc servir de charte pour l'ensemble de la coopération franco-allemande en matière de sécurité et de défense, y compris nucléaires. Il est stipulé que la politique de défense commune s'inscrit dans les différents cadres de l'Onu, de l'OTAN, de l'UE et de l'UEO, mais qu'elle doit avoir pour instrument privilégié, au plan politique, le Conseil de défense et de sécurité franco-allemand, et au plan militaire, l'EUROCORPS.

On peut noter que 1997 fut également l'année de la signature du traité d'Amsterdam, qui poursuit la voie engagée par le traité de Maastricht et qui sera suivi par le traité de Nice préparant l'élargissement à l'Est. S'agissant de la PESC, le principal problème, institutionnel, portait sur les rapports entre l'UE, l'UEO et l'OTAN. Les Allemands étaient favorables, contre les Britanniques mais avec les Français, à l'intégration de l'UEO dans l'UE. Ils étaient également favorables, avec les Britanniques mais contre les Français, au renforcement de la coopération entre l'UEO et l'OTAN. Les Français souhaitaient que l'UEO soit séparée de l'OTAN et devienne, en tant qu'organisation européenne de sécurité, le « bras armé » de l'UE. Les Britanniques souhaitaient que l'UEO reste séparée de l'UE et demeure sous la tutelle de l'OTAN, seule organisation efficace de sécurité en Europe. Les Allemands, eux, considéraient que l'UEO devait être le point de connexion entre l'UE et l'OTAN. C'est leur conception en forme de compromis qui a été fixée dans le traité d'Amsterdam. Pour Berlin, il ne pouvait y avoir de défense européenne sans la France et l'UEO, mais il ne peut y avoir de paix en Europe sans les États-Unis et l'OTAN. Le compromis sur les rapports entre l'UE, l'UEO et l'OTAN permit à la RFA d'échapper à un véritable dilemme, car d'un côté, elle aspirait au renforcement de la PESC et, de l'autre, elle tenait à la cohésion de l'OTAN.

De la PESC à la PESD

Les traités de Maastricht, Amsterdam et Nice n'établissent pas une défense commune. Ils promettent la définition progressive d'une politique de défense commune, qui sera décidée par le Conseil européen puis approuvée par les États membres selon leurs règles constitutionnelles. Après la guerre du Kosovo, le

Sommet de Cologne des 3 et 4 juin 1999 a institué une Politique européenne de sécurité et de défense, qui est la composante « défense » de la Politique étrangère et de sécurité commune.

Dans les traités de Maastricht et d'Amsterdam, il était stipulé que l'UE, sur la base des orientations du Conseil européen et sur décision unanime du Conseil des Ministres, avait recours pour les questions militaires à l'UEO, qui prenait ses décisions à l'unanimité. La PESC devait donc reposer sur les forces de l'UEO. Mais celle-ci était depuis 1951 une organisation dépourvue de moyens et de structures, puisque les États membres de l'UEO et de l'OTAN les avaient transférés à l'OTAN. Le dispositif du traité d'Amsterdam offrait une base juridique pour l'intégration de l'UEO à l'UE. Cependant, l'UEO ne comportait que dix membres, sur les quinze de l'UE, les cinq autres refusant de souscrire à l'engagement d'assistance militaire automatique. Après le cinquantenaire du traité de Bruxelles, l'UEO, doublon devenu inutile de l'UE [116], fut quasiment dissoute, même si le traité de 1948 révisé en 1954 subsiste, notamment la clause de l'assistance militaire automatique (art. 5), que l'UE ne souhaite pas assumer directement [117]. C'est ainsi que le traité de Nice ne fait plus de l'UEO le « bras armé » de l'UE. Au contraire de l'OTAN, l'UE n'est pourtant pas une alliance militaire ni une organisation de défense collective [118].

Dans le cadre de la PESD, l'Union est compétente, sinon équipée, pour remplir les missions dites de Pétersberg, c'est-à-dire des interventions limitées hors du territoire de l'Union : évacuation, aide humanitaire, gestion des crises, maintien ou rétablissement de la paix, par exemple pour exécuter des mandats de l'ONU ou de l'OSCE. A cette fin, elle doit disposer d'une capacité d'action autonome. Il s'agit de la Force de réaction rapide, dont le Conseil européen d'Helsinki des 10 et 11 décembre 1999 a décidé la création. Il était prévu que, d'ici la fin 2003, l'UE pourrait déployer dans l'aire euro-méditerranéenne 60000 hommes dotés de moyens lourds, en 60 jours, pour au minimum un an. Cette FRR devait intégrer l'EUROCORPS, créé en 1992 [119], qui était et demeure sous le commandement opérationnel de l'OTAN. L'objectif susmentionné a été révisé à la baisse : d'ici 2007, devraient être mis sur pied (entre vingt États membres) treize Groupements tactiques interarmées composés chacun de 1500 hommes, dotés de moyens légers et destinés à des opérations d'urgence, d'une durée de 30 à 120 jours, sur un théâtre euro-méditerranéen et africain. D'autre part, il est prévu depuis les accords de Berlin de 1994 que l'OTAN pourra détacher à l'Union (l'UEO hier, l'UE aujourd'hui) des Groupes de forces interarmées multinationales « séparées mais non séparables » de l'OTAN. Lorsque l'OTAN ne désire pas s'engager, elle pourra ainsi autoriser l'Union à prendre à sa disposition des moyens et forces de l'Organisation, pour remplir lesdites missions de Pétersberg. C'est pour rompre cette dépendance que les États européens ont décidé de se doter d'une FRR autonome, hors cadre OTAN. Celle-ci restera cependant limitée par deux facteurs : la nécessité d'un consensus entre les États membres de l'Union ; la faiblesse de leurs instruments de projection et de renseignement. Pour le reste, les forces armées nationales restent sous le contrôle des États et/ou de l'Alliance atlantique. Dans le cadre de la PESD, l'Union est également compétente en matière d'armement. Lié à la restructuration du secteur industriel de la défense, ce volet vise l'interopérabilité des matériels militaires des États de l'Union, à travers le maintien du GAEO et la création de l'OCCAR puis de l'AED qui intègre le GAEO.

Les États membres de l'UE, dont les budgets militaires sont réduits, ont finalement pour dénominateur commun la volonté de constituer un pilier européen de défense au sein de l'Alliance atlantique. Tel est le compromis entre la défense européenne et la défense atlantique [120]. Les traités de Maastricht, Amsterdam et Nice stipulent que « la politique de l'Union n'affecte pas le caractère spécifique de la politique de défense de certains États membres » et « respecte les obligations découlant du Traité de l'Atlantique nord ». La PESC comme la PESD doivent être compatibles avec l'OTAN. Ce primat de l'OTAN ainsi que les statuts particuliers des différents États (États neutres, États membres permanents du CSNU, États membres de l'Alliance atlantique mais pas complètement de son organisation militaire intégrée, États membres de l'Alliance atlantique et de son organisation militaire intégrée, nouveaux États membres) constituent autant d'obstacles à l'élaboration d'une défense commune.

La France, le nucléaire et l'Europe

La France est à la croisée des chemins entre indépendance nationale et défense européenne, détention exclusive et mutualisation de l'arme nucléaire. C'est elle qui détient la clef de la dissuasion nucléaire européenne comme l'a reconnu le gouvernement allemand. Après la réaffirmation de notre capacité nationale à défendre nos intérêts vitaux [121], l'édification de « l'Europe de la défense » est le deuxième objectif défini par le *Livre blanc* de 1994. Il s'agit de construire l'IESD ainsi qu'une coopération stratégique à « géométrie variable » qui comprendrait : l'UEO, dont la vocation serait de donner une autonomie militaire à l'Europe ; le couple franco-allemand, déjà concrétisé par le Conseil de défense commun ; l'axe Paris-Londres, en raison du statut nucléaire commun ; l'Italie et l'Espagne, pour la sécurité en Méditerranée. Le *Livre blanc* envisage à terme le « problème d'une doctrine nucléaire européenne dans le cadre d'une défense européenne commune ». Il distingue entre perturbateurs de la paix et agresseurs potentiels du territoire national, introduisant la notion d'intérêts stratégiques en aval des intérêts vitaux. Il retient une hypothèse de menace engageant la sécurité européenne à partir d'un conflit régional impliquant une puissance nucléaire. Il n'exclut pas la possibilité de résurgence d'une menace majeure contre l'Europe occidentale de la part d'États disposant d'importantes forces nucléaires et conventionnelles, ni l'hypothèse d'une agression balistico-nucléaire sur le territoire français ou européen. Il affirme qu'avec le nucléaire, l'autonomie de l'Europe en matière de défense est possible, mais que sans lui, elle est exclue.

La réunification allemande a mis fin au concept « d'ultime avertissement » par une frappe préstratégique. L'Union européenne va-t-elle mettre fin à la doctrine du « sanctuaire national » du fait de sa contradiction avec le concept de défense commune ? Pendant le conflit Est-Ouest, la dimension strictement nationale de la dissuasion française était une condition de sa légitimité. On lisait dans le *Livre blanc* de 1972 : « le risque nucléaire ne se partage pas », « comment se définissent les intérêts vitaux d'un pays sinon par référence unique à ce pays lui-même ? ». Mitterrand déclarait en 1984 : « la France n'a pas caché à ses alliés que, lors de la protection de son sanctuaire national et des intérêts vitaux qui s'y rattachent, elle ne saurait prendre en charge la sécurité de l'Europe », en 1986 : « on ne doute pas de la réction d'un pays dont l'indépendance est en jeu sous le coup d'une menace directe ou indirecte. On en doute autrement ». Si la RFA était victime d'une agression, l'engagement de la France serait-il « immédiat et sans réserve » ? C'est ce qu'avait affirmé Chirac en 1987. Mitterrand, lui, en bonne logique, s'était fait le défenseur du non engagement automatique de la France [122]. Sept ans plus tard, François Léotard, ministre de la Défense, déclarait : « nous ne pensons pas qu'à l'heure actuelle il faille partager le nucléaire, c'est une dimension qui reste sous autorité nationale car elle concerne nos intérêts vitaux ». Le *Livre blanc* de 1994 est ambigu : la perspective d'une doctrine nucléaire européenne ne doit pas être perdue de vue ; elle demeure éloignée ; en attendant, la France n'entend pas diluer les moyens de sa défense. Mitterrand insistait sur le fait que l'arme nucléaire relève de la seule responsabilité national ; mais il ajoutait que si l'évolution de la construction européenne le permettait, cet arme pourrait être « partagée ». Le moment n'était toutefois pas venu : « je dirais tout simplement que les conditions même de l'exercice de l'armement nucléaire, la nécessité d'une décision solitaire, d'un seul ou de peu de responsables d'un pays déterminé, que la doctrine de la défense d'un territoire national, que la définition des intérêts vitaux, tout cela s'applique parfaitement à la France, mais ne s'applique pas encore à l'Europe ». Mais en 1995, le Président Chirac déclara : « comment pouvons-nous imaginer que la poursuite de la construction européenne pourra se faire sans que la France reconnaisse que ses propres intérêts vitaux et ceux de ses plus proches partenaires sont de moins en moins indissociables ? ».

L'arme nucléaire française servait la France. Celle-ci, n'ayant pas cru à la dissuasion élargie, ne la proposait pas à ses voisins, la notion d'intérêts vitaux suffisant à tenir compte de la sécurité des alliés européens. La France put ainsi échapper à la contestation du nucléaire que connurent les autres pays de l'OTAN, en préservant l'image d'une stratégie à la fois indépendante et purement dissuasive. Depuis la fin de la guerre froide, cette conception de la dissuasion agit en sens inverse : l'indépendance est perçue comme contraire à l'objectif européen que la France promeut ; en l'absence de menace majeure, le concept d'emploi en premier anticités paraît dépassé. Pour beaucoup de nos partenaires, la « dissuasion concertée » semble inutile –faute de menace sérieuse–, incertaine -du fait de la perception « nationale » de la doctrine française– et dangereuse –trop « nucléarisante ». D'où le constant hiatus entre offre française (inexistante hier lorsqu'il y avait menace, existante aujourd'hui lorsqu'il n'y a plus de menace) et demande européenne (existante hier, inexistante aujourd'hui). La question nucléaire fait néanmoins partie de l'agenda de la PESC, tout comme l'idée d'une dissuasion européenne, fût-elle « minimale » ou « existentielle ». Mais les propositions françaises se heurtent aux perceptions des partenaires : à leur culture antinucléaire, à leur soutien au processus de désarmement et au régime de non-prolifération, à leur atlantisme. Dans son discours de la base de l'île longue, le 19 janvier 2006, le Président Chirac, réaffirmant et adaptant la doctrine nucléaire française aux menaces terroristes, s'est borné à dire que l'Europe devra, « le moment venu », se poser « la question d'une défense européenne commune qui tiendrait compte des forces de dissuasion existantes ».

L'Union européenne et le statut nucléaire

L'éventualité d'une défense européenne, associant EDAN et ENDAN, est à l'horizon des discussions sur l'IESD, la PESC et la PESD. Un tel projet est stimulé par les divergences euroaméricaines, il est également freiné par les divergences intra-européennes ! Au plan politico-stratégique, l'Union est structurellement divisée en deux types d'États : les EDAN et les ENDAN ; les États membres permanents du CSNU, qui bénéficient des privilèges attachés à ce statut, et les ex-« États ennemis » admis à l'AGNU, qui se sont vus interdire la détention d'armes nucléaires par le TNP et d'autres traités [123]. Cette discrimination n'est que partiellement compensée par la dissuasion élargie qu'organise l'OTAN et par la dissuasion concertée ou partagée que devrait organiser l'UE en tant qu'héritière de l'UEO. En 1992 encore, le déséquilibre entre les deux composantes du traité sur l'Union européenne n'est pas passé inaperçu outre-Rhin, entre l'épais dossier de l'UEM, qui consacrait le renoncement des Allemands à leur mark au profit de l'euro, et le maigre dossier de la PESC, qui ne voyait pas les Français renoncer à leur arsenal au profit de l'Union.

Il importe néanmoins de tirer les conséquences actuelles et virtuelles de l'appartenance à l'UE dotée d'une citoyenneté commune et d'une monnaie unique. La question de la nature politico-juridique de l'Union est décisive pour saisir la dynamique du nucléaire en Europe. En dépit du primat de l'OTAN, la PESC et la PESD incluent la politique de sécurité et de défense des États membres, donc la dissuasion nucléaire. Il en résulte que la diplomatie et la défense des EDAN de l'Union concernent et affectent celles des ENDAN et de l'ensemble de l'Union, et inversement, que la diplomatie et la défense des ENDAN de l'Union concernent et affectent celles des EDAN et de l'ensemble de l'Union. Celle-ci garantit l'intégrité territoriale et l'indépendance politique de chacun des membres dans un ordre politico-juridique commun. Le devoir de loyauté et de solidarité implique que chacun des États membres participe à la sécurité des autres et de l'ensemble. La solidarité signifie ainsi à la fois accroissement de puissance et accroissement de risques, augmentation des droits et augmentation des devoirs à l'égard des partenaires, y compris les pays frontaliers de l'Union (de la Finlande à la péninsule ibérique en passant par les PECO, la Grèce, Chypre et l'Italie).

Après les traités de Maastricht, Amsterdam et Nice, le projet de Traité instituant une Constitution pour l'Europe peut-il être considéré comme révélateur d'intérêts communs de plus en plus essentiels, fondateurs d'une identité européenne, donc d'une dissuasion européenne potentielle ? Faute de ratification unanime, ce projet est mort-né. Les « intérêts vitaux », de nationaux, deviendraient-ils européens ? L'union nucléaire implique une identité européenne. « L'Europe » peut-elle se substituer aux nations en tant qu'idée-force et représentation géopolitique ? Le vieux problème de l'élargissement d'une dissuasion nucléaire, par essence nationale, n'a pas trouvé de réelle solution. Mise à part l'hypothèse selon laquelle l'adversaire désigné d'une alliance nucléaire ne peut entrer dans un rapport de MAD avec la puissance protectrice, cette solution réside dans la fédéralisation [124] de l'alliance, c'est-à-dire dans l'identité des intérêts, des valeurs et des menaces des États associés, une telle identification relativisant la distinction des différents États. La dénationalisation et l'européanisation progressives de la dissuasion au sein de l'Union permettraient d'estomper les inégalités de statut et de pouvoir héritées de la seconde guerre mondiale.

La dissuasion européenne

L'histoire des projets de défense européenne est celle d'échecs successifs ou de plans avortés. Une défense européenne ne paraît envisageable que si les principaux États européens considèrent que leurs intérêts convergent et que les gains de l'intégration en matière de défense dépassent les avantages du protectorat américain ou les inconvénients d'une perte d'autonomie nationale. Cela supposerait qu'apparaisse une menace majeure n'affectant que le continent, à l'exclusion de l'hémisphère occidental ; que la garantie nucléaire américaines disparaisse ou perde sa crédibilité ; que la France renonce à son indépendance de décision et accepte au moins la création d'une concertation analogue au GPN ; que cette concertation se limite aux principaux membres de l'UE. L'OTAN est affaiblie par le désengagement américain et les divergences transatlantiques. Mais seule une coopération nucléaire franco-britannique, impliquant que la Grande-Bretagne renonce à ses « relations spéciales » avec les États-Unis, ou franco-allemande, impliquant que l'Allemagne aille ou participe à l'atome militaire, est en mesure de donner à l'Union une capacité stratégique fondée sur la disponibilité concertée des moyens combinés. Il faudrait pour cela que Berlin ne donne plus la priorité à l'alliance avec Washington et que Paris ou Londres accepte le partage nucléaire avec Berlin. En 1986, des auteurs anglais, G. L. et A. L. Williams [125], avaient envisagé un axe militaire Londres-Paris-Bonn et la création d'une force de dissuasion anglo-franco-allemande qui constituerait le « pilier européen » de l'Alliance atlantique, la constitution de cette force impliquant que soit mis fin à l'interdiction nucléaire allemande.

Diverses options théoriques se présentent pour remplacer le protectorat nucléaire des États-Unis par une dissuasion européenne : l'approfondissement de l'alliance militaire entre les États européens ; la transposition à la relation France/UE ou Grande-Bretagne/UE du schéma existant entre la Grande-Bretagne et l'OTAN [126], donc la reproduction mutatis mutandis du modèle atlantique par l'UE en tant qu'héritière de l'UEO ; « l'européanisation » des forces nucléaires de la France et de la Grande-Bretagne. La première option renvoie au modèle de la « dissuasion par constat » ; la seconde, au modèle de la « dissuasion élargie » franco-britannique ; la troisième, au modèle de la « dissuasion commune », soit concertée, soit partagée. Dans le premier cas, les partenaires de l'UE pourraient se borner à constater l'existence d'une dissuasion implicite couvrant une Europe caractérisée par l'imbrication croissante des intérêts. Dans la seconde hypothèse, la France et la Grande-Bretagne prendraient la place de l'Amérique ; elles choisiraient ou bien de limiter leur dissuasion au champ de la politique déclaratoire, ou bien de développer le partage des responsabilités avec leurs alliés à travers, soit la participation de ces derniers à la planification nucléaire, soit le déploiement d'armes nucléaires nationales sur le territoire des alliés qui disposeraient d'un droit de *veto* sur l'utilisation de celles-ci, soit la mise à disposition d'armes en temps de crise. La troisième hypothèse recèle deux choix possibles, compte tenu de la personnalisation du pouvoir de décision nucléaire : soit un pouvoir de décision réservé à l'autorité nationale des EDAN après consultation des ENDAN, soit un pouvoir de décision dévolu à l'autorité européenne après consultation de l'ensemble des autorités nationales.

La « dissuasion par constat » pèche par son caractère incertain. La « dissuasion élargie » bute sur la difficulté de concilier les alliances avec le risque nucléaire. La difficulté est cependant atténuée par l'existence d'une solidarité de fait et de droit plus assurée que dans le cadre de l'OTAN, y compris pour des raisons géographiques. De surcroît, les menaces susceptibles de se développer ont un caractère limité et n'impliquent pas un risque de destruction des sanctuaires nationaux. Au dilemme « faut-il sacrifier New York pour Hambourg » ne se substituerait donc pas le dilemme « faut-il sacrifier Paris ou Londres pour Berlin ou

Rome ». D'autre part, le stationnement permanent de systèmes d'armes nationaux sur le territoire des partenaires, pour assurer le couplage, ne s'imposerait pas avec autant de nécessité que dans le cadre de l'OTAN. La « dissuasion commune », elle, se heurte à la division interétatique de l'Europe et à l'absence d'autorité européenne. Y aurait-il des forces nucléaires européennes sous commandement national au sein de l'Union? Cette Union d'États pourraient-elles aménager des procédures de concertation ? Ou bien y aurait-il une force nucléaire européenne ? Quel Président en serait l'organe décisionnel : celui de la Commission, du Parlement, du Conseil des Ministres, du Conseil européen ?

Le problème de la décision nucléaire

À ce jour, « l'européanisation » ne signifie pas décision partagée sur l'emploi. Les moyens nucléaires européens resteraient français ou britanniques et la mission dissuasive de ces forces nationales serait concertée plutôt que partagée (exclusivité nationale du commandement). Le problème est celui de la décision. Dans l'OTAN, il n'existe pas de décision partagée, car il n'appartient qu'au Président des États-Unis de décider en dernier ressort de l'emploi des armes nucléaires américaines. On peut supposer qu'une telle décision serait prise avec le consentement des alliés européens, du moins ceux dont le territoire abrite les armes américaines. Il n'existe cependant à cet égard aucune contrainte juridique. La contrainte technique ne concerne que les ogives emportées par des vecteurs alliés. Les discussions des années 1960 entre EDAN et ENDAN de l'Organisation ont abouti à un consensus, qui a pris la forme institutionnelle du GPN. Celui-ci a permis depuis les années 1970 une concertation sur la stratégie nucléaire, à mi-chemin entre la décision partagée et la décision solitaire. La RFA y trouvait son compte : sans être impliquée directement dans la décision nucléaire, elle a pu éviter d'être considérée comme un champ de bataille ou un glacis sans voix au chapître. À terme, c'est vers cette forme de concertation que pourraient aboutir les réflexions sur la dissuasion européenne. Se pose alors le problème du système décisionnel français (et/ou britannique) et celui de l'union nucléaire.

Le décret du 12 juin 1996 remplaçant celui du 14 janvier 1964 qui régit les forces nucléaires françaises, exclut toute information ou consultation avec les partenaires de l'UE. L'organisation politique, administrative, financière et technique de l'atome militaire, de la Présidence de la République aux officiers de tir, est intégralement nationale, aussi bien la planification et la gestion, la logistique et le C3I, le contrôle et la sûreté, que l'éventuelle décision d'emploi et l'exécution. Comment « européaniser » un tel système? L'hypothèse de l'emploi de l'arme nucléaire renvoie au cas d'exception, au cas de conflit extrême où les intérêts vitaux sont en jeu et où il faut trancher et agir. Seule la décision personnelle convient à ce genre d'hypothèse. La logique de la puissance nucléaire est celle de la personnalisation du pouvoir et de la légalité d'exception réservée au seul chef politique détenteur de la légitimité nationale. Le « principe du maître de l'atome » (H. Pac) ou la « monarchie nucléaire » (S. Cohen) est ainsi l'expression politico-juridique de la stratégie nucléaire. L'autorité suprême doit disposer à tout moment de moyens militaires suffisants, prêts et sûrs, et se trouver en mesure de les utiliser sans délai ni obstacle. Les contraintes techniques, le statut prétorien des forces nucléaires, la nécessité d'un commandement personnel affranchi des règles de l'État de droit (ni contreseing ministériel ni autorisation parlementaire), n'ont pas que des effets internes [127], mais aussi externes, en ce qu'ils s'opposent à toute « concertation ». L'histoire de l'atome militaire nous a appris que celui-ci ne se partage pas, ou du moins se partage mal, qu'il s'agisse de son extension (régime de non-prolifération) ou de son utilisation (régime du pouvoir discrétionnaire). Comment remédier à cette logique de l'exclusivité nationale? Le caractère discrétionnaire du pouvoir nucléaire, indispensable à la crédibilité de la dissuasion, place les alliés d'un EDAN dans une situation où ils n'ont pas de prise sur la décision. Le seul espoir d'agir en commun repose sur l'instauration de relations politiques si intimes que les participants au processus de concertation se percevraient comme une entité. Dans cette perspective, dire que « le nucléaire se partage mal » ou qu'il « ne se partage pas » sont deux choses très différentes. Dans le premier cas, au contraire du second, une union nucléaire est possible.

Les procédures adoptées par les EDAN de l'ex-URSS sont très intéressantes. Les accords d'Alma-Ata stipulaient qu'en attendant l'élimination des armes nucléaires sur le territoire de la Bélarus, de l'Ukraine et du Kazakhstan, ces armes feraient partie des forces stratégiques unifiées assurant la défense collective de la CEI et que leur éventuelle décision d'emploi serait prise par le Président de la Fédération de Russie avec l'accord des chefs des trois États susmentionnés, sur la base de procédures établies conjointement. Jusqu'à la fin du rapatriement des armes nucléaires vers la Russie, en novembre 1996, a donc existé pendant cinq ans une fédération nucléaire avec partage du nucléaire. La posture dissuasive russe avait-elle perdu sa crédibilité ? Non. Pas seulement parce que la Russie demeure une grande puissance militaire, mais aussi parce qu'il n'est guère douteux que, techniquement, le Président russe aurait pu ordonner la mise à feu des armes nucléaires situées sur le territoire de la Russie sans l'accord formel des trois autres chefs d'État. La question est de savoir si ces derniers auraient pu, eux, se passer du consentement du Kremlin. Il semble que les EDAN de l'ex-URSS auraient pu bloquer un ordre de mise à feu des armes nucléaires basées sur leur territoire qui aurait été émis par Moscou, et qu'elles auraient pu utiliser ces armes en neutralisant les procédures de sécurité mises en place sur l'arsenal de l'ex-URSS. Une communauté nucléaire serait donc possible entre des États nucléaires membres d'une Union d'États, dès lors que ces États, du moins l'État nucléaire prépondérant, conservent la possibilité d'une décision indépendante. Cet exemple est-il transposable dans l'Union européenne ? Il faudrait pour cela que l'Allemagne possède des armes nucléaires « européennes » sur son territoire. Mais une telle possession signifierait une prolifération : on estime qu'il y a eu une « prolifération transitoire » de la Bélarus, de l'Ukraine et du Kazakhstan.

Europe nucléaire et relations euroaméricaines

À ce jour, la défense de l'Europe n'est pas européenne. C'est un système à la fois universel (l'ONU), atlantique (l'OTAN), euratlantique (l'OSCE, le CPEA), paneuropéen (le Conseil de l'Europe), européen (l'UE succédant à l'UEO), qui assure la sécurité en Europe. Mais la dynamique qui pousse aux rassemblements régionaux peut entraîner la constitution d'une défense européenne. Il importe d'en évaluer les répercussions mondiales. L'émergence d'une nouvelle puissance ou d'une nouvelle configuration de puissance, telle l'Union politique de l'Europe, ne peut que modifier le système international. Les regroupements d'États présupposent des critères d'admission ou d'exclusion – un regroupement géopolitique avec qui et contre qui ?– impliquant une relation d'altérité sinon d'hostilité vis-à-vis des puissances étrangères. Toute revendication d'autonomie de l'Europe est dirigée contre l'Amérique [128]. Voilà le cœur du débat : lorsqu'on parle de défense européenne, raisonne-t-on en termes d'indépendance par rapport aux États-Unis ou en termes de complémentarité avec l'OTAN ? Peut-il y avoir place en Europe pour deux systèmes de sécurité ? Par rapport à l'atlantique, l'européen serait-il condamné à rester en devenir ? Il y a ou défense européenne ou défense atlantique, l'une exclut l'autre. Une Europe à la recherche de l'autonomie et de l'équilibre international organisera sa propre défense. Une Europe qui se considère comme une partie du monde occidental et qui désire suivre l'Amérique gardera sa défense atlantique. Tout dépend donc de la perception que l'Europe aura d'elle-même : Puissance autonome ou partie de l'Occident ?, du principe de politique étrangère qu'elle adoptera : intérêt géopolitique ou idéologie libérale ?, de la vision du monde qui la guidera : blocs régionaux ou universalisme ?, des valeurs qu'elle choisira : européanité ou cosmopolitisme ? « L'Europe » l'emportera-t-elle sur « l'Occident » ?

LE RETOUR A LA NORMALITÉ
ET LA POLITIQUE ÉTRANGÈRE ALLEMANDE

Pendant les quarante premières années de la République fédérale, les représentations nucléaires allemandes furent marquées par la « culpabilité » et la recherche d'une « nouvelle identité », européenne ou atlantique, même si l'obtention de l'égalité des droits et la réunification nationale ne furent jamais perdues de vue. Depuis 1989-91, les débats sur la défense et la politique étrangère, celle-ci au fondement de celle-là, ont tourné autour de l'idée, revendiquée ou réprouvée, d'un « retour à la normalité » de l'Allemagne dans le système international. Ce débat avait été amorcée au début de l'*Ostpolitik*. C'est précisément après ces deux tournants majeurs que furent l'*Ostpolitik* et la réunification, que la DGAP à Bonn, l'homologue de l'IFRI à Paris, publia deux recueils sur la politique étrangère allemande : *Les Perspectives de la politique étrangère ouest-allemande* [129] (sous la dir. de U. Scheuner et de R. Löwenthal) et, 25 ans plus tard, *La Nouvelle Politique étrangère de l'Allemagne* [130] (sous la dir. de K. Kaiser, H. Maull et J. Krause). W. Schütze en a fait la synthèse dans un article paru dans la revue *Politique étrangère* (1996) : « Une transition sans douleur et sans couleur. Une analyse de la politique étrangère allemande », qui s'avère une bonne introduction à la réflexion sur la « normalisation » et la politique allemande.

Restera ensuite à s'interroger sur le « retour à la normalité ». Quand est-ce que l'Allemagne se trouvait dans une situation « normale » ? Avant 1945 ? Avant 1914 ? Qu'est-ce que la « normalité », qui en décide et selon quels critères ? La « normalisation » signifie-t-elle que l'Allemagne bénéficie d'un traitement égal ? En ce cas, avec quel(s) État(s) doit-elle être comparée ? La « normalisation » signifie-t-elle la disparition des restrictions particulières qui contraignaient la diplomatie et la défense allemandes ? Le droit de nouer et dénouer des alliances ou celui de s'armer et d'employer la force armée conformément au droit international ? Le droit d'affirmer l'intérêt national dans la conduite de la politique étrangère ? Mais la poursuite par les gouvernements ouest-allemands successifs de l'intégration de la RFA dans les institutions occidentales et internationales, n'a pas consisté à liquider les intérêts de la RFA, elle a consisté à renforcer leur position, en fonction des contraintes internes et internationales d'une part, des convictions des élites et de l'opinion d'autre part. La « normalisation » signifierait-elle l'évolution de la « puissance civile » vers la puissance tout court ? A bien des égards, il appert que « normalisation » équivaut à « renationalisation », « globalisation » et « militarisation » de la politique étrangère. Une politique allemande « normalisée » serait davantage guidée par l'intérêt national –moins par le multilatéralisme –, elle aurait un horizon mondial –non plus européocentré –, elle pourrait compter sur la force armée –non plus sur les seuls moyens économiques. À cette « normalité » vue par « l'école réaliste », d'autres écoles rétorqueront : ce qui est ou devrait être « normal », c'est le comportement international de la République de Bonn, « civil », « multilatéral » et « coopératif » !

En continuant de donner la préférence à l'intégration à l'Ouest, au contrôle des armements, aux instruments diplomatiques et économiques de réglement des conflits plutôt qu'aux moyens militaires, l'Allemagne réunifiée a confirmé son statut de « puissance civile », dont elle possède tous les attributs : mentalité hédoniste, régime démocratique, *Sozialstaat*, interdépendance économique, restriction de la force militaire. Mais d'un autre côté, l'Allemagne a montré une nouvelle assurance, après qu'elle eût recouvré son unité et sa souveraineté : réinterprétation « nationale » de la Loi Fondamentale ; localisation de la BCE à Francfort ; demande d'un siège permanent au Csnu ; participation au désarmement nucléaire de la CEI ; restructuration « nationale » de la *Bundeswehr* avec possibilité de participer à toutes les affaires militaires internationales ; reconnaissance unilatérale de la Slovénie et de la Croatie ; « spéciales » germano-russe ; obtention de la protection des minorités allemandes et du « droit des réfugiés au retour » en Pologne ou en Tchécoslovaquie ; opposition aux États-Unis lors de la crise irakienne ; participation aux discussions sur l'Iran avec les membres permanents du CSNU.

Les deux recueils de la DGAP

Avec la détente, l'*Ostpolitik* et l'arrivée au pouvoir du SPD, on décréta à l'époque de la première série que la guerre froide était terminée. Les chercheurs rassemblés sous l'égide de la DGAP devaient tirer les conséquences de cette mutation. Les controverses passionnées auxquelles donna lieu l'*Ostpolitik* se reflétèrent dans les contributions. À cet égard, la position du directeur de l'Institut, K. Carstens, homme politique CDU, secrétaire d'État à la Défense dans le Cabinet de « grande coalition », avant de devenir Président de la République fédérale (1979-1984), se heurta de front aux avocats de la nouvelle ligne, à commencer par son propre directeur adjoint, E. Schulz. Ce débat entre universitaires ne fut cependant qu'un pâle reflet de la lutte parlementaire dramatique entre la coalition de gauche et l'opposition de droite, cette dernière s'efforçant, au printemps 1972, de bloquer l'*Ostpolitik* par un vote de défiance contre le Chancelier Brandt, qui ne fut rejeté qu'à deux voix près.

L'enjeu primordial se trouve clairement exposé dans ces pages : fallait-il, comme le pensaient Carstens et d'autres, tels R. Löwenthal et W. Wagner, éditeur de l'*Europa-Archiv*, maintenir l'exigence formelle de la réunification par la libre autodétermination du peuple allemand, ou bien un aggiornamento, se résignant au statu quo interétatique, s'imposait-il dans une situation internationale modifiée par le déclin relatif des États-Unis, l'accès de l'URSS à la parité stratégique et la montée économique de la RFA et du Japon ? Selon cette dernière ligne, la recherche d'un modus vivendi avec le bloc soviétique, qui avait motivé la signature du TNP, ne devait plus être subordonnée aux progrès sur la voie de l'unité allemande ; c'est elle qui devait permettre ces progrès, via l'*Ostpolitik*. La perception de la question allemande par l'étranger, notamment les alliés occidentaux, fut un argument utilisé de part et d'autre. Il était clair qu'à l'Ouest comme à l'Est, la division de l'Allemagne était acceptée par tous comme la garantie du *statu quo*. Mais Carstens soulignait qu'un État reniant la nation ne pouvait être crédible pour ses partenaires, tandis que Schulz croyait que revenir à l'idée discréditée de l'État-nation rendrait difficile, sinon impossible, la poursuite de l'intégration européenne ; à cette argumentation, on objectait que les principaux alliés européens entendaient rester des États-nations. À cet égard, les débats n'ont guère changé entre la notion d'intérêt national allemand et celle d'intérêt commun européen, entre « l'unification européenne » et la « souveraineté nationale ». Mais à la différence d'aujourd'hui, cette dernière notion, à l'époque, ne s'appliquait pas dans toute sa plénitude à l'Allemagne, dont la souveraineté était limitée par les obligations qu'elle avait souscrites dans le cadre des accords de 1954 et des conventions conclues avec l'OTAN relatives à l'intégration de la *Bundeswehr* ou au statut des forces étrangères. En outre, un consensus existait sur la nécessité de ne pas mettre en question les droits et responsabilités des trois puissances occidentales sur l'Allemagne dans son ensemble et sur Berlin.

Les deux grands axes de la politique étrangère –l'appartenance à l'OTAN et aux CE– ne furent donc pas remis en cause, mais la position ouest-allemande dut s'adapter aux changements intervenus au sein des deux Organisations. Là aussi, on trouve des similitudes avec la situation actuelle. La nouvelle politique atlantique envers le bloc soviétique devrait se traduire, lisait-on, par la multilatéralisation des contacts avec l'autre partie de l'Europe, ne serait-ce que pour éviter tout soupçon de la part des partenaires de l'Ouest sur une éventuelle politique unilatérale de la RFA. Le principal souci des dirigeants allemands reste toujours de rassurer le monde extérieur sur les intentions de l'Allemagne et sa fidélité aux alliances. Cette priorité ressort clairement des analyses dans la deuxième série de 1995-96 de la DGAP. Il fallait surtout ne pas renouer avec la « politique de bascule » qui avait caractérisé les diplomaties de Bismarck et de Stresemann. Un élément novateur fut cependant le débat sur la perspective paneuropéenne qui s'était ouverte avec la décision de chercher les bases d'un rapprochement avec l'Est, et qui aboutit en 1975 à l'Acte d'Helsinki. N. Sombart, face aux réticences de la plupart des experts, rédigea un plaidoyer pour un dépassement des blocs, en faisant référence aux « modèles de sécurité européenne » décrits auparavant par l'Iiss et le Cepe (prédécesseur de l'Ifri). Des premiers modèles du Cepe, Kaiser, successeur de Carstens à la direction de la DGAP, dit, dans son introduction à la deuxième série, qu'ils avaient permis d'ouvrir des horizons nouveaux. Mais force est de constater que la seconde édition de la DGAP consacre très peu de place à la thématique de « l'ordre pacifique européen ». Löwenthal avait déjà reproché à Sombart, en 1971, de prôner la création d'un système européen qui ne pourrait pas garantir la sécurité du continent, puisque les deux Grands n'y étaient pas impliqués. On en est resté à ce point en 1995, avec toutefois une différence : la question qui se pose après la dissolution du bloc soviétique est de savoir si la stabilité et la sécurité de l'Europe peuvent s'établir avec les seuls États-Unis ou si la pleine participation de la Russie est nécessaire.

À propos des CE, les avis divergèrent peu, étant donné que la CEE était à la sécurité économique de la RFA, ce que l'OTAN était à sa sécurité militaire. Néanmoins, l'analyse consacrée à l'évolution de la Communauté souleva des questions sur la poursuite de l'intégration après l'élargissement prévu aux pays de l'Europe du Nord. Dans ce domaine encore, les choses n'ont guère changé, et le rapport de synthèse sur les perspectives européennes, à l'heure de l'élargissement à l'Europe de l'Est, pourrait aussi bien décrire la situation des années 1990. Carstens affirmait que l'union économique et monétaire dont on débattait dans les instances communautaires était insuffisante parce que son corollaire, l'union politique, avait peu de chances d'aboutir. À ses yeux, les sacrifices demandés aux Allemands sur le plan économique et monétaire ne pouvaient se justifier qu'à la condition de faire des avancées décisives sur le plan politique. Nous voilà au cœur de la controverse sur la monnaie unique d'une part, la réforme des institutions de l'UE et la PESC d'autre part. On retrouve le déséquilibre entre économie et politique dans les analyses, rédigées dans les deux séries d'études, qui tentent de définir la place de l'Allemagne dans le monde à partir de la disproportion entre sa force économique et sa faiblesse politique. Brandt avait qualifié son pays de « nain politique » et de « géant économique » ; en termes plus académiques, on usait et on use encore de formules telles que « puissance civile », sans arriver à définir vraiment le rôle international de l'État allemand tant au plan diplomatique que militaire.

En conclusion, le dilemme essentiel qui domina à juste titre les interrogations de la première série – faut-il laisser ouverte, en termes purement déclaratoires, la question de l'unité allemande, ou bien convient-il de la renvoyer à plus tard ? – tourna en faveur de ceux qui plaidaient, au nom de la stabilité et de la détente en Europe, pour l'abandon des positions déclaratoires. L'unité nationale sous une forme étatique devint une perspective à long terme, et on s'installa dans une situation qui pouvait se définir par la formule : « un peuple-deux États » [131]. L'idée de l'unité nationale sous la forme de la *Kulturnation* fut donc préservée. Aux élections anticipées de l'automne 1972, les Allemands de l'Ouest plébiscitèrent l'*Ostpolitik* de Brandt en faisant du Spd – pour la première fois – le premier parti au *Bundestag*. Ce vote permit la ratification des traités conclus avec les pays de l'Est (URSS, Pologne, Tchécoslovaquie), de l'Accord quadripartite sur Berlin, du traité inter-allemand RFA/RDA – conséquemment suivi de l'entrée des deux États allemands à l'Onu –, du TNP enfin.

Le 3 octobre 1990, l'Allemagne a retrouvé son unité (par l'absorption de l'ex-RDA) et sa pleine souveraineté. Un an plus tard, les responsables de la DGAP décidèrent la mise à jour de l'étude sur la politique étrangère de la République fédérale qui avait été publiée vingt ans plus tôt. Comme l'expliquent Kaiser et Maull, les bouleversements en Europe et dans le monde ont rendu nécessaires une actualisation de la première série, mais aussi une mise à plat des axiomes sur lesquels reposait la diplomatie de Bonn. Ils constatent que les dirigeants allemands défendent la continuité de la politique étrangère suivie par la RFA, malgré la modification profonde de la situation en Europe. Mais de l'avis des experts réunis dans cette deuxième série, il est nécessaire de s'adapter à la nouvelle donne internationale, car, d'après eux, le changement l'emporte sur la continuité. Ils notent que l'opinion publique et la classe politique préfèrent ne pas insister sur l'image nouvelle du pays, alors que l'étranger, notamment les voisins européens, ont compris qu'ils avaient affaire à un autre pays. Ce décalage entre les perceptions intérieure et extérieure n'est pas encore surmonté et contribue à créer des malentendus. Les responsables de la publication soulignent que la poursuite de la même politique étrangère dans un environnement international complètement transformé n'est pas concevable. Pour eux, il importe d'analyser en premier lieu les nouvelles données internes et externes de la diplomatie, pour examiner ensuite les défis qui se posent et réfléchir sur les nouvelles conduites à adopter correspondant aux intérêts nationaux. Bref, le recueil cherche à guider les décideurs politiques et à déclencher une prise de conscience collective de ce que devraient être la vocation et la place de l'Allemagne en Europe et dans le monde.

Les auteurs de l'avant-propos comparent les tâches à venir de l'Allemagne réunifiée à celles du *Reich* après 1871. Le nouvel État doit trouver sa place dans un système international en mutation. Or, les structures des États et les conditions des alliances ont profondément changé depuis l'époque de Bismarck, car l'action diplomatique s'insère maintenant dans un cadre multilatéral. Il ne s'agit pas du tout de revenir à la *Machtpolitik* du Chancelier de Fer, mais de faire en sorte que l'Allemagne joue un rôle positif au sein de la communauté internationale. Quant aux données intérieures, les responsables observent que, si les chercheurs s'efforcent de tirer les conséquences d'une situation radicalement transformée, la classe politique et l'opinion publique ne suivent pas, car il y a peu d'intérêt et guère d'engagement pour la politique étrangère. Seules les réactions aux guerres du Golfe ou des Balkans, l'envoi de Casques bleus allemands dans des opérations de paix de l'ONU ou l'union monétaire ont fait l'objet de véritables débats. Ce déficit de prise en considération permanente des problèmes qui se posent au-delà des frontières est qualifié par les chercheurs d'handicap sérieux. Après la réunification et la disparition de l'URSS, l'opinion générale est que le pays, désormais à l'abri, devrait s'occuper de résoudre ses problèmes économiques et sociaux. Mais cette attitude « abstentionniste » n'est pas jugée tenable politiquement et moralement.

Déjà la définition des intérêts nationaux se heurte à des controverses. Dans la première série, la difficulté a faire admettre que la RFA avait ses propres intérêts à défendre avait joué un rôle non négligeable. Aujourd'hui, il est admis que Berlin a et aura, comme tous les autres États du monde, des options diplomatiques et stratégiques conformes à ses objectifs nationaux. Le « poids du passé » continue de peser sur la quête d'une « nouvelle identité », mais le temps est révolu où, comme l'écrit Ch. Hacke, la nation était considérée comme un tabou et l'Europe comme un idéal. De même, il n'est plus possible de jouer sur les mots, en remplaçant par exemple le terme de « puissance » par celui de « responsabilité ». Ainsi, dans sa contribution sur l'environnement international, Ch. Tomuschat définit l'État souverain comme l'élément fondamental de la communauté internationale tout en indiquant les limites que les actions indépendantes de l'Allemagne trouvent dans un système multilatéral interdépendant. Le rôle de l'Allemagne réunifiée, qui n'est pas simplement l'ancienne RFA étendue à l'Est, mais une nouvelle entité, est déterminé par sa dimension spatiale et démographique, sa position au centre du continent, sa puissance économique et monétaire, la nécessité d'assumer des tâches diplomatiques et militaires. Multilatéralisme, liens transatlantiques, intégration européenne ne sont pas abandonnés, mais redéfinis dans le nouveau contexte.

Le premier tome sur les fondements de la nouvelle politique étrangère est d'un intérêt particulier, car il tourne autour de la situation, centrale à tous égards, que l'Allemagne occupe désormais sur le continent. H. Haftendorn intitule sa contribution : « Gulliver au milieu de l'Europe ». Mais ce ne sont pas les nains qui clouent le géant au sol par mille liens, c'est le géant lui-même qui reste immobile car il ne sait pas où il doit aller. Indécision aggravée par la tâche de la reconstruction des nouveaux Länder et par la stagnation économique. H.P. Schwarz résume le « dilemme allemand ». Cet auteur a provoqué un vif débat dans la communauté scientifique en publiant un livre sur L'Allemagne, puissance centrale, qui analyse le retour du pays sur la scène mondiale. Le dilemme actuel n'a rien à voir avec ceux du passé. La démocratie constitutionnelle est solidement établie et le nationalisme agressif a disparu. Il n'en demeure pas moins que, par sa dimension, la nouvelle Allemagne se trouve volens nolens face à un dilemme qui n'a pas de solution définitive. L'idéal de l'ancienne RFA de fondre son État partiel dans une fédération européenne à l'intérieur d'une communauté atlantique, s'est brisé sur la résistance de ses partenaires, et la fuite en avant hors de l'État-nation n'est plus possible. Au sein de l'Union, la puissance économique et monétaire allemande a provoqué, par contrecoup, la recherche de l'UEM par les partenaires. Toute déstabilisation en Europe centre orientale aurait des répercussions en RFA. Celle-ci est contrainte à pratiquer une politique qui fasse droits à ses intérêts à l'Est et à l'Ouest puisqu'elle participe de ces deux mondes, qu'elle entend rassembler.

Le second tome est, pour l'essentiel, consacré à l'examen des champs d'activités et des enjeux internationaux, par régions et par matières. Une large place est occupée par les problèmes qui n'existaient pas sous cette forme au début des années 1970, tels l'immigration et les réfugiés, la criminalité internationale et le trafic de drogue, la prolifération des ADM et des missiles, le terrorisme. Les grandes puissances trouvent également leur place, surtout les États-Unis et la Russie. Un rédacteur de la *Süddeutsche Zeitung* de Munich, J. Joffe, qualifie l'Amérique de « puissance hégémonique douce » et de partenaire principal de l'Allemagne. Il est manifeste, comme le soulignent d'autres contributions, que les liens avec Washington continuent d'être la priorité pour Berlin, enclin au « suivisme », et que la fin du conflit Est-Ouest n'a pas changé la nature des relations transatlantiques, en dépit de l'intégration européenne ou de l'unilatéralisme croissant d'une politique américaine qui use de sanctions économiques et recourt à la force armée. Quant à la Russie soutenue à bout de bras, le pronostic est incertain, compte tenu des turbulences du pays et de son « étranger proche » ; mais on s'accorde généralement à penser que les rapports avec Moscou seront vraisemblablement caractérisés par une alternance de phases de coopération et de phases de confrontation.

L'idée d'un nouveau « cordon sanitaire » à l'Est ou d'une « zone tampon » entre l'Allemagne et la Russie, n'est pas retenue. L'accent est mis sur l'impératif d'aider au maximum la transition des PECO, notamment les trois pays du groupe de Visegrad (Pologne, Tchéquie, Hongrie), vers la démocratie et l'économie de marché, pour préparer leur intégration à l'Ouest, dans l'Alliance atlantique comme dans l'Union européenne. La responsabilité particulière de l'Allemagne, dans tous les domaines, est clairement exprimée et admise. L'évolution de l'UE fait l'objet d'une étude très poussée de J. Janning, qui énumère les problèmes – adaptation des institutions au prochain élargissement oriental, cohésion de l'ensemble, extension du vote à la majorité qualifiée, aménagement de la PESC et des rapports UE-UEO-OTAN, réforme des politiques communautaires, notamment la PAC et les fonds d'aide régionale – auxquels la politique allemande devra faire face. Les divergences avec les partenaires sont de nature à accroître l'euroscepticisme grandissant de l'opinion publique et de la classe politique outre-Rhin, alors qu'une majorité d'Allemands refusait d'abandonner le mark pour l'euro. Le projet d'une fédération européenne n'est cependant pas abandonné, comme l'illustrent la proposition Schäuble-Lamers en 1994 ou, en 2000, la proposition Fischer. Mais il appert que le jeu capital, en matière de construction européenne, ne se fera plus à deux, entre Paris et Bonn, mais à trois, avec Londres.

Dans le troisième tome, le domaine qui perd de l'importance par rapport à la première série d'études est la politique de défense, puisqu'en raison de la disparition de l'URSS et du PDV, il n'existe plus de menace militaire directe et que l'Allemagne est entourée d'amis, selon la formule de Klaus Kinkel. Le pays n'a pas non plus, pour la première fois de son histoire, de revendications territoriales ni de fortes minorités nationales en dehors de ses frontières. Il est favorable au statu quo, tout en prônant les droits de l'homme et le droit des peuples à l'autodétermination. Il a cependant entrepris de profondes réformes militaires. Les deux contributions de J. Krause et de U. Nerlich analysent les mutations de l'Alliance atlantique et les nouvelles missions « hors zone » de l'OTAN, en liaison avec les opérations de paix de l'ONU. Le principe de l'élargissement de l'Alliance aux PECO est accepté, sans qu'il y ait de discussion approfondie des conséquences sur les rapports avec la Russie ou d'autres pays de la CEI ; Nerlich met cependant en garde contre une extension qui aurait pour résultat d'affaiblir la capacité de défense collective et la cohésion de l'ensemble. Les perspectives paneuropéennes ne sont guère évoquées, à la différence marquée du premier recueil de la Dgap : l'échec de la CSCE est constaté, en Transcaucasie ou dans les Balkans ; au-delà des déclarations rituelles sur la nécessité de renforcer le rôle et les moyens de l'OSCE, manquent des propositions concrètes pour remédier à ses faiblesses.

L'Allemagne au centre

Les chercheurs de la DGAP ont comparé la réunification de 1990 avec l'unification de 1871. Toutes deux marquent l'avènement d'une puissance au centre de l'Europe et la modification du système international. Mais la première, souligne M. Stürmer, présente des différences essentielles par rapport à la seconde. Elle n'est pas l'union d'États monarchiques allemands dans une structure fédérale hégémonique (sous domination prussienne), mais l'absorption de l'État totalitaire oriental par l'État démocratique occidental. Elle n'est pas l'effet d'une guerre et d'une reconnaissance internationale *ex post facto*, mais de la désintégration pacifique du bloc soviétique et d'un processus négocié multilatéral. Elle ne s'inscrit pas dans le cadre de l'équilibre continental des puissances, mais dans le cadre de l'intégration européenne et de l'alliance atlantique (donc de la présence américaine). Elle n'implique pas la formation d'une « puissance centrale » [132] pratiquant une « politique de bascule » entre l'Est et l'Ouest, mais la confirmation d'une « puissance euratlantique » appartenant à l'alliance maritime occidentale. On disait que l'Allemagne de Bismarck était à la fois trop petite pour l'hégémonie et trop grande pour l'équilibre. Aujourd'hui, l'Allemagne de Kohl puis de Schröder forme le centre de gravité d'une Europe en voie d'unification, qui est elle-même l'un des deux pôles, avec l'Amérique, de la civilisation occidentale. Enfin, la différence décisive porte sur la relation germano-américaine, quasi inexistante en 1871, alors qu'il n'y aurait sans doute pas eu de réunification allemande en 1990 sans l'appui des États-Unis.

Avec les États-Unis, l'endiguement de l'URSS servait de principal « fédérateur » de l'Europe et de l'Alliance atlantique, cependant que la division Est-Ouest facilitait l'intégration de la RFA dans le système euroatlantique. Les Allemands de l'Est, eux, continuèrent pendant quarante ans de perdre la Seconde Guerre mondiale, et la RDA – le territoire de l'ancienne Prusse anéantie – de se vider de sa population. D'après M. Stürmer, l'Amérique et l'Allemagne sont les deux acteurs clés du nouveau monde atlantique. L'Amérique est l'unique superpuissance, elle est libérée des contraintes de la confrontation globale avec l'URSS, elle poursuit l'alliance avec l'Europe. L'Allemagne est la première puissance du continent, elle est affranchie de la menace militaire soviétique, elle poursuit l'alliance avec l'Amérique. Toutes deux doivent conclure un nouveau partenariat transatlantique. Elles ne doivent surtout pas redevenir rivales, même à travers la construction européenne. Loin d'être un compétiteur mondial, la RFA a besoin de la protection militaire des États-Unis et de leur appui pour stabiliser et intégrer l'Europe centre orientale. Quant à l'Amérique, elle a besoin d'une joint-venture avec l'Allemagne et l'Europe si elle veut une seconde *pax americana* [133].

Durant la guerre froide, le plan Rapacki buta contre la même difficulté que les notes de Staline de 1952 : il échangeait l'intégration allemande à la communauté occidentale contre le retrait soviétique d'Allemagne de l'Est, bref, la division et l'alliance avec l'Ouest contre la réunification et la neutralisation. Mais cette Allemagne unie eût été isolée et désarmée, donc à la merci de l'URSS ou de ses voisins. Ou bien, devenue plus forte, elle aurait été confrontée à son vieux dilemme de sécurité, qui veut qu'une Allemagne puissante au milieu de l'Europe soit une Allemagne menaçante puis, à son tour, une Allemagne encerclée et menacée. En 1990, l'Allemagne s'est réunifiée, non dans le cadre d'une neutralité ou d'une position spéciale qui l'aurait isolée, mais dans un cadre européen et atlantique bientôt débarrassé de la bipolarité. Elle se retrouve dans une position de pivot du continent. En déclarant que l'Allemagne était placée devant le choix suivant : soit constituer la frontière de l'Occident, soit déplacer l'Ouest vers l'Est et se retrouver au centre, Volker Rühe a résumé l'évolution géopolitique fondamentale qui résulte des révolutions de 1989-91. Cette évolution accompagne la politique américaine de l'enlargement, qui vise à rassembler l'hémisphère Nord sous le leadership des États-Unis. Elle accompagne aussi la politique allemande de l'enlargement [134], qui vise, elle, à rassembler le continent européen sous le co-leadership de la RFA[135]. Si les États-Unis ont pu demeurer une « Puissance européenne » après la fin du conflit Est-Ouest, c'est grâce à l'assentiment de la RFA, et si la RFA accepte la politique d'enlargement des États-Unis tout en souhaitant associer la Russie au monde occidental[136], c'est parce qu'elle fait de l'Allemagne la Puissance centrale du continent. Ce rôle est reconnu par Washington, qui a soutenu l'adhésion des PECO à l'OTAN et à l'UE. Cette Allemagne au centre, non plus « glacis » mais « partenaire dans le leadership », est en même temps à l'Ouest parce qu'elle se définit – politiquement, économiquement, culturellement – comme une puissance occidentale et parce que l'Ouest – au sens politique, économique, culturel – tend à devenir le Nord. À moins d'un divorce euro-américain…

« Retour à la normalité » et nation

Le débat sur la nation et sur l'histoire nationale depuis 1871 constitue l'arrière-plan culturel des choix diplomatico-stratégiques du gouvernement allemand. La question de la perception de l'Allemagne par elle-même est décisive, car « une fois que l'image qu'une nation a d'elle-même périclite, sa volonté de jouer un grand rôle international disparaît aussi » (H. Kissinger). Il importe donc de savoir si les élites et l'opinion allemandes considèrent leur pays comme une « nation coupable », ou un « État normal », ou une « puissance phare ».

Après la guerre, la politique alliée de « rééducation », intériorisée par la République de Bonn, contribua à mettre au ban l'idée de nation et le concept d'intérêt national, bien que les gouvernements aient continué de considérer la division du pays comme un phénomène anormal et provisoire. Que pouvait être « l'intérêt national » dans une nation divisée, dans un État à la souveraineté limitée, qui misait sur l'intégration à l'Ouest ? Qu'est-ce que l'intérêt national sans conscience nationale ? Que signifie le concept aujourd'hui ? Peut-il conduire l'Allemagne à aller au nucléaire ? Si l'on raisonne en termes d'intérêt, la renonciation à l'atome militaire n'est plus une norme, mais un fait conjoncturel. De même, l'intégration européenne et atlantique n'est plus un engagement irréversible, mais un choix. La fondation de l'Union européenne, Union d'États et de peuples à laquelle participent l'État et le peuple allemands, pourrait toutefois tendre à englober l'intérêt national dans l'intérêt commun européen.

Le « retour à la normalité » signifie implicitement que la situation de la République de Bonn était « anormale », donc, quelque part, illégitime. À la différence de l'ancienne RFA, État « postnational » ou « démocratie occidentale » [137], l'Allemagne réunifiée est un État démocratique national, dont l'ethos est semblable à celui de la France, de la Grande-Bretagne ou de l'Italie. Malgré la continuité politique, juridique, économique et sociale qui présida à la réunification, il n'en demeure pas moins que la reconstitution de la nation allemande remet en question les fondements idéologiques sur lesquels ou au nom desquels la première République fédérale établit sa légitimité. Les intellectuels de gauche qui refusèrent l'unité – au nom de la « culpabilité » – craignirent cette altération politico-culturelle de la RFA. Ils avaient en effet considéré que la vocation des Allemands devait être de renoncer à la restauration de l'État national, donc à la réunification, en expiation des crimes du IIIe *Reich*. Ni le *Land*, ni l'Europe, ni la communauté atlantique, ni la « société » ne pouvaient pourtant se substituer à l'identité nationale. Et l'État-nation retrouvé, grâce au soulèvement des Allemands de l'Est, a bel et bien signifié une libération.

Pendant le conflit Est-Ouest, la stratégie juridique de « l'État entier » avait maintenu l'idée de l'unité nationale. La RFA a toujours revendiqué la continuité de l'État allemand dans son intégralité territoriale (sur la base des frontières de 1937), étant donné que le *Reich*, contrairement à la Prusse, n'avait pas été dissous par les Alliés. Le prix à payer de cette revendication fut d'accepter l'héritage de la période hitlérienne et d'en assumer la responsabilité morale, pénale, financière. Le préambule de la Loi Fondamentale rappelait l'exigence de la réunification, dont les articles 23 et 146 fixaient le cadre. Il était question des « autres parties de l'Allemagne ». Le traité signé en 1972 par les deux États d'Allemagne ne consacrait pas leur reconnaissance réciproque en tant qu'États étrangers l'un à l'autre, mais au contraire les liens particuliers unissant la RFA et la RDA. Celles-ci n'échangeaient pas d'ambassadeurs mais des représentants permanents. Bonn obtint de ses partenaires de la CEE qu'ils considèrent le commerce inter-allemand comme un commerce intérieur à la République fédérale. Les Allemands ne renoncèrent pas à la réunification lors de l'*aggiornamento* de la fin des années 1960 et la mise en place de l'*Ostpolitik*.

La stratégie de « l'État entier » fut le mieux exprimée par l'arrêt prononcé le 31 juillet 1973 par la Cour constitutionnelle fédérale, selon lequel « la RFA limite sa souveraineté au domaine d'application de la Loi Fondamentale, mais se sent responsable pour l'ensemble de l'Allemagne ». Deux conséquences géopolitiques résultaient de ladite stratégie. D'une part, la RFA « se sentait responsable » –revendication latente de souveraineté– pour un territoire beaucoup plus large que le sien et dont elle ne définissait pas les frontières. Le gouvernement de Bonn estimait en effet que la Silésie, la Poméranie, la Posnanie et la Prusse dans sa partie sud n'avaient été placées que « sous administration polonaise » (partie 8 des accords de Potsdam), en attendant le tracé frontalier définitif, qui devait être établi au moment du traité de paix. Or, celui-ci ne fut jamais signé. La RDA avait reconnu la frontière Oder-Neisse avec la Pologne en 1950 [138] ; le traité signé en 1970 par la RFA et la Pologne contenait l'acceptation de cette frontière, mais il soumettait sa reconnaissance officielle à une décision que seule l'Allemagne réunifiée pouvait prendre [139]. Vis-à-vis de la Tchécoslovaquie et des Sudètes, les choses étaient également ambiguës [140]. D'autre part, la RFA proclamait l'unité de la nation allemande sur une base ethnolinguistique, telle qu'elle découle du code de la nationalité [141]. Cette nation était destinée à être réunifiée dans un État allemand entier, auquel la RFA s'assimilait déjà juridiquement (en excluant la RDA).

La République de Bonn a donc sauvegardé l'idée de l'État national allemand avec pour référence territoriale les frontières de 1937 (avant l'*Anschluss*) et pour capitale Berlin. Mais elle a aussi exprimé l'attachement au modèle libéral occidental, fait d'Auschwitz l'acte fondateur négatif de la nouvelle identité allemande, acquis une légitimité en tant qu'État et société « post-nationaux ». Cette légitimité axée sur la « responsabilité » ou sur le « patriotisme constitutionnel » était contradictoire avec la préservation du sentiment national à la base du concept de « l'État entier ». La République fédérale et l'État-nation restèrent dissociés de 1949 à 1989. C'est la *Kulturnation* –l'identité linguistique et culturelle unissant les Allemands indépendamment des États– qui maintint la conscience de faire partie du même peuple à l'Est et à l'Ouest -même s'il existe deux mémoires allemandes différentes à l'Est et à l'Ouest. Depuis 1990, le recouvrement de l'unité et de la souveraineté s'accompagne d'une redéfinition de l'identité allemande. L'Allemagne réunifiée poursuit dans la voie de l'intégration euroatlantique ; mais celle-ci n'est plus une obligation, elle est un choix.

La conception de « l'État entier » a présidé à la réunification, en laissant de côté de fortes représentations, qui étaient absentes de ladite conception : la perception que la frontière inter-allemande a été un front, matérialisé par le Rideau de Fer et le Mur de Berlin, au-delà duquel se trouvait un pays méconnu et fermé, la RDA ; le refoulement du sentiment national au sein de la société civile de la RFA, au profit d'un sentiment de culpabilité, car bien qu'elle se voulût continuation juridique du *Reich*, la République fédérale se construisit en rupture politique avec le passé ; la constitution d'une identité ouest-allemande « post-nationale » fondée sur le « patriotisme constitutionnel » et l'attachement à l'Europe ou à la communauté atlantique. La RFA, en s'ouvrant à l'Ouest et à l'universalisme, tourna le dos à l'Est et à la *Kulturnation* ; elle fut une « société avant d'être État », État à peine doté d'attributs symboliques, oscillant entre l'unité allemande perdue, l'alliance atlantique et l'unification européenne promise.

La réunification a mis fin à la dissociation entre territoire, souveraineté et nationalité : tous les Allemands sont réunis dans un même État ; les frontières de cet État s'arrêtent à l'Oder-Neisse-Bohème ; l'Autriche est un État à part entière. La « normalité » de l'Allemagne réunifiée correspond ainsi à la congruence de l'État et de la nation. L'autodétermination évoquée dans le préambule de la Loi Fondamentale a été réalisée – aussi ce préambule a-t-il été révisé, comme l'article 146– et le territoire du peuple allemand a été fixé– aussi l'article 23 qui prévoyait l'adhésion d'autres territoires [142] a-t-il vu son contenu remplacé par la mention de l'unification européenne pour montrer que l'Allemagne n'a plus de revendications territoriales. Il semble donc que les Allemands puissent désormais confondre, dans le territoire de l'État, démocratie et nation [143]. La Loi Fondamentale continue pourtant de se référer à plusieurs axes d'appartenance : la décision de vivre dans un État fédéral et démocratique, la référence à une origine et à une culture communes, la solidarité avec les Allemands de l'extérieur.

L'État allemand « se sent responsable » envers ceux qui sont de souche allemande et/ou parlent la langue allemande. L'article 116 LF offre la citoyenneté allemande à tous les Allemands de souche vivant en Europe centre orientale (peut-être six millions de personnes). Des organismes officiels et des associations comme le *Verein für das Deutschtum im Ausland* œuvrent pour la préservation de la culture germanique à l'étranger. La RFA fait toujours la différence entre immigrés, réfugiés et Aussiedler, c'est-à-dire les personnes de souche allemande venant d'Europe de l'Est [144]. D'autre part, l'Allemagne a érigé l'autodétermination des peuples sur une base ethnique, en norme de sa politique étrangère et du droit international [145]. Or, une telle norme, déstabilisante, remet en cause le statu quo des souverainetés et des frontières, y compris en Europe.

La restructuration des forces armées

La réunification s'est accompagnée d'une restructuration militaire, tant au plan organisationnel qu'opérationnel, parallèlement à l'élargissement géographique et thématique des missions de l'OTAN. Il résulte du traité « 2+4 » que l'armée est-allemande a été à la fois dissoute et absorbée, que le plafond de la *Bundeswehr* a été fixé à 370 000 hommes, que l'Allemagne a confirmé sa renonciation aux armes NBC, qu'elle a gardé le droit de rester dans l'OTAN, qu'elle peut déployer ses forces armées dans l'ensemble du pays. Seule séquelle de la division : le déploiement de troupes étrangères et d'armes nucléaires est interdit dans le territoire de l'ancienne RDA. La puissance combinée des forces armées des deux États allemands s'élevait à 700 000 hommes en 1990. L'armée allemande compte aujourd'hui 300 000 hommes [146]. Avec le retrait des troupes soviétiques du territoire de l'ex-RDA et la diminution sensible des forces de l'OTAN stationnées en RFA, près de 900 000 soldats ont quitté le sol allemand en quelques années. Les droits et privilèges des troupes alliées en Allemagne (exterritorialité...) ainsi que les obligations financières allemandes ont été renégociés aussitôt après la réunification, à la demande du gouvernement fédéral [147]. Certains responsables ont même envisagé qu'en toute réciprocité, des troupes allemandes stationnent dans d'autres pays de l'OTAN.

Pendant le conflit Est-Ouest, la *Bundeswehr* [148] poursuivait une stratégie de prévention de la guerre en Centre-Europe, où elle apportait la plus importante contribution conventionnelle sous le « parapluie » nucléaire américain. La menace nucléaire devait dissuader l'ennemi en temps de paix, en l'avertissant qu'il prendrait un risque incalculable s'il décidait de passer à l'attaque militaire. En cas d'échec de la dissuasion et d'entrée en guerre, l'escalade nucléaire contrôlée devait accélérer la fin des hostilités en amenant l'ennemi à résipiscence (en le menaçant d'une défaite ou de risques exorbitants s'il décidait de continuer la guerre). Le MC 14/3, en vigueur de 1967 à 1990, avait jugé impératif que le CINCENT, en cas d'agression : défende le territoire de l'OTAN aussi près possible de la frontière inter-allemande et germano-tchécoslovaque, avec l'objectif de restaurer l'intégrité de ce territoire ; combatte l'ennemi en profondeur et exploite ses faiblesses afin de l'empêcher de profiter de sa supériorité quantitative ; utilise en cas de nécessité les armes nucléaires -après autorisation- dans le but de retourner la situation à l'avantage du CEC dans le délai le plus court possible. L'objectif était de défaire le premier échelon des forces du PDV par des opérations aéroterrestres conventionnelles, puis le deuxième échelon par l'emploi des réserves du CEC ou, si ces réserves n'étaient pas disponibles, par l'emploi sélectif d'armes nucléaires. Sous l'influence de la RFA, la stratégie de l'OTAN combinait donc dissuasion, « défense de l'avant », contre-offensive en profondeur et emploi nucléaire en premier.

Depuis la guerre du Golfe, le gouvernement fédéral a donné à la *Bundeswehr* d'autres missions que la défense du territoire allemand : essentiellement la projection de forces au-delà des frontières sinon des mers, pour des opérations aussi bien non coercitives que coercitives. Du point de vue de Berlin, la réunification, la dissolution du PDV et la scission de l'URSS ont libéré l'espace de la défense européenne et élargi les options stratégiques. Les armes nucléaires continuent de rendre incalculables et inacceptables les risques d'une agression, les armes conventionnelles ne pouvant à elles seules prévenir la guerre. Mais elles ont perdu leur dimension opérationnelle en devenant des armes de « dernier ressort ». Tout en gardant son orientation politique « défensive », la stratégie de l'OTAN, depuis le Nouveau Concept du 8 novembre 1991 et le MC 400 du 12 décembre, a adopté une posture militaire « offensive », tournée vers la projection des forces classiques plutôt que vers la défense « nucléarisée » du territoire. Elle a renoué avec la liberté d'action dans un espace de manoeuvre élargi, ainsi qu'avec le principe de la contre-offensive pour battre l'ennemi en profondeur. Selon les plans du ministère de la Défense, la RFA a un intérêt légitime à protéger son territoire vis-à-vis de crises ou de guerres, en les contrant et en les prévenant hors de ses frontières, avant que le territoire national ne soit menacé ou attaqué. Etant donné la taille de la *Bundeswehr* et la présence d'officiers allemands dans le tiers des commandements de l'OTAN, la planification de l'Organisation est fortement influencée par la *Bundeswehr*. Celle-ci est donc passée de la dissuasion à l'intervention, d'une posture strictement défensive à la projection de forces au nom de la légitime défense préventive. Les acquisitions nécessaires, en capacité de transport à longue distance par exemple, n'ont cependant guère suivi, en raison de la baisse du budget militaire [149]. De même, le problème de la professionnalisation de l'armée n'a pas été résolu : elle se heurte à l'antimilitarisme, au rôle des objecteurs de conscience dans les services sociaux, à la crainte qu'une armée de volontaires ne rende le gouvernement plus enclin à l'engagement des troupes à l'extérieur.

Il n'empêche que la Cour constitutionnelle fédérale, dans son fameux arrêt du 12 juillet 1994 [150], a entériné les nouvelles missions données par le gouvernement, acceptant par là même l'extension de son pouvoir de recourir à la force armée. Un an auparavant, dans son arrêt du 12 octobre 1993 sur le traité de Maastricht, elle avait limité et conditionné les transferts de souveraineté vers l'Union européenne [151]. La jurisprudence constitutionnelle, si importante en RFA, a combiné le multilatéralisme avec la « renationalisation ». Dans le cadre des traités signés et ratifiés par l'Allemagne, le gouvernement peut envoyer des soldats en mission à l'étranger, si le *Bundestag* donne son accord. Des opérations purement allemandes, en dehors de l'Onu, de l'OTAN ou de l'UE, demeurent interdites. L'arrêt du 12 juillet 1994 n'en a pas moins mis fin à l'idée selon laquelle qu'il n'était pas permis à l'armée allemande d'intervenir au-delà des frontières. Il est cependant significatif que le débat sur l'emploi de la force armée ait été tranché par des juges, que le souci de la légalité des interventions soit prédominant, que la majeure partie des élites et de l'opinion estiment impératif que les forces allemandes opèrent sous commandement étranger. Quelle différence avec l'attitude de tous les gouvernements américains depuis la Seconde Guerre mondiale, qui ont toujours fait du commandement national de leurs forces la condition de leur engagement à l'extérieur ! Toutefois, les soldats allemands engagés sous l'égide de l'ONU, de l'OTAN ou de l'UE, gardent leur caractère national, et l'existence d'un contrôle politique multinational n'empêche nullement l'exercice d'un commandement militaire national. Douze ans après l'arrêt, on ne peut dire qu'il y a eu « militarisation » de la politique étrangère de Berlin. Mais la *Bundeswehr* a acquis le droit de participer à toutes les affaires et à toutes les responsabilités militaires internationales, dès lors que le gouvernement fédéral le décide, avec l'approbation du Bundestag. Depuis 1991, des détachements allemands ont été dépêchés dans les Balkans, en Géorgie, au Moyen-Orient, en Somalie, en Afrique centrale, au Cambodge, en Afghanistan... Le ministère de la Défense s'est mis à étudier les interventions possibles sur les zones d'instabilité du pourtour est et sud-est de l'Europe, l'un des enjeux cruciaux portant sur la sécurité des flux commerciaux, notamment l'accès aux matières premières et aux hydrocarbures [152].

Conséquemment, l'armée allemande a été refondue en deux types de forces : les forces de défense du territoire de la RFA ou de l'OTAN (250 000 hommes), les forces d'intervention à l'extérieur (50 000 hommes). Au sein des forces de défense, un corps d'armée a son QG à Potsdam et fait partie du corps germanodano-polonais, affecté à l'OTAN ; un deuxième a son QG à Munster et fait partie du corps germano-néerlandais, également affecté à l'OTAN ; un troisième a son QG à Strasbourg et fait partie de l'Eurocorps. S'agissant de l'intervention, dont le QG des forces est à Coblence, des critères ont été dressés. Pour qu'une intervention soit décidée (au cas par cas) par le gouvernement fédéral [153], il faut qu'il y ait : intérêt national à agir ; détermination préalable des buts politiques, de la durée et des modalités de l'engagement ; intervention dans un cadre multilatéral ; calculabilité et acceptabilité des coûts, pas seulement financiers (vote du Bundestag oblige) ; faisabilité technique et matérielle de l'opération ; examen de l'impact sur l'opinion publique (question décisive). L'élargissement de l'horizon géostratégique de la *Bundeswehr* doit permettre à une Allemagne souveraine – « puissance moyenne avec des intérêts mondiaux » – d'apporter sa contribution au maintien de la sécurité internationale, en tant que membre de l'Union européenne et de l'Alliance atlantique. Pour les officiels allemands, la question n'est plus, depuis 1994 : sommes-nous ou ne sommes-nous pas autorisés à participer aux opérations militaires ? mais : voulons-nous ou ne voulons-nous pas participer à ces opérations ?

Eu égard à cette évolution, le problème crucial porte sur le commandement de la *Bundeswehr*. Depuis 1956, date de la création de la *Bundeswehr*, la République fédérale a assuré constitutionnellement la subordination de l'armée au pouvoir civil. Le Président fédéral n'a pas de pouvoirs en matière de défense. Le ministre de la Défense est le commandant des forces armées en temps de paix ; il n'est responsable que devant le Chancelier [154]. Le Chancelier fédéral n'exerce le commandement des forces armées qu'en temps de guerre ; au préalable, le Parlement doit constater « l'état de défense ». Le *Bundestag* a le droit d'ériger à tout moment sa commission de défense en commission d'enquête (il n'a toutefois guère usé de cette faculté) ; il dispose, pour faciliter son contrôle, d'un commissaire à la défense élu par l'Assemblée et responsable devant elle (mais ses pouvoirs sont restreints). D'autre part, il n'y avait pas d'état-major général qui aurait pu faire écran au contrôle civil des forces armées. L'Inspecteur général de la *Bundeswehr* n'avait pas la fonction d'un chef d'état-major des armées (CEMA en France ou chef du JCS aux États-Unis), car il n'était pas intégré dans la chaîne de commandement entre le ministre de la Défense et les chefs des trois armées (Terre, Mer, Air). En tant que plus haut représentant de la *Bundeswehr*, son principal rôle était de conseiller le gouvernement en matière militaire.

Après la réunification, les officiers généraux et les experts allemands ont réclamé la (re)constitution d'un état-major général, comme conséquence inévitable des nouvelles responsabilités qu'entend assumer la RFA. Dans ses Directives de novembre 1992, Volker Rühe a écrit sans ambiguïté que le nouveau spectre de missions et de capacités de la *Bundeswehr* exigeait l'établissement d'un commandement opérationnel permanent, centralisé et unifié interarmes. Une large révision de la structure de commandement et de contrôle de la *Bundeswehr* a donc été poursuivie, du moins pour ce qui concerne le temps de paix, car en temps de guerre, la structure reste celle de l'OTAN, au sein de laquelle l'armée allemande est sous les ordres d'un général américain. Mais les missions d'intervention étant considérées comme relevant du temps de paix, les opérations « hors zone » de la *Bundeswehr* peuvent s'effectuer sous commandement ou contrôle national, dans le cadre d'une coalition ou d'une organisation internationales. L'Inspecteur général a été inséré dans la chaîne de commandement entre le ministre de la Défense et les chefs des trois armées. À l'automne 1994, l'armée de terre, la marine et l'armée de l'air ont acquis une structure de commandement opérationnelle unifiée pour les missions « hors zone », parallèlement aux structures de l'OTAN. Le commandement allemand se trouve ainsi à l'interface de l'Organisation et des forces allemandes affectées à cette dernière. Les forces basées en ex-RDA, elles, échappent à l'intégration dans l'OTAN, en vertu du traité « 2+4 », et se trouvent donc uniquement sous commandement national. Même si elle s'est orientée vers « l'européanisation » des forces à travers les GFIM, l'Eurocorps ou la FRR, la défense allemande s'est donc dotée d'un système de planification capable -techniquement- d'utiliser les forces armées de manière unilatérale, hors de l'OTAN (dont l'une des fonctions était d'empêcher l'Allemagne de disposer librement de son armée). Un hiatus subsiste. Pour les missions « hors zone » ou les opérations « de paix », la *Bundeswehr* peut être placée sous commandement national ; mais la direction suprême est exercée par le ministre de la Défense, non par le Chancelier. L'un est donc le chef militaire de la nation en temps de paix ; l'autre ne l'est qu'en temps de guerre ; mais dans ce cas, le commandement de la *Bundeswehr* relève de l'OTAN, c'est-à-dire d'un général américain.

L'industrie de défense

Après 1945, l'Allemagne fut interdite de toute production et maintenance d'armes. En 1955, la RFA rejoignit l'OTAN et, sous le contrôle de l'UEO, l'industrie ouest-allemande fut autorisée à produire des biens militaires, à l'exclusion des armes NBC et d'un certain nombre d'armes conventionnelles (navires de guerre, submersibles, avions, missiles). Avec le temps, les prohibitions et limitations sur la production d'armes furent levées, comme dans la construction navale (les entreprises allemandes finirent par dominer les marchés mondiaux pour les sous-marins classiques). Dans l'aéronautique et l'aérospatiale, par contre, les avancées technologiques aboutirent à reléguer l'Allemagne au rang d'apprenti lorsqu'en 1955 elle s'empressa de reprendre ce type d'activités. S'agissant des autres branches, la faible part d'innovation permit aux fabricants allemands de se remettre à la production sans grandes difficultés, ainsi pour les armements légers, les véhicules toutes catégories, les chars ou l'artillerie. Les interdits spécifiques, énoncés en 1954 dans le traité UEO et réitérés en 1990 dans le traité « 2+4 », ne subsistent plus que pour les armes NBC, relayés par des instruments internationaux (TNP, BWC, CWC). Comme les industries chimiques et pharmaceutiques, l'industrie nucléaire n'a donc officiellement pas de dimension militaire *stricto sensu*. Le contrôle politique des exportations d'armes apporta des contraintes supplémentaires au secteur militaire allemand. La relation particulière entre la RFA et Israël limita *de facto* l'accès des entreprises au vaste marché des pays pétroliers arabes. Mais les obstacles aux ventes d'armements purent être contournés en raison du caractère dual des biens industriels, ou par des arrangements de coproduction internationale dans lesquels le partenaire prend la responsabilité de l'exportation finale. L'Allemagne devint même la première adresse pour tout pays cherchant à créer sa propre industrie d'armement, du fait du volume de ses ventes de machines-outils ou d'unités de fabrication clé en main. Les acheteurs de technologies sensibles finirent par considérer la RFA comme leur meilleure source d'approvisionnement, jusqu'à ce que la législation de contrôle de l'export soit sensiblement resserrée en 1990-92.

Le secteur militaire allemand est subordonnée au contrôle civil, tant sur le plan administratif qu'économique. Si les besoins en systèmes d'armes sont élaborés par la hiérarchie militaire appartenant au ministère de la Défense, la procédure d'achat reste du domaine exclusif d'une division particulière du ministère, la division de l'Armement, qui agit en collaboration avec le Bureau fédéral d'achat et de technologie militaire. Cet organisme a été institué par décret ministériel en 1957 en tant qu'entité autonome du ministère de la Défense. Il n'a jamais pu parvenir à imposer une catégorie de fournisseurs nationaux privilégiés de l'armée, car l'absence de capacités nationales consécutive aux interdictions prononcées après 1945 dans les domaines de l'armement de pointe obligea les entreprises à intégrer des composants étrangers dans les systèmes d'armes qu'elles concevaient. Cette intégration conditionna le développement de l'industrie militaire allemande ; elle facilita aussi l'absorption de l'innovation extérieure. C'est la loi qui assure la coordination des programmes de défense avec le ministère de l'Economie ; l'intervention du Parlement est donc obligatoire. Quant à l'industrie et à la R/D militaires, elles sont très liées à l'industrie et à la R/D civiles : contrairement aux États-Unis, à la Grande-Bretagne ou à la France, la RFA s'est abstenue de créer de grands laboratoires d'État, la recherche fondamentale et appliquée relevant largement d'entreprises et d'instituts privés (même s'ils reçoivent des fonds publics). Comme au Japon, la séparation des secteurs de production et de technologie militaires et civils est beaucoup moins accentuée outre-Rhin que dans d'autres pays industriels comparables, car les firmes ont mis l'accent sur la diversification des produits, évité de dépendre des commandes d'armements, recherché les synergies entre les branches guerrières et commerciales. Seul le secteur de l'aéronautique et de l'aérospatiale, qui n'était pas parvenue à rattraper son retard technologique, s'est tourné vers la protection de l'État en privilégiant les programmes de coopération internationale. Considéré comme le noyau des industries de pointe, ce secteur a pu compter sur des coalitions politiques efficaces et bénéficier d'importantes subventions en faveur des projets militaires ou civils.

Les traits caractéristiques du « modèle allemand » de l'industrie d'armement sont les suivants. Marquée par l'absence de secteur contrôlé par l'État et par un degré élevé de diversification réduisant les ventes militaires à un quart du chiffre d'affaires de la plupart des entreprises travaillant pour l'armement, l'industrie allemande de la défense est la plus impliquée en Europe dans la dynamique des marchés civils. Les accords de coproduction ou de coopération pour contourner les obstacles à l'export ont permis aux industriels allemands d'étendre leurs liens au plan international. La fabrication de composants critiques par les industries civiles a accru le rôle de ces dernières sur le marché des matériels militaires (ce qui ne transparaît pas dans les recueils habituels de données sur les transferts d'armes), leur avantage compétitif provenant de leurs réseaux de services pour les variantes non militaires de leurs produits. L'industrie civile donnant le rythme de l'innovation, la stricte séparation des activités militaires n'est plus une stratégie viable dans les réseaux de production et de commercialisation des firmes multinationales, celles-là mêmes qui détiennent le contrôle du cœur de l'industrie allemande de l'armement. Les entreprises publiques spécialisées en production et R/D militaires étant contraintes de rationaliser leurs dépenses du fait des restrictions budgétaires sur les acquisitions d'équipements, l'intégration dans les systèmes d'armes des productions et R/D civils est rendue plus nécessaire, l'obtention de la synergie permettant à la fois de réaliser des économies, d'augmenter la compétitivité des entreprises et d'élargir la base industrielle de la défense. L'industrie allemande dispose de compétences incontestables dans les sytèmes de commandement, de combat, d'appui, de logistique. La liste des produits de haute qualité, notamment pour les matériels de l'armée de terre, est éloquente. Mais l'évolution de l'industrie de défense suit les nouveaux paradigmes technologiques, qui se sont déplacés du secteur de l'ingénierie mécanique, où les firmes allemandes excellaient, vers celui de l'électronique, où elles sont moins fortes.

Le *Livre blanc* de 1994 a souligné que « l'Allemagne reste tributaire d'une industrie de défense moderne, compétitive et performante en tant qu'élément de prévention concernant la sécurité. Les exigences de cette politique justifient l'existence d'un potentiel industriel national dans le domaine des armements. La présence de ce potentiel permet d'éviter toute dépendance contraignante et constitue une condition indispensable à la coopération internationale dans ce secteur. En outre, il s'agit d'un facteur important qui permet à l'Allemagne de jouer son rôle au sein de l'Alliance. La régression des besoins en matériel, les crédits limités imposent la concentration, à l'échelle de l'Europe, des capacités des industries de défense ». Maintien du potentiel national au sein de l'Alliance atlantique et développement de la coopération européenne forment donc les deux axes de la politique militaro-industrielle allemande. Mais la rhétorique de la standardisation et de l'interopérabilité, pour ancienne qu'elle soit, demeure éloignée de la réalité d'intérêts militaro-industriels nationaux bien ancrés, ayant leur stratégie et leur culture propres. Trois décennies de coopération intergouvernementale n'ont pas réussi à créer une base européenne de défense capable d'affronter la compétition mondiale au XXIe siècle. Pour les responsables allemands, c'est la logique des entreprises privées qui devrait être la force directrice du processus de rationalisation et « d'européanisation ». De fait, peu de firmes en Europe, sauf les allemandes, sont capables de générer des synergies civilo-militaire et d'incorporer le potentiel d'innovations civiles dans les systèmes d'armes et leur fabrication, condition indubitable pour que leur coût devienne ou demeure compétitif. Les entreprises privées allemandes travaillant pour l'armement sont mieux placées, du fait de leur structure, pour intégrer les marchés civils. Elles réclament ainsi un marché européen de la défense. L'exemple de la décision de construire en France les hélicoptères de la coentreprise DASA-Aérospatiale montre que les stratégies des firmes tendent à dépasser le cadre national de la base industrielle de défense pour constituer en filigrane un cadre européen.

La base militaro-industrielle de la défense allemande s'est orientée vers une « capacité minimale », avec posture de veille technique, et une « compétitivité minimale », puisque le souci de la viabilité économique égale celui de la suffisance militaire. L'un justifie la stratégie de préservation du cœur du potentiel militaro-industriel national, l'autre, la stratégie d'« européanisation » de l'industrie d'armement. Les autorités et les firmes compétentes ont identifié une série de groupes de technologies critiques et répertorié cinq types de systèmes d'armes : chars et véhicules, munitions et poudres, aéronautique et aérospatiale, constructions navales, électronique de défense et TIC. Elles veillent à ce que le niveau de R/D et les capacités de production ne soient pas touchés par la diminution des crédits et la restructuration de l'industrie en général, de l'industrie d'armement en particulier. Mais, dans le contexte de restrictions budgétaires et de redéploiement industriel, leur conviction est que le secteur allemand de la défense – aux mains d'entreprises privées, rappelons-le –, ne pourra survivre qu'en devenant partie intégrante d'un nouveau secteur européen de la défense au sein d'un marché unifié et compétitif. La coopération entre les entreprises du secteur de la défense, jusque-là élément de la défense nationale, doit donc changer d'échelle en se dirigeant vers l'européanisation de la base industrielle de défense. Cette rationalisation implique : la renonciation aux programmes autonomes et parallèles, donc la division du travail et la spécialisation ; l'acceptation de l'interdépendance, c'est-à-dire de dépendances mutuelles et équilibrées ; l'organisation des transferts de technologies ; la recherche de l'harmonisation des besoins ; la promotion de la standardisation et de l'interopérabilité des équipements. Ce processus doit-il s'inscrire dans le cadre de la PESC ou de la CE ? La détermination de la politique d'armement dépendant de la détermination de la politique de sécurité, l'achèvement de l'Union au niveau diplomatico-militaire semble une condition sine qua non à l'institution d'un marché européen de l'armement et d'une base industrielle européenne de défense. Mais, en retour, la réalisation *de facto* par les entreprises d'un tel marché et d'une telle base influerait de manière décisive sur la définition des intérêts de sécurité des États de l'Union. Quoi qu'il en soit, la dimension européenne est devenue l'élément critique de la mutation politico-juridique des systèmes militaro-industriels nationaux, alors que, jusque-là, CE et défense s'excluaient mutuellement [155].

La « normalisation » et la culture de « puissance civile »

L'orientation « post-nationale » de la Loi Fondamentale avait entraîné l'orientation « post-souveraine » de la politique étrangère de la RFA, au sens où les notions classiques d'intérêt national ou de souveraineté ne s'appliquaient pas, mais se voyaient remplacées par les concepts liés à l'intégration euroatlantique. Selon la formule de K. Kaiser, la République de Bonn n'était pas un régime qui avait créé une politique étrangère, mais une politique étrangère qui avait créé un régime politique, bâti sur les réalités de la guerre froide. Celle-ci dictait la politique de la RFA en lui interdisant d'avoir d'autre politique étrangère qu'une Westpolitik, flanquée à partir de la fin des années 1960 par une Ostpolitik. La RFA n'avait pas de *Weltpolitik*, mais devait se contenter de suivre ses alliés occidentaux, les États-Unis, Grande-Bretagne ou France. Jusqu'en 1990, le consensus minimum sur la politique étrangère reflétait la liste des priorités du Rapport Harmel de 1967 : éviter la guerre, mettre fin pacifiquement à la division de l'Allemagne et de l'Europe, coopérer avec les pays de l'Est et créer la confiance sur la base d'un ancrage solide dans la communauté occidentale. La culture stratégique de la République de Bonn était déterminée par les deux défaites mondiales, l'héritage du IIIe *Reich*, la dépendance envers la *sea power* et la *nuclear power* des États-Unis. Autant d'éléments qui aboutissaient à la méfiance vis-à-vis de l'emploi de la force armée et du corps militaire en général. Ces éléments propres à une culture de « puissance civile » n'ont pas disparu dans la culture stratégique de la République de Berlin. Mais l'accent est mis sur le retour à la « normalité », en vertu de l'idée (ancienne) selon laquelle ne peut être un allié fiable qu'une nation souveraine ayant confiance en elle.

L'Allemagne va-t-elle garder son statut de « puissance civile » ou retourner à la puissance tout court ? S'il y a montée militaire, se fera-t-elle « en douceur » à travers l'unification européenne ? Les « Puissances civiles » ont besoin de protecteurs militaires. Or, les États-Unis resteront-ils un partenaire ? Il est clair qu'en poursuivant l'alliance militaire et nucléaire qu'est l'OTAN ou en prônant une défense européenne, l'Allemagne, comme ses partenaires, n'a pas choisi la voie de la démilitarisation et de la dénucléarisation. Surtout, l'intérêt manifesté pour la Prusse au début des années 1980, la « querelle des historiens » en 1987, le choix de Berlin comme capitale à la place de Bonn [156], les ambitions à l'Est, les débats sur l'emploi de la force armée, sur les guerres du Golfe ou de Yougoslavie, sur la place de l'Allemagne en Europe et dans le monde, la revendication d'un siège permanent au Csnu [157] avec annulation des clauses des articles 53 et 107 de la Charte, sont autant de signes de l'évolution de la culture politique allemande et de son rapport à la puissance. H. Maull disait que l'Allemagne devrait renoncer à sa situation d'importateur net de sécurité internationale pour devenir un exportateur net. L'opinion allemande aimerait que la République fédérale demeure une « Puissance civile abstentionniste », qu'elle profite des échanges sans être concerné par les conflits ; mais le gouvernement s'est orienté vers une position de « Puissance civile activiste », qui pourrait évoluer vers celle d'une « Puissance militaire » en cas de retrait américain. En mai 1989, le Président de la République fédérale, von Weizsäcker, déclarait : « nous ne sommes pas le jouet des autres ». Le ministre des Affaires étrangères, Genscher, résumait la situation à venir par ces mots : *Sondergewicht* et *Sonderinteressen*, « poids particulier » et « intérêts particuliers ».

Pour L. Watzal, la réunification, c'est-à-dire la renaissance de l'État national allemand, doit signifier une réappropriation nationale de la politique allemande, autrement dit, une réorientation de la politique étrangère suivant l'intérêt national. L'Allemagne doit se comporter comme un État normal, en finir avec le multilatéralisme et la « diplomatie du chéquier », arrêter de se retrancher, soit derrière des arguties légalistes ou moralistes tirées des clauses de la *Grundgesetz* ou des « leçons de l'histoire », soit derrière l'Alliance atlantique et l'Union européenne. Après les bouleversements de 1989-91, le rééquilibrage des intérêts allemands doit s'effectuer de l'Ouest vers l'Est. L'Allemagne doit avoir un siège au Csnu. Il en résultera une révision du statut non nucléaire. À défaut du P5, elle doit accroître le rôle du G8. L'Europe de Maastricht [158] doit être remplacée par une union paneuropéenne constituée d'États nationaux, sans présence américaine. De leur côté, des historiens comme K. Weissmann, R.

Zitelmann et M. Grossheim reformulent une géopolitique « nationale-conservatrice » à l'allemande, à l'encontre de l'orientation « occidentale » et « cosmopolite » de la RFA. Avec eux, on assiste au renouveau de l'analyse géopolitique : autre débat significatif. L'Allemagne est retournée avec la fin de la division de l'Europe à sa position centrale. « - Ceci impose une nouvelle réflexion de la politique étrangère qui tient compte de facteurs inexistants pendant la guerre froide », par exemple la définition des intérêts et des options en fonction des dynamiques géopolitiques en *Mitteleuropa*. D'après eux, les nouveaux enjeux portent essentiellement sur l'affirmation de la nation ou le refus de la nation, dans ses versions « européistes », « atlantistes » ou « mondialistes ».

Ces positions demeurent minoritaires. Jusqu'à présent, aucun parti important ne demande que l'on mette fin à l'OTAN. D'aucuns affirment que l'absence des États-Unis en Europe ferait resurgir le problème de l'hégémonie allemande. Or, l'hégémonie est l'adversaire n°1 de « l'ordre pacifique européen » développé depuis 1950 [159]. La géopolitique de l'Allemagne a changé, pas ses élites ni ses institutions. La RFA continue de développer un processus décisionnel basé sur la recherche du consensus au sein de la classe politique et des groupes sociaux. Ce processus appartient à la culture d'une démocratie « pluraliste » et « corporative - » dans laquelle les partis, les syndicats, les Églises, les médias, interviennent dans la détermination des besoins et des choix. La méthode de la « cogestion » est ainsi étendue du monde du travail au monde de la défense, reproduisant dans l'État un *Sicherheitspartnerschaft* analogue au fameux *Sozialpartnerschaft* de la société allemande. L'opinion reste très réticente à toute montée militaire, à toute intervention armée, à toute implication dans des conflits extérieurs. L'économie sociale de marché reste la « doctrine d'État- » : elle assure la prédominance d'une « raison économique » dans le pays [160]. Le budget des affaires sociales est de loin le plus important portefeuille : trois fois celui de la défense [161]. La République de Berlin n'a pas obtenu de siège permanent au CSNU. Elle n'a ni force de dissuasion ni force de projection [162]. Elle poursuit la politique « multilatérale » dans laquelle la République de Bonn a été « socialisée » au plan international. Elle maintient le self constrainment de sa puissance. Elle promeut la démocratie, les droits de l'homme, l'économie de marché, la protection de l'environnement, le désarmement, autant d'objectifs soft et consensuels, du moins tant que leur potentiel polémogène ne prête pas à conséquences et tant que l'Allemagne n'est pas prête à employer la force pour les défendre. Bien qu'il soit un État de droit modèle, le rayonnement international du pays est faible. Le « retour » de la langue et de la culture allemandes en Europe centre orientale n'a pas vraiment eu lieu [163].

Plus profondément, les Allemands continuent à douter d'eux-même. Berlin redevenu capitale, que font-ils ? Ils érigent un « mémorial du génocide », c'est-à-dire un monument à leur propre honte ! Ils continuent, plus de soixante ans après la fin de la guerre, de payer les indemnités qu'on continue de leur réclamer. Ils sont passés, dit K.D. Bracher, de « l'obsession de la puissance » (*Machtversessenheit*) à « l'oubli de la puissance » (*Machtvergessenheit*). L'Allemagne ne sort pas de la culpabilisation [164]. Son « influence culturelle » se bornera-t-elle à en faire un article d'exportation ? Sur cette décadence morale se greffe le déclin démographique. Le déficit des naissances et le vieillissement de la population interdisent de parler d'une marche vers l'hégémonie. Certains experts n'hésitent pas à parler d'une « atteinte à l'intégrité physique et ethnique de la population allemande » (S. Wahl), sans que cette perte de substance ne provoque un sursaut de la politique familiale ni même ne paraisse inquiéter les autorités. S'en remettront-elles à l'immigration étrangère ? Ces questions morales et démographiques sont finalement les plus fondamentales dans la détermination de la culture politique et de la politique étrangère allemandes.

« Retour à la normalité » et multilatéralisme

Le multilatéralisme de la République de Bonn fut un produit de la division de la nation, une conséquence de la dépendance de la RFA envers ses alliés occidentaux, un effet de la restriction de sa souveraineté après la défaite et l'occupation. D'un autre côté, la diplomatie fédérale fit du multilatéralisme, plus qu'une approche et un style, une véritable « culture de politique étrangère ». Celle-ci est axée sur la conviction que l'orientation « post-nationale », la retenue militaire et l'intégration euroatlantique correspondent à l'intérêt mais aussi à la légitimité et au progrès de l'État allemand, après les catastrophes de la première moitié du siècle. L'intérêt national allemand ne peut être compris qu'à la lumière de ce que le pays a vécu au XXe : la « guerre de trente ans », la défaite, la partition, la réhabilitation en tant que nation occidentale. Après deux révolutions consécutives à deux guerres perdues contre deux coalitions mondiales [165], la RFA et ses élites politiques, tirant les leçons de Weimar, ont rompu avec les traditions antérieures à 1945. Cette orientation a été confirmée après l'absorption de l'ex-RDA en 1990. L'intérêt national est défini différemment. Il consiste essentiellement à ne jamais plus être seul, à ne pas susciter l'hostilité des voisins et des grandes puissances [166], à consolider la légitimité de l'État allemand et à maintenir la confiance internationale envers lui, à obtenir l'égalité des droits en matière économique et militaire. La gestion simultanée de ces objectifs – auxquels s'ajoutait la réunification pacifique avant 1990- explique l'orientation résolument multilatérale– européenne et atlantique- de la politique étrangère de la nation (encore) la plus nombreuse et la plus industrialisée d'Europe. Cette orientation était et reste en convergence avec la politique américaine, britannique et française de constrainment de l'Allemagne *via* les organisations européennes et atlantiques. L'Alliance et l'Union ne sont pas seulement des cadres de sécurité et de croissance, mais un univers de valeurs et de réalisations politiques et économiques. « Ne jamais plus être seul » signifie que le maintien et le développement de ces deux « alliances » ont la préséance sur l'ambition nationale *stricto sensu*. À la base de l'engagement européen de Kohl, il y avait la crainte que des coalitions se recréent, à l'avenir, pour encercler l'Allemagne réunifiée. Il reste à savoir si le gouvernement allemand continuera de défendre les intérêts allemands dans l'Alliance atlantique et l'Union européenne, ou bien s'il le fera aussi face à ces dernières.

Adeptes du « réalisme », les partisans de la « normalisation » remettent en cause cet apprentissage du multilatéralisme, ainsi que les idées qui vont avec. Ils pensent qu'il est nécessaire d'en finir avec les contraintes qui ont bridé la puissance allemande depuis 1945, si la RFA veut devenir un partenaire fiable et un membre responsable de la communauté internationale. Ils disent que l'échec de l'Allemagne à définir ses intérêts nationaux, à raisonner en termes géopolitiques, à participer aux coalitions armées, entame sa crédibilité aux yeux des alliés, notamment des États-Unis. L'Allemagne doit avoir la faculté de conduire sa propre politique étrangère, en fonction de ses propres conceptions, afin de tenir un rôle mondial, y compris militaire. Ils réclament donc à la fois la fin de la *Vergangenheitsbewältigung* et l'entrée dans la *Weltpolitik*. Adeptes de « l'institutionnalisme », les adversaires de la « normalisation » entendent conserver l'habitus multilatéral et coopératif de la diplomatie de Bonn. Ils récusent la « renationalisation » de la politique étrangère, de crainte qu'elle ne conduise au nationalisme, à l'affrontement et à l'isolement. Ils doutent de l'utilité de la force armée pour régler les conflits. Ils pensent que la *Bundeswehr* ne doit intervenir que dans le cadre de l'ONU ou pour des opérations non coercitives. Les « leçons de l'histoire » et la « responsabilité allemande » rendent impossible une politique étrangère guidée par le seul intérêt national et étayée par la force militaire. Une politique étrangère « normale », id est « réaliste » signifierait que l'Allemagne acquerrait un poids politique proportionnel à son poids économique, affirmerait ses propres intérêts, jouerait un plus grand rôle dans les alliances, assumerait davantage de responsabilités au plan mondial, réviserait ses contraintes sur l'emploi de la force. Une telle orientation serait-elle vue comme une « tentation hégémonique » (une « volonté de domination ») ou comme une « contribution internationale » (un « partage des responsabilités ») ? Le caractère démocratique et libéral du régime influencerait-il positivement les perceptions étrangères ?

« Retour à la normalité » et Europe

Nouvel État dans l'Allemagne divisée, la République de Bonn construisit en grande partie son identité, sa légitimité et ses intérêts à travers son engagement européen. L'appartenance aux Communautés n'était pas seulement un instrument de politique, un moyen d'être reconnu et accepté comme un allié fiable par les États voisins, mais aussi un cadre normatif pour la conduite de la politique et une idée mobilisatrice sur le plan collectif. « L'européanisation » de la République fédérale fut un objectif de la diplomatie ouest-allemande, pour assurer sa sécurité internationale et sa réintégration dans le concert des nations, ainsi que l'égalité des droits avec ses partenaires. Le système fédéral aidait à ne pas concevoir la construction européenne comme un jeu à somme nulle dans lequel le renforcement de l'Union aurait signifié l'affaiblissement de l'État. La culture de politique étrangère, axée sur l'idée européenne, écartait l'approche unilatérale et le raisonnement en termes d'intérêt national, au profit du multilatéralisme et de l'intégration. Cela n'empêcha pas l'Allemagne de l'Ouest de devenir la première puissance industrielle, commerciale et financière de la Communauté, transformée de facto en « zone *mark* ».

Depuis 1989, la géopolitique de l'Europe a changé, sinon ses élites ou ses institutions. L'Europe des blocs, soviéto-américaine, a disparu, et avec elle, le modèle français de l'intégration européenne, qui voulait une puissance économique ouest-allemande au service d'un ensemble ouest-européen dont une France indépendante assumerait la direction politique. À l'Europe de la guerre froide, issue de la stratégie américaine d'endiguement de l'URSS et de la stratégie française de « neutralisation » de la puissance allemande, a succédé une autre Europe, avec plusieurs architectures : la « défense européenne » avec l'UE, la « défense atlantique » avec l'OTAN, la « sécurité paneuropéenne » avec l'OSCE, la « sécurité euratlantique » avec le CPEA. À l'origine du mouvement pour l'intégration européenne, il y avait trois postulats : l'Europe était alliée à l'Amérique sur un pied d'inégalité, elle faisait face à l'URSS, elle intégrait la RFA. L'émergence d'une Union politique, la scission de l'URSS et la réunification allemande ont ébranlé ces prémisses. Elles ont mis en cause le marché tacite autour duquel l'intégration européenne s'était articulée : l'acceptation par la République de Bonn du leadership américain sur les affaires militaires de l'Alliance atlantique et du leadership français sur les affaires politiques de la Communauté européenne. Une nouvelle dynamique s'est enclenchée. La réunification de l'Allemagne a ouvert la voie à l'unification de l'Europe, puisque la fin de la division de l'Allemagne a été simultanément la fin de la division de l'Europe. La réunification s'est effectuée dans le cadre des CE et elle a été suivie par la création de l'UE. L'extension de l'Union européenne à l'Est, couronnée le 1er mai 2004 (puis le 1er janvier 2007), a réalisé l'unité de l'Europe dans son ensemble (jusqu'aux frontières de la CEI), si bien que « l'Europe » n'est plus l'Europe occidentale, mais l'Europe tout court. L'équilibre entre prépondérance économique et dépendance militaire de la RFA en Europe –lorsque le pays était simultanément premier bannquier européen et glacis, premier exportateur mondial et ligne de front– a été rompu. L'Allemagne est toujours la plus forte économiquement, bien qu'elle ait consenti à convertir son *mark* en euro, géré selon ses critères ; mais elle n'a plus besoin du soutien militaire franco-britannique. Elle est même au contraire le principal contrepoids conventionnel à la Russie et le principal garant de la sécurité en Europe centre orientale. L'équilibre entre prépondérance économique de la RFA et prépondérance politique de la France a lui aussi disparu. Le nucléaire est l'ultime différenciateur. Mais l'approfondissement de l'UE, condition de l'élargissement, la rapproche du seuil politique décisif et donc rapproche le moment où deviendra inéluctable le débat sur le nucléaire européen.

La RFA a consenti des efforts considérables pour l'approfondissement et l'élargissement de l'UE, parallèlement au maintien de l'OTAN et à l'institutionnalisation des accords de sécurité paneuropéen ou euratlantique (OSCE, CPEA). Beaucoup d'éléments paraissent réunis pour que la puissance allemande s'affirme de façon fédératrice. Les élites allemandes aimeraient que les partenaires adoptent leur modèle, qui passe par le fédéralisme, l'indépendance de la banque centrale, l'économie sociale de marché, etc. Elles considèrent que l'unification européenne, construite sur la base d'un projet de stabilité largement défini par elles-mêmes, est une opportunité historique à ne pas laisser passer. Elles partent du principe que les pays européens ont les mêmes intérêts fondamentaux et que l'Europe peut être un levier pour l'Allemagne. Les débats sur l'Europe vont donc bon train outre-Rhin. Aux deux bouts du spectre politique, les « nationalistes » à droite et les « internationalistes » à gauche écartent le projet européen, soit au profit de l'État-nation et de la défense nationale, soit au profit de la « gouvernance globale » et de la « sécurité collective ». Le centre du spectre est occupé par diverses tendances « européistes ». Les

« intergouvernementalistes » (H. Arnold) insistent sur la centralité de l'Allemagne dans l'Union d'États. Ils ont soutenu l'élargissement à l'Est. Ils auraient voulu corriger le traité de Maastricht en édifiant un marché intérieur sans union monétaire (en gardant le *mark*). Ils pensent que le désengagement américain doit être pallié par une défense européenne, elle aussi élargie à l'Est. Mais d'autres (H.P. Schwarz, M. Stürmer) préfèrent l'OTAN à l'UE. Les « intégrationnistes » (W. Weidenfeld, D. Senghaas) insistent sur l'institutionnalisation et le multilatéralisme. Ils souhaitent l'élargissement et l'approfondissement de l'UE selon la méthode des « noyaux sectoriels », sans que soit altéré le libre-échange global. Ils pensent que la relation franco-allemande doit être le moteur de la coopération militaire en Europe, sans que soit mise en cause l'OTAN. Les « fédéralistes » (Ch. Deubner) prônent la constitution d'une fédération européenne entre l'Allemagne, la France, le Bénélux et l'Italie, avec UEM et Union politique incluant la force de frappe française, les autres pays du sud, du nord et de l'est étant associés selon différents degrés à ce *hard core*. Ces débats, antérieurs au projet de traité signé en 2003, se mêlent à ceux sur les priorités de la politique étrangère : noyau européen, liens transatlantiques, *Ostorientierung* ou ambitions globales ? Alliée à l'Amérique, l'Europe est généralement considérée comme une « communauté de destin » dont l'unité politique est requise à la fois pour éviter la renaissance des rivalités nationales, soutenir la compétition des blocs économiques régionaux, corriger les effets de la mondialisation sur le modèle social européen.

Les questions à dominante institutionnelle – avec leurs conséquences sur le nucléaire – ne sont pas les seules à prendre en considération. D'autres à dominante géopolitique existent. Les révolutions de 1989-91 ont mis fin au statu quo de Yalta/Potsdam en Europe de l'Est. Mais il n'est pas impossible que des changements s'étendent à la partie ouest du continent. La construction européenne met en cause le statut des États – de souverains à fédérés ? –, tandis que le principe des nationalités met en cause leurs frontières voire leur existence. La balkanisation va-t-elle gagner l'Ouest ? L'Espagne, avec la Catalogne et le pays basque, l'Italie, avec la « Padanie », la Grande-Bretagne, avec l'Ecosse, sont touchées par l'autonomisme voire le séparatisme [167]. Quid même de la Belgique ? Ce pays, créé en 1830 par l'intervention britannique,

« communautarisé » en 1970, devenu fédéral en 1994, toujours divisé en deux, survivra-t-il au XXIe siècle ? Avec lui, c'est le destin des « pays sans nationalité » [168], sans langue propre, qui est cause, donc celui du Luxembourg ou de l'Autriche. L'idée des nationalités tend à désagréger certains États, mais aussi à rassembler dans leur État respectif les francophones, les néerlandophones ou les germanophones. La France, État-nation unitaire, et, surtout, l'Allemagne, État-nation fédéral, verraient alors leur poids relatif augmenter dans une Europe réaménagée…

La prépondérance à l'Est

Pour un certain nationalisme allemand, le plus important n'a jamais été la division Est-Ouest de l'Allemagne, mais la tripartition de l'Allemagne du Nord [169] et la bipartition de l'Allemagne du Sud [170]. Autrement dit, ce qui était préoccupant, c'était la limite Oder-Neisse-Bohème : la reconnaissance de l'expulsion [171] et du déplacement de la frontière ethnique, et la séparation de l'Autriche : sa transformation en pays étranger au reste de l'Allemagne et sa neutralisation. L'important n'était pas de savoir si les différentes parties de l'espace germanique seraient communistes, occidentales ou neutres, mais si elles seraient allemandes ou slaves. Le dispositif de guerre froide en Europe combinait division du monde germanique [172] et rassemblement panslave. Mais après avoir perdu les deux premières guerres mondiales, l'Allemagne a gagné la troisième. Le dispositif de l'après-guerre froide combine réunification germanique et désagrégation du monde slave [173].

Avec la reconnaissance unilatérale de la Slovénie et de la Croatie, la République fédérale s'est attribuée le droit de déterminer sa politique sur la base de ses propres conceptions – le droit à l'autodétermination des peuples – et de ses propres intérêts – la dislocation des États panslaves. Conséquemment, la nécessité de la protection des nouveaux États issus de l'ex-Yougoslavie indiquait que l'antimilitarisme de la République de Bonn était dépassé et que la République de Berlin devait se préparer à utiliser ses forces armées, quoique dans un cadre multilatéral, pour faire respecter ses conceptions et ses intérêts. En

1990, le Chancelier Kohl a persuadé les puissantes organisations de réfugiés, hostiles à tout changement d'orientation dans la politique allemande vis-à-vis de la Pologne et de la Tchécoslovaquie, qu'il était nécessaire de reconnaître l'Oder-Neisse-Bohème [174] comme frontière germano-polonaise et germano-tchèque. C'était là le prix à payer, internationalement [175], pour la réunification [176]. Mais en associant la Pologne et la Tchécoslovaquie à l'UE, le retour « pacifique » des Allemands redeviendrait possible : voilà ce que les organisations de réfugiés ont retenu de la démonstration de Kohl. L'Union européenne – la *Gross-Europa* plutôt que la *Klein-Europa* – constituerait donc le cadre de la nouvelle géopolitique des réfugiés, dont le pivot serait les groupes ethniques allemands encore implantés à l'Est. Si Varsovie ou Prague intègrent une Europe sans frontières intérieures dans laquelle chacun déterminera son domicile, le lieu de son emploi ou la destination de ses achats, ils devront protéger les droits des minorités allemandes, y compris celui d'être représentées en tant que telles dans les Parlements ; accepter le retour des réfugiés et restituer [177] les biens dont ils ont été spoliés ou consentir à verser des réparations ; reconnaître la nationalité des *Volksdeutsche* résidant dans les territoires polonais ou tchèque. La résolution des questions de frontières, de minorités, d'expulsions, de dédommagements, d'investissements, forme un aspect essentiel des relations entre la RFA et ses voisins orientaux.

La République fédérale a remplacé l'Union soviétique comme puissance dominante en Europe centrale, où elle soutient la démocratisation politique (y compris le droit des minorités) et la libéralisation économique (y compris le droit des investisseurs étrangers). Cette position s'explique par l'inégalité des rapports de forces au sein d'une zone morcelée en petits Etats [178], dont le PIB total est deux ou trois fois moins important que celui de la seule RFA. En outre, le passage au capitalisme a entraîné un extraordinaire mouvement de privatisation des économies : une redistribution de la propriété dont les firmes allemandes ont été les principaux bénéficiaires. Après la disparition du CAEM, la dynamique d'adhésion ou d'association à l'UE se confond peu ou prou, observe L. Carroué, avec l'organisation de la prépondérance économique allemande sur le continent : « pays satellites » de l'Europe alpine, rhénane ou scandinave [179], « pays associés » de l'Europe occidentale et méridionale [180], « pays hégémonisés » de l'Europe centre orientale [181], dont l'Allemagne est généralement le premier fournisseur, client, investisseur, donateur et créancier. Enserrés entre la Russie et l'Allemagne, conscients que celles-ci ont par le passé démembré leurs voisins ou livré bataille sur leur territoire, les PECO redoutaient le vide de sécurité, d'où l'adhésion à l'OTAN et à l'UE. Mais cette adhésion signifie aussi le choix de l'alliance avec l'Allemagne au détriment de la Russie et l'acceptation de la protection conventionnelle de l'Allemagne face à la Russie. En accueillant les PECO dans l'OTAN et l'UE, la RFA se met en position de défendre l'intégrité et l'indépendance de ces pays, donc de compléter sa domination économique par un co-protectorat militaire. Vis-à-vis de la Russie, l'Allemagne a adopté des « relations spéciales ». En juillet 1990, comme vingt ans auparavant, les deux États ont signé un traité de non-agression [182]. La RFA n'en a pas moins contribué au *roll back* russe en soutenant l'élargissement de l'OTAN et de l'UE, ainsi que l'indépendance des États de la CEI. Premier partenaire commercial et financier de la Russie (premier créancier), elle est à l'origine des initiatives diplomatiques les plus importantes : invitation au G 8, désarmement nucléaire, accords énergétiques. Elle veut, au fond, faire de la Russie un partenaire, affaibli, de l'Ouest sans rechercher son intégration à l'Ouest (elle ne saurait devenir un pays membre de l'Alliance atlantique ou de l'Union européenne).

BIBLIOGRAPHIE

ALBRIGHT D., BERKHOUT F., WALKER W. : *Plutonium and highly enriched uranium. World inventories, capabilities and policies*, Oxford, Oxford University Press, 1997.

ASH T.G. : *Au nom de l'Europe. L'Allemagne dans un continent divisé*, Paris, Gallimard, 1995 (1993).

ASMUS R.S. : « West Germany faces nuclear modernization », *Survival*, vol. 30, n° 6, 1988, p. 499-511.

BONIFACE P. : « La dissuasion nucléaire dans la relation franco-allemande », *Relations internationales et stratégiques*, n° 10, été 1993, p. 19-25.

BONNET J. : « La défense et le droit communautaire », *Revue administrative*, n° 292, 1996, p. 453-465.

BOUTWELL J. : *The German Nuclear Dilemma*, Londres, Brassey's, 1990.

BRANDON H. (dir.) : *Search of New World Order. The Future of US-European Relations*, Washington, The Brookings Institution, 1992.

BREDOW W., JAGER Th., KUMMEL G. (dir.) : *European Security*, Hampshire, MacMillan Press, 1997.

BUFFOTOT P. (dir.) : *La Défense en Europe*, Paris, NED, 2001.

BULMER S., PATERSON W.E.: «Germany in the European Union: gentle giant or emergent leader », *International Affairs*, vol.72, n° 1, 1996, p. 9-32.

BUTEUX P.: *The Politics of Nuclear Consultation in NATO, 1965-1980*, Boulder, Westview Press, 1983.

CARLTON D., GOTTSTEIN Kl. (dir). : *Controlling the International Tranfert of Weaponry and Related Technology*, Hants, Darmouth Publishing Company, 1995.

CHALIAND G., JAN M. : *Atlas du nucléaire*, Paris, Payot, 1993.

CHUBIN Sh. (dir.) : *Germany and the Middle East*, Londres, Printer Publishers, 1992.

COHEN A., FRANKEL B. : « Opaque Nuclear Proliferation », *Journal of Strategic Studies*, vol.13, n° 4, 1993, p. 14-44.

CROFT S. : « European integration, nuclear deterrence and franco-british nuclear cooperation », *International Affairs*, vol. 72, n° 4, 1996, p. 771-785.

Demain l'ombre portée de l'arme nucléaire. L'arme nucléaire française en question, Paris, CREST, 1996.

DORFF R.H. : « Normal Actor or Reluctant Power? The Future of German Security », *European Security*, vol. 6, n°2, 1997, p. 56-69.

DUMOULIN A. : *La Dissuasion nucléaire européenne. Quel avenir?*, Bruxelles, GRIP, 1996 ; « L'avenir du nucléaire militaire », *Problèmes politiques et sociaux*, n° 854, Paris, La Documentation française, 2001.

DUMOULIN A., MATHIEU R., SARLET G. : *La Politique européenne de sécurité et de défense (PESD). De l'opératoire à l'identitaire. Genèse, structuration, ambitions, limites*, Bruxelles, Bruylant, 2003, préf. J. Solana.

EHLE J. : « Germany's New Security Policy », *Strategic Review*, vol. 25, n° 3, 1997, p. 53-61.

FACH W., GRANDE E. : « Emergent Rationality in Technological Policy : Nuclear Energy in the Federal Republic of Germany », *Minerva*, vol. 30, n° 1, 1992, p. 14-27.

FISCHER G. : « Contradictions et droit international : l'exemple de la non-prolifération », in *Mélanges Chaumont*, Paris, Pedone, 1984, p. 281-296.

FISCHER J. : *Risiko Deutschland. Krise und Zukunft der deutschen Politik*, Cologne, Kiepenhauer & Witsh, 1994.

GARRITY P.S., MAARANEN S.A. : *Nuclear Weapons in the Changing World. Perspectives from Europe, Asia and North America*, Los Alamos, CNSS, 1995.

GNESOTTO N. : « Défense européenne : pourquoi pas les Douze ? », *Politique étrangère*, automne 1990, p. 877-888.

HÄCKEL E. : *Die Bundesrepublik Deutschland und der Atomwaffenspervertrag. Rückblick und Ausblick*, Bonn, Europa-Union Verlag, 1989.

HAMPTON M.N. : « Institutions and Learning : Explaining Incremental German Foreign Policy Innovation », *European Security*, vol. 5, n° 4, 1996, p. 543-563.

HEBERT Ph., LETOURNEAU P. : « Du haut de l'Olympe : perspectives américaines sur l'arme nucléaire allemande », *Études internationales*, vol. 27, n° 1, 1996, p. 33-51.

HEDRICH Kl.-J. : *Die Zusammenarbeit zwischen Japan und Deutschland und ihr multilateraler Rahmen*, Sankt-Martin, Konrad Adenauer Stiftung, 1997.

Hérodote n°28 : *Géopolitiques allemandes*, 1/1983, n° 68 : *La Question allemande*, 1/1993, Paris, La Découverte.

HEUSER B. : *NATO, Britain, France and FRG. Nuclear Strategies and Forces for Europe 1949-2000*, New York, MacMilla, Press, 1997 ; *Nuclear Mentalities. Strategies and Beliefs in Britain, France and the FRG*, New York, St Martin's Press, 1998.

HOFFMANN S. : « Reflections on the "German Question" », *Survival*, vol.32, n°4, 1990, p. 291-299.

Institut Charles de Gaulle : *L'Avenir de la Bombe. De Gaulle et la dissuasion nucléaire (1958-1969)*, Paris, Plon, 1985.

JANNING J. : « A German Europe – a European ? On the Debate over Germany's Foreign Policy », *International Affairs*, vol. 72, n° 1, 1996, p. 33-41.

JOHNSTON A.I. : « Thinking about Strategic Culture », *International Security*, vol. 19, n° 4, 1995, p. 32-64.

JOXE A. : *Le Cycle de la dissuasion 1945-1990. Essai de stratégie critique*, Paris, FEDN-La Découverte, 1990.

KAISER K. : « À la recherche d'un ordre nucléaire mondial. Réflexions sur les divergences germano-américaines en matière d'énegie nucléaire », *Politique étrangère*, été 1978, p. 145-173.

KAMP K.-H. : « Managing nuclear reduction in the CIS : a german view », *European Security*, vol.3, n°1, 1994, p. 82-94 ; « Germany and the Future of Nuclear Weapons in Europe », *Security Dialogue*, vol. 26, n° 3, 1995, p. 277-292.

KEATEL M. : « La décision du Tribunal constitutionnel fédéral de Karlsruhe du 12 juillet 1994 relative aux missions de la *Bundeswehr* à l'étranger », *Droit et Défense*, n° 4, 1994, p. 45-48.

KELLE A. : « German Nuclear Non-Proliferation Policy in the 1980's : A Case of Regime Compliance », *The International Spectator*, vol. 27, n° 3, 1992, p. 101-122.

KELLEHER C.M. : *Germany and the politics of nuclear weapons*, Columbia, New York University Press, 1975.

KLEIN J. : « Relations franco-allemandes et identitté européenne de défense », *Stratégique*, n° 68, 1997, p. 185-199.

KORINMANN M. : « L'Allemagne est-elle sûre ? », *Hérodote*, n° 40, 1986, p. 89-98.

KORINMANN M. (dir.) : *L'Allemagne vue d'ailleurs*, Paris, Balland, 1992.

KRAUSE J. : « Prolifération des armes de destruction massive : risques pour l'Europe », *Cahiers de Chaillot*, n°24, mai 1996, p. 5-58.

KRAUSE J., WENGER A. (dir.) : *Nuclear Weapons into the 21ème Century. Current Trends and Future Prospects*, Berne, Peter Lang, 2001.

KÜNTZEL M. : *Bonn and the Bomb. German Politics and the Nuclear Option*, Londres, Pluto Press, 1995.

LEAVER R., RICHARDSON J.L. (dir.) : *The Post-Cold War Ordrer : Diagnoses and Prognoses*, Canberra, DIRRPC/ANU, 1993.

LINDEMANN Th. : *Des Allemagnes et de l'Allemagne*, Paris, FEDN, 1993.

LIVINGSTON R.G. : « United Germany : bigger and better », *Foreign Policy*, été 1992, p. 157-174.

LOHAUSEN J. : *Les empires et la puissance. La géopolitique aujourd'hui*, Paris, Labyrinthe, 1985.

LUBKEMEIER E. : « The United Germany in the Post-Cold War », *Internationale Politik*, n°2, 1994, p. 145-161.

MANDELBAUM M. : « Lessons of the next nuclear war », *Foreign Affairs*, vol. 74, n° 2, 1995, p. 22-37.

MARKOVITS A.S., REICH S. : *Das deutsche Dilemma. Die Berliner Republik zwischen Macht und Machtvesicht*, Berlin, Alexander Fest Verlag, 1998.

MAULL H.W. : « L'Allemagne et le Japon : deux pays à suivre », *Politique étrangère*, été 1995, p. 477-496 ; « Germany and Japon : The New Civilian Powers », *Foreign Affairs*, vol.69, n°5, 1990, p .91-106.

MAZARR M.J. : « Virtual nuclear arsenals », *Survival*, vol.37, n°3, 1995, p. 7-26.

MEARSHEIMER J. : « Back to the Future : Instability in Europe after the Cold War », *International Security*, vol.15, n°1, 1990, p. 5-56.

MEIERS F.-J. : Germany : The Reluctant Power », *Survival*, vol.37, n°3, 1995, p. 82-103.

MERTES M., PRILL N.J. : « L'Allemagne unifiée et l'Europe », *Politique étrangère*, automne 1990, p. 559-576.

MILLOTAR Ch. : « NATO & Germany : A Renaissance in Strategy », *Parameters*, vol.26, n°1, 1996, p. 51-61.

MOENS A. : « American Diplomacy and German Unification », *Survival*, vol.33, n°6, 1991, p. 531-545.

MOLANDER R., WILSON P. : « On dealing with the prospect of nuclear chaos », *The Washington Quarterly*, été 1994, p. 19-39.

MOTTE de BROONS F. : « L'Allemagne, la *Bundeswehr* et les interventions extérieures », *Revue de défense nationale*, octobre 1994, p 79-91.

MÜLLER H. : « The Export Controls Debate in the "New European Community" », *Arms Control Today*, mars 1993, p. 10-14 ; « Fissile Material Smuggling : German Politics, Hype and Reality », idem, décembre 1994, p. 7-10 ; « Nuklearschmuggel : tödliches Risiko ? », *Internationale Politik*, n°2, 1995, p. 23-30 ; « The German Debate on Nuclear Weapons and Disarmament », *The Washington Quarterly*, été 1996, p. 115-128.

NELSON D.N. : « Germany and the balance between threats and capacities in Europe », *International Politics*, vol.34, n°1, 1997, p. 63-78.

NYE J.S. : « The case for deep engagement », *Foreign Affairs*, vol.74, n°4, 1995, p. 90-102.

PAC H. : *Le droit de la défense nucléaire*, Paris, PUF, QSJ, 1989 ; *Droit et politiques nucléaires*, Paris, PUF, 1994 ; *Les politiques nucléaires*, Paris, PUF, QSJ, 1995.

PAJON Christophe : *Forces armées et société dans l'Allemagne contemporaine*, Paris, L'Harmattan, 2001, préf. M.-L. Martin.

PARIS Henri : *Stratégie soviétique et chute du Pacte de Varsovie*, Paris, Publications de la Sorbonne, 1995.

PENANROS R. (dir.) : *Reconversion des industries d'armement. Crise, adaptation sectorielle et développement régional*, Paris, La Documentation française, 1995, intro. E. Malinvaud.

PETERS S. : « Germany's Security Policy after Unification : Taking the Wrong Models », *European Security*, vol. 6, n° 1, 1997, p. 18-47.

PIEJART P., JESPERS W. : *D'Hiroshima à Sarajevo. La bombe, la guerre froide et l'armée européenne*, Bruxelles, EPO, 1995.

POWERS S. : *Le Mystère Heisenberg. L'Allemagne nazie et la bombe atomique*, Paris, A. Michel, 1993.

Prolifération et non-prolifération nucléaire. Les enjeux de la conférence de 1995 sur l'extension du TNP, Paris, FEDN, 1995.

QUESTER G.H. : « Some conceptual problems in nuclear proliferation », *American Political Science Review*, n°66, 1972, p. 490-498.

QUESTER G.H., UTTGOFF V.A. : « No First Use and Non-Proliferation : Redefining Extended Deterrence », *The Washington Quarterly*, printemps 1994, p. 103-117.

ROHDE J., SCHMIDT P. : « German armaments policy : its consequences for the armaments industry », *Defense Analysis*, vol. 2, n° 3, 1995, p. 269-277.

RUDNEY R., ANTHONY T.J. : « Beyond CoCom : a comparative study of five national export control systems and their implications for a multilateral nonproliferation regime », vol. 15, 1996, p. 41-57.

SAUDER A. : *Souveränität und Integration : französiche und deustche konzeptionen europäischer Sicherheit nach dem Ende des kalten Kriegen*, Baden-Baden, Nomos, 1995

SCHMIDT P. : « Défis et perspectives de la politique de sécurité européenne en Allemagne », *Politique étrangère*, automne 1996, p. 569-581.

SCHÜTZE W. : « Une transition sans douleur et sans couleur. L'analyse de la politique étrangère allemande », *Politique étrangère*, automne 1996, p. 677-686.

SCHWARZ H.-P. : « Adenauer, le nucléaire et la France », *Revue d'histoire diplomatique*, vol. 106, n°4, 1992, p. 297-311 ; « Germany's National and European Interests », *Daedalus*, vol.123, n°2, 1994, p. 81-105.

SILVESTRI S. : « La sécurité de l'Europe occidentale entre le nucléaire et le conventionnel », *Politique étrangère*, printemps1988, p. 107-121.

SOUTOU G.-H. : *L'Alliance incertaine. Les rapports politico-stratégiques franco-allemands 1954-1996*, Paris, Fayard, 1996 ; *La Guerre de Cinquante Ans. Les relations Est-Ouest, 1943-1990*, Paris, Fayard, 2004 (2001).

STARES P.B. : *The New Germany and the New Europe*, Washington, The Brookings Institution, 1992.

STÜRMER M. : « La logique du renoncement de l'Allemagne à l'arme nucléaire », *La Tribune d'Allemagne*, 17 avril 1992, p.1 ; « Les conséquences de 1989 : les objectifs de la politique étrangère allemande », *Politique étrangère*, automne 1996, p. 513-519.

TERTRAIS B. : *L'Arme nucléaire après la guerre froide. L'Alliance atlantique, l'Europe et l'avenir de la dissuasion*, Paris, CREST-Economica, 1994 ; « Nuclear Policies in Europe », *Adelphi Paper*, n° 327, Londres, IISS, 1999.

VAÏSSE M. (dir.) : *La France et l'atome. Études d'histoire nucléaire*, Bruxelles, Bruylant, 1994.

VALLADAO G.A. : *Les mutations de l'ordre mondial. Géopolitique des grandes puissances 1980-1994*, Paris, La Découverte, 1995.

VERHEYDEN D. : *The german question : a cultural, historical and geopolitical exploration*, Boulder, Westview Press, 1981.

WALTZ K. : « Nuclear Myths and Political Realities », *American Political Science Review*, vol.84, n°3, 1983, p. 731-746 ; « The emerging structure of international politics », *International Security*, vol.18, n° 2, 1993, p. 44-79;

WOHFELD M. : « L'Allemagne et l'Europe centrale », *Politique étrangère*, automne 1996, p. 615-630.

YOST D. : « La coopération franco-allemande en matière de défense », *Politique étrangère*, hiver 1998, p.841-858 ; « The US and Nuclear Deterrence in Europe », *Adelphi Paper*, n° 326, Londres, IISS, 1999.

NOTES

[1] Les documents essentiels furent les suivants : en mars 1950, le *Military Committee's Document* 14, ou l'extension de la *Bombing Strategy* de la Seconde Guerre mondiale ; en décembre 1952, le MC 14/1, ou la « construction de la symétrie conventionnelle » ; en novembre 1954, le MC 48, ou les « représailles massives » ; en mai 1957, le MC 14/2, ou les « réponses différenciées » (« riposte flexible I ») ; en mai 1962, le MC 100/1, ou « l'escalade graduée » (« riposte flexible II ») ; en décembre 1967, le MC 14/3, ou « l'escalade contrôlée » (« riposte flexible III ») ; en novembre 1991, le MC 400.

[2] Les communistes avaient d'autres raisons.

[3] Exemple des *Pershing 1A* allemands, ou d'une partie des *Lance*, des *Nike Hercules* ou de l'aviation, ou encore de l'artillerie. Les autorités européennes pouvaient techniquement empêcher le lancement des charges nucléaires américaines emportées par les vecteurs européens. Leur accord était techniquement nécessaire.

[4] Exemple des *Pershing 2*, des GLCM ou des autres vecteurs américains. Les autorités européennes ne pouvaient pas empêcher techniquement le lancement des charges nucléaires américaines qui étaient emportées par des vecteurs américains. Leur accord n'était pas techniquement nécessaire.

[5] Mais était-il plus probable que le Président des États-Unis donne l'ordre de tirer un euromissile installé en RFA ou en Italie plutôt qu'un missile intercontinental américain? Dans les deux cas, les villes américaines ne risquaient-elles pas de subir les mêmes représailles? Mitterrand en doutait. Thatcher et Kohl, par contre, pensaient qu'il était impératif de posséder des armes américaines en Europe capables d'atteindre le territoire soviétique, sans avoir à utiliser des armes basées aux États-Unis.

[6] On en vient à se demander si Reagan, Thatcher et Mitterrand, avec le déploiement des euromissiles, entendaient rétablir l'équilibre militaire Est-Ouest en Europe, ou bien plutôt mettre fin à l'*Ostpolitik*.

[7] Après 1982, le SPD sembla revenir au neutralisme -qu'on traduisait en France par « nationalisme »- au point qu'aux élections de 1986,

O. Lafontaine préconisa le retrait de la RFA du commandement intégré de l'OTAN.

[8] Le dense réseau de liens interallemands ne lâcha pas au cœur de la « seconde guerre froide ».

[9] 30 novembre 1981-16 mars 1982.

[10] 20 mai-20 juillet, 30 septembre-30 novembre, 29 janvier-28 mars 1983, 17 mai-14 juillet, 6 septembre-23 novembre.

[11] 12 mars-23 avril 1985, 10 mai-20 juin, 19 septembre-7 novembre, 16 janvier-4 mars 1986, 8 mai-26 juin, 18 septembre-12 novembre, 15 janvier-26 mars 1987, 23 avril-10 juin.

[12] Sous contrôle strict, l'URSS s'engageait à détruire 1836 missiles : 650 SS20, 170 SS-4 et 6 SS-5, soit 826 LRINF, 726 SS-12 et 200 SS-23, soit 926 SRINF, ainsi que 84 SSC-X-4 (missiles de croisière) en développement. Egalement sous contrôle strict, les États-Unis s'engageaient à détruire 859 missiles : 247 *Pershing 2* et 442 GLCM, soit 689 LRINF, 170 *Pershing 1A*, soit le total des SRINF terrestres, ainsi que les *Pershing 1B* en développement (aucun n'avait encore été déployé).

[13] Dans le paragraphe 9 de la section II du Protocole sur l'élimination des missiles, il fut entendu que dans les quinze jours qui précéderaient la fin de la période de 18 mois prévue pour la liquidation des SRINF, *« les Parties retireront sur leur territoire national les corps de rentrée qui, par décision unilatérale, auront été dégagés des programmes existants de coopération pour les éliminer dans le même délai en conformité avec les procédures fixées dans la présente Section du présent Protocole »*. Cette formule sybilline consacrait l'engagement de démanteler les *Pershing 1A* concomitamment à l'élimination des missiles américains et soviétiques.

[14] En 1987, l'OTAN possédait 718 appareils et 1400 bombes air-sol ; le PDV, 2230 appareils et 1300 bombes air-sol. Avec les SNF, l'artillerie et les bombes mer-sol, l'OTAN disposait en tout d'environ 4200 armes nucléaires américaines en Europe.

[15] Parmi les principaux pays de l'Alliance, les gouvernements britannique, italien et même français partagèrent en grande partie le raisonnement des autorités de Bonn.

[16] *Le choc des civilisations*, Paris, O. Jacob, 1997, p. 334.

[17] L'abandon des systèmes sol-sol en France avec la fermeture du plateau d'Albion achève l'évolution entamée fin 1987 par le traité FNI.

[18] Sauf exception, les références des auteurs cités sont renvoyées dans la bibliographie.

[19] Le CPEA est né de la fusion du Conseil de coopération nord-atlantique, créé le 20 décembre 1991 à l'initiative des États-Unis, et du Partenariat pour la paix, créé le 11 janvier 1994 à l'initiative de l'Alliance atlantique.

[20] Si la France a pu mettre en place sa propre doctrine de dissuasion, bien spécifique, c'est aussi parce qu'elle bénéficiait du glacis ouest-allemand, lui-même couvert par la garantie anglo-américaine.

[21] Rappelons qu'avant 1998 le SPD n'a été au pouvoir que de 1969 à 1982.

[22] Elle y a perdu neuf millions d'hommes, le tiers de son territoire de 1914 et la zone d'influence ethnolinguistique à l'Est.

[23] Sauf de 1933 à 1945.

[24] E. Bahr écrivait dans le *Vorwärts* du 20 février 1988 : « *l'OTAN et l'unité allemande s'excluent l'une l'autre* ».

[25] Selon F. Erler, écrivant en 1963, « *la force française est une force en Europe, mais elle n'est pas une force européenne. Nous avons une autre force atomique en Europe, l'américaine. Elle diffère de la française de trois façons : a) elle existe, b) elle est incomparablement plus forte, c) elle donne aux partenaires européens plus d'influence que la France semble prête à admettre (pour sa propre force)* ».

[26] La Tchécoslovaquie et la Pologne faisaient partie du bloc de l'Est, et elles s'étaient déjà vengées en expulsant par la violence les Allemands des Sudètes ou ceux de Prusse, Posnanie, Poméranie et Silésie. Quant à l'URSS, elle était une puissance totalitaire et agressive, après comme avant 1945, et Staline avait été l'ami d'Hitler de 1939 à 1941.

[27] Il n'y a plus que 30 000 soldats américains en Allemagne.

[28] Au clivage politique entre la droite pro-nucléaire et la gauche antinucléaire se mêle le clivage sociologique entre le Nord protestant, antinucléaire, et le Sud catholique, pro-nucléaire.

[29] Jusque-là, elle n'était couverte par aucune alliance formelle, mais continuait d'être sous la responsabilité des Trois puissances occidentales.

[30] Cette manière de procéder ou de tourner des prohibitions discriminatoires n'était pas inconnue aux Allemands. Déjà, dans les années 1920, la *Reichswehr* avait testé dans des pays étrangers, notamment en URSS, des armes dont la production était interdite en Allemagne. Le commerce extérieur nucléaire dans les années 1970-1980 obéit quelque part à la même logique.

[31] C'est-à-dire à la fois continûment et licitement.

[32] « *La puissance, c'est la puissance militaire, et la puissance militaire, c'est la puissance nucléaire* », déclara-t-il un jour.

[33] En 1939, l'Allemagne était le seul pays au monde à avoir un département militaire travaillant sur l'atome, et en 1945 son programme de recherche était le second après celui des États-Unis. Il fut évidemment interrompu par les Alliés, qui s'emparèrent des brevets.

[34] Avec Kiesinger à la Chancellerie, Brandt aux Affaires étrangères et Strauss à la Défense.

[35] Des conférences de suivi se réunissent tous les cinq ans.

[36] La CSU vota contre et la Bavière essaya de s'opposer à la ratification au *Bundesrat*. La majorité de la CDU vota pour parce que les réserves et interprétations ajoutées au TNP par le gouvernement SPD lui convenaient.

[37] 53 ENDAN l'avaient signé le 1er juillet 1968.

[38] Dit traité « 2+4 » car conclu entre la RFA, la RDA, l'URSS, les États-Unis, la Grande-Bretagne et la France.

[39] C'est la loi de ratification qui donne au traité sa force obligatoire, non pas le traité lui-même.

[40] France, RPC, RFA, Japon, Inde, Brésil, parmi les plus notables.

[41] La plupart situés en Bavière.

[42] Au milieu des années 1970, les autorités ouest-allemandes prévoyaient une capacité de 45000 M We !

[43] Certains responsables prévoyaient dans les années 1960 que les trois quarts de l'électricité consommée dans les années 1990 serait d'origine nucléaire !

[44] En matière de non-prolifération, il a passé la main au ministère des Affaires étrangères.

[45] La réunification imposait à la fois la reconversion et le déclassement des installations nucléaires de l'ex-RDA, la modernisation des centrales thermiques fonctionnant au charbon et au lignite, l'épuration des mines d'uranium de la Wismut, la construction de nouveaux équipements et l'intégration/adaptation du secteur énergétique oriental au dispositif occidental.

[46] Dont les éléments principaux sont : la recherche et l'enseignement ; la planification, la construction et l'exploitation d'installations ; l'approvisionnement en combustibles et l'évacuation des déchets ; le remplacement, le rééquipement ou la modernisation des installations en vue d'améliorer la rentabilité et la sûreté suivant le progrès scientifique

et technique ; l'approbation et la surveillance des installations, avec la mise à jour régulière de la réglementation.

[47] L'autorité compétente en matière de gestion des déchets est le ministère fédéral de l'Environnement, de la Protection de la nature et de la Sûreté des réacteurs (BMU). Il supervise l'Office fédéral de radioprotection ainsi que les organismes chargés de délivrer les autorisations (de construire, démanteler, stocker...) dans les différents *Länder*. Le ministère fédéral de la Recherche et de la Technologie est responsable, lui, des activités de R/D portant sur les déchets et leur évacuation. Les installations de stockage provisoires sont autorisées par l'Office fédéral, mais contrôlées par le *Land* concerné. Inversement, les dépôts définitifs sont autorisés par le *Land*, mais contrôlés par l'Office fédéral. Les *Länder* sont tenus d'édifier des centres de collecte pour le stockage provisoire des déchets produits sur leur territoire (provenant de l'utilisation des radio-isotopes par l'industrie, la recherche ou les hôpitaux). La responsabilité en matière d'étude, de construction et d'exploitation des dépôts de déchets est exercée par le BMU. Toutes les autres étapes de la gestion des déchets radioactifs, c'est-à-dire le stockage, le retraitement, le conditionnement, le transport et l'entreposage définitif, incombent aux producteurs, c'est-à-dire aux exploitants des centrales. La Société allemande pour la construction et l'exploitation d'installations de stockage définitif des déchets participe à l'édification des dépôts qu'elle exploite pour le compte de l'Office fédéral de radioprotection. Tous les coûts de la gestion des déchets et du combustible usé sont à la charge des producteurs. Seuls les travaux de R/D sont financés par l'État.

[48] La situation est aujourd'hui la suivante. Le combustible irradié est entreposé (en piscine) sur le site des réacteurs pendant une dizaine d'années au maximum. Une partie est envoyé à l'étranger pour y être retraitée (La Hague, Sellafield) ou est transportée dans des centres de stockage provisoire ou définitif (Gorleben, Ahaus, Konrad, Greifswald, Morsleben).

[49] « Extending Deterrence with German Nuclear Weapons », *International Security*, vol.10, n°1, été 1985.

[50] Cf. E.A. Cohen : « Do We Still Need Europe ? », *Commentary*, vol.81, n°1, janvier 1986.

[51] Cf. G. Carpenter : « A New Proliferation Policy », *The National Interest*, n°28, été 1992, « Closing the Nuclear Umbrella », *Foreign Affairs*, vol.73, n°2, mars-avril 1994 ; D. Bandow : « Let'Em Have Nukes », *New York Times Magazine*, 13 novembre 1994.

[52] C'est le débat sur la « néo non-prolifération », qui oppose ceux pour qui toute prolifération est risquée et déstabilisante, et ceux qui accep-

tent l'inévitabilité de la diffusion nucléaire en bornant la lutte contre la prolifération aux États agressifs ou instables. Cf. L.S. Spector : « Neo-non proliferation », *Survival*, vol.37, n°1, printemps 1995 ; J.J. Weltman : « Nuclear Devolution and World Order », *World Politics*, vol.32, n°1, janvier 1980 ; K. Waltz : « The Spread of Nuclear Weapons : More May Be Better », *Adelphi Papers* n°171, Londres, IISS, 1981; B. de Mesquita, W. Riker : « An Assessment of the Merits of Selective Nuclear Proliferation », *Journal of Conflict Resolution*, vol. 26, n° 2, juin 1982.

[53] L'édification d'un arsenal correspondrait à la définition du « secret d'État » donné par le Code pénal allemand. Mais les informations que l'administration se refuse à fournir au motif du « secret d'État » sont soumises au contrôle du juge.

[54] D'aucuns estiment qu'une partie de l'agenda secret des forces atomiques françaises et britanniques serait d'être une garantie face à une éventuelle ambition hégémonique allemande.

[54] Plan Baruch de 1946, *Atoms for Peace* de 1953, création de l'AIEA en 1957, TNP de 1968 prorogé indéfiniment en 1995, création du NSG en 1975, *Non proliferation act* de 1978, INFCE de 1977-1980, MTCR de 1987, projet du *Cutt-Off Treaty*.

[55] L'arme nucléaire ne relève pas seulement des intérêts nationaux ou des traités d'alliance, mais aussi de la « sécurité collective », avec les conséquences que cela devrait impliquer sur la planification stratégique. Aux assurances négatives de sécurité données par la RPC (sans réserve), la Grande-Bretagne (depuis 1978), les États-Unis (1978), la France (1982) et la Russie (1993), selon lesquelles ils s'engagent à ne pas utiliser ou menacer d'utiliser d'armes nucléaires contre les ENDAN parties au TNP sauf en cas d'attaque par un ENDAN en alliance ou en association avec un EDAN contre leur territoire ou forces ou contre leurs alliés ou États envers lesquels ils auraient des obligations d'assistance, les cinq membres permanents du CSNU ont ajouté des assurances positives de sécurité en s'engageant à ce que le Conseil, conformément aux obligations de la Charte, prenne les mesures immédiates appropriées en vue de porter secours aux ENDAN parties au TNP qui seraient victimes d'un acte ou d'une menace d'agression mené avec l'arme nucléaire.

[56] Traités de Tlaltelolco, de Rarotonga, de Pelindaba, de Bangkok, qui couvrent l'Amérique latine, le Pacifique Sud, l'Afrique, l'Asie du Sud-Est.

[57] Arrangement de Wassenaar, MTCR, NSG.

[58] CIPR, SEEA, SEEN, FORATOM.

[59] Exploitation économique, coopération scientifique et technique, non-prolifération, responsabilité, sûreté et sécurité, radioprotection, protection de l'environnement, législation curative.

[60] La division de l'Allemagne, les amputations territoriales, les déplacements forcés de populations, les réparations, etc.

[61] L'article 6 du TNP a été renforcé par le paragraphe F2 de l'avis de la CIJ du 8 juillet 1996 sur la licéité de l'emploi ou de la menace d'emploi d'armes nucléaires.

[62] Vis-à-vis de l'Afrique du Sud et de la France pour qu'elles adhèrent au TNP, de l'Argentine et du Brésil pour qu'ils adoptent le système des garanties de l'AIEA, de la Corée du Nord puis de l'Iran pour qu'elles respectent les obligations internationales, de la Bélarus, de l'Ukraine et du Kazakhstan pour qu'ils deviennent des États non nucléaires...

[63] D'autant que leur « pouvoir égalisateur » sert désormais les pays « du Sud » face aux pays « du Nord », après qu'il eût servi les pays « de l'Ouest » face aux pays « de l'Est ».

[64] Le droit nucléaire en Allemagne relève donc du niveau constitutionnel et législatif, pas seulement réglementaire ou décrétal comme en France.

[65] Rappelons que les Puissances occidentales et le Japon avaient depuis longtemps pris l'habitude de coopérer, non sans frictions, au sein du COCOM face au bloc sino-soviétique.

[66] Les anciens États socialistes.

[67] Afghanistan, Afrique du Sud, Albanie, Algérie, Angola, Arabie Saoudite, Birmanie, Brésil, Bulgarie, Cambodge, Chine, Corée du Nord, Cuba, Egypte, Inde, Iran, Irak, Israël, Jordanie, Koweït, Liban, Libye, Mauritanie, Mozambique, Pakistan, Qatar, Roumanie, Somalie, Syrie, Taïwan, Vietnam, Yémen, Yougoslavie.

[68] Il s'occupe des armements chimiques interdits par la Convention de Paris de 1993.

[69] Afghanistan, Angola, Birmanie, Corée du Nord, Cuba, Iran, Irak, Liban, Libye, Mozambique, Somalie, Syrie, États successeurs de l'ex-Yougoslavie.

[70] De nombreuses affaires ont été instruites ou sont en cours d'instruction contre des sociétés qui ont ou auraient violé la législation en vendant à l'Irak, à la Libye ou à l'Iran des matériels à double usage, des pièces ou des composants pour la fabrication d'armes chimiques ou de missiles.

[71] A l'exemple de la *Cooperation Threat Reduction* américano-russe convenue en 1991.

[72] A travers le programme *Technical Assistance to the CIS.*

[73] 2000 tonnes d'uranium enrichi et 1500 tonnes de plutonium.

[74] Ils stipulaient qu'en attendant l'élimination totale des armements nucléaires sur le territoire de la Bélarus, de l'Ukraine et du Kazakhstan, ces armements feraient partie des forces stratégiques unifiées assurant la défense collective de la CEI et que leur éventuelle décision d'emploi serait prise par le Président de la Fédération de Russie avec l'accord des chefs des trois États susmentionnés, sur la base de procédures établies conjointement. Les quatre États confirmaient l'obligation de ne pas recourir en premier à l'arme nucléaire. Ils s'engageaient à élaborer une politique commune sur les questions nucléaires, à adhérer au TNP et à respecter les règles de la non-prolifération. Ils prévoyaient le transfert des armes nucléaires de Bélarus, d'Ukraine et du Kazakhstan vers la Russie en vue de leur neutralisation, ainsi que l'évacuation des armes nucléaires tactiques dans des installations centrales en vue de leur démantèlement sous contrôle commun.

[75] Il stipulait que la Russie, la Bélarus, l'Ukraine et le Kazakhstan, en tant qu'États successeurs de l'URSS, assumeraient toutes les obligations de l'ex-URSS aux termes du traité START et adhéreraient au TNP.

[77] Cf. D. Wilkening, K. Watman : *Nuclear Deterrence in a Regional Context*, Santa Monica, Rand Corporation, 1995 ; K.B. Payne : *Deterrence in the Second Nuclear Age*, Lexington, University Press of Kentucky, 1997 ; C.S. Gray : « Deterrence and Regional Conflict : Hopes, Fallacies and 'Fixes' », *Comparative Strategy*, vol. 17, n° 1, 1998, p. 45-62.

[78] Par exemple, en les amenant à renoncer à exiger une capitulation inconditionnelle.

[79] En faisant croire que l'URSS était en position de force après 1945, en dépréciant systématiquement la puissance américaine et en refusant de se laisse intimider par la Bombe, Staline parvint à faire douter les dirigeants américains de leur suprématie nucléaire, laquelle n'empêcha ni la soviétisation de l'Europe centrale, ni la victoire communiste en Chine, ni l'attaque de la Corée du Nord sur la Corée du Sud...

[80] Le professeur russe Y. Davydov, commentant le traité FNI du 8 décembre 1987, proposait une explication à la question de savoir pourquoi il n'y a pas eu de guerre en Europe. L'absence de conflit armé n'était pas dû à la dissuasion nucléaire ; elle était due au fait que les deux camps ne furent jamais confrontés à des problèmes dont la solution eût obligatoirement passé par les armes. Pour lui, affirmer que « la dissuasion nucléaire fonctionne », c'était postuler que l'URSS ne rêvait que « de s'emparer » de l'Europe occidentale et que seule la menace d'une riposte nucléaire l'empêchait de le faire.

[81] La MAD est la base de la stabilité stratégique et, partant, des accords de désarmement entre Moscou et Washington.

[82] L'État doit remplir ses obligations quel qu'en soit le prix.

[83] L'État doit assurer sa pérennité quels que soient les engagements pris.

[84] Des pays encore agraires, jeunes et peuplés, à forte natalité, ayant une culture de guerre autre que celle des pays occidentaux vieillissants et urbanisés, dont les gouvernements -ou les dictatures- se trouvent prêts à accepter des sacrifices démographiques, sont évidemment beaucoup plus difficiles à intimider par une menace urbanicide.

[85] Seule la menace de représailles contre les détenteurs et les ressorts du pouvoir serait de nature dissuasive.

[86] Seuls les vainqueurs de 1945, membres permanents du CSNU, ont acquis l'arme nucléaire.

[87] Cela signifierait donner le pouvoir, tour à tour, à chacun des chefs d'État ou de gouvernement des 27 *en tant que* Président semestriel de l'Union !

[88] Cf. Ph. Moreau Defarges : « La France, province de l'Union européenne ? », *Politique étrangère*, printemps 1996, p. 37-48.

[89] H. Hillgenberg, directeur général des affaires juridiques du ministère des Affaires étrangères, développa de la manière suivante son argumentation sur la licéité de l'emploi ou de la menace d'emploi des armes nucléaires. L'Allemagne, pendant les quarante années de guerre froide, fut exposée d'une manière unique au risque de guerre nucléaire. La stratégie de dissuasion de l'OTAN réussit néanmoins à préserver la paix et la liberté. Depuis, la confrontation a fait place à la coopération, et le nombre d'armes atomiques a été considérablement réduit. Conformément à sa *« renonciation complète et sans réserve »*, la RFA *« n'a jamais possédé et ne possédera jamais un contrôle national sur des armes nucléaires »*. Elle milite au contraire pour le désarmement et la non-prolifération. C'est pourquoi elle soutient les traités FNI, SALT, START, ainsi que le TNP et le TICEN. Mais elle reconnaît qu'il n'y a pas d'interdiction générale des armes nucléaires, que les cinq EDAN ont le droit d'en disposer licitement tout en étant obligés de réduire leurs arsenaux, que l'utilisation d'armes nucléaires est admise en cas de légitime défense proportionnée face à une agression armée, que la dissuasion pour prévenir la guerre est par conséquent licite.

[90] A l'évidence, il n'y a eu ni solidarité, ni coopération systématique, ni position commune, ni action commune, ni stratégie commune -pour reprendre les termes du titre V TUE- en matière de droit des armements, de contrôle des armements ou de désarmement dans les confé-

rences internationales ou les organisations internationales ! D'un autre côté, la reprise française des essais nucléaires a été le type même de la décision nationale (présidentielle) prise sans consultation ni concertation, donc en contradiction avec l'esprit de la PESC.

[91] *Diplomatie*, Paris, Fayard, 1996 (1994), p. 556-557.

[92] Le traité de Bruxelles du 17 mars 1948 élargit aux trois pays du Bénélux le bénéfice de l'assistance militaire automatique établie le 4 mars 1947 entre la Grande-Bretagne et la France par le traité de Dunkerque.

[93] Comme disait Michel Debré : « *dans la mesure où la France voudrait acquérir du point de vue militaire la relative avance qu'elle recherche en Europe du point de vue civil, elle se trouve dans la situation tragique, en vertu de ce Traité, d'aboutir automatiquement à autoriser l'Allemagne à employer l'énergie atomique à des fins militaires* ».

[94] Le gouvernement des États-Unis, hostile au développement de certaines phases réputées sensibles du cycle du combustible, a gelé l'activité nucléaire américaine dans deux secteurs clés : le retraitement et la surgénération. Il en résulta un renversement du rapport des forces sur le marché international, qui devint favorable aux États européens, plus compétitifs et plus fiables.

[95] En France, la mise au point des armes nucléaires a précédé de dix ans le lancement des programmes électro-nucléaires.

[96] La création d'une Union politique de l'Europe verrait l'institution d'une autorité politique européenne qui commanderait une force nucléaire européenne constituée autour de l'arsenal français.

[97] Lorsque Kissinger demanda en 1969 à de Gaulle comment la France pensait empêcher l'Allemagne de dominer un jour l'Europe, il répondit sèchement : « *par la guerre* » !

[98] « *Il faut que la défense de la France soit française* », son instrument essentiel sera une force de frappe, déclara-t-il dans son célèbre discours du 3 novembre 1959 prononcé à l'Ecole militaire. « *Et puisqu'on peut détruire la France à partir de n'importe quel point du monde, il faut que notre force soit faite pour agir où que ce soit sur la Terre* ».

[99] Le 4 octobre 1990, le lendemain de la réunification allemande, Mitterrand déclarait : « *il faut arrimer l'Allemagne, la dissoudre dans l'Union politique de l'Europe avant que Kohl ne passe la main. Sinon, l'arrogance allemande -cette fois bavaroise, et non plus prussienne- menacera de nouveau la paix en Europe* ». La conversation qu'eut le Président français avec Gorbatchev le 25 mai est également très significative : « *il faut nous entraider. Je suis prêt à résister au Chancelier. Il faut organiser la sécurité de l'Europe avec vous. L'Allemagne est notre amie, mais je suis*

presque plus tranquille avec vous ». Attali eut le sentiment d'avoir vu se reforger la vieille alliance franco-russe face à l'inélucable réunification. Le 6 décembre 1989, Mitterrand s'excusait presque auprès du n°1 soviétique que la France fût liée avec la RFA par le traité de l'Élysée. Gorbatchev conclut leur entretien en lui disant : « *aidez-moi à éviter la réunification allemande, sinon je serai remplacé par un militaire ; si vous ne le faites pas, vous porterez la responsabilité de la guerre. Est-ce bien là l'intérêt de l'Occident?* » (*Verbatim III*, p. 364, 366, 501).

[100] 80 millions d'Allemands peuvent accepter le protectorat que 300 millions d'Américains ont les moyens d'assumer, pas celui que 60 millions de Français n'ont pas les moyens d'assumer.

[101] Rappelons qu'on se trouvait en période de cohabitation, pour la première fois depuis la Vème République. Le Président ne pouvait donc compter sur la totale collaboration des ministères des Affaires étrangères ou de la Défense. Même s'il tint solidement son « domaine réservé », les ministres étaient en mesure de paralyser ses initiatives.

[102] Cf. *Verbatim III*, p. 363-366, 498-501. Mitterrand déclara à Gorbatchev : « *les Allemands m'ont déjà demandé de leur donner nos secrets nucléaires. J'ai toujours refusé* ». Il craignait d'autre part que la France soit entraînée dans un conflit entre la RFA ou l'OTAN et l'URSS au cas où Moscou, par exemple à la suite d'un départ forcé de Gorbatchev ou d'un putsch militaire, déciderait, par un recours à la force, de mettre fin à la révolution est-allemande ou de s'opposer à la réunification.

[103] D'après le général Fricaud-Chagnaud, les États voisins accolés au Rhin, aux Alpes et aux Pyrénées, pour employer une expression gaullienne, bénéficient de la dissuasion française dans le continuum des intérêts de sécurité partagés. Celle-ci n'apporte pas une garantie de sécurité *de jure*, mais une garantie de sécurité *de facto*, fondée sur une réalité géostratégique recoupant le partenariat de l'UE.

[104] Les *Pluton* et les *Hadès*, du fait de leur courte portée, étaient ressentis comme des armes anti-allemandes par l'opinion outre-Rhin.

[105] À l'exclusion, donc des systèmes air-sol ou mer-sol et des armes nucléaires françaises ou britanniques.

[106] Pendant la guerre froide, la France aurait pu offrir ouvertement et officiellement une garantie nucléaire à la RFA, menacée par les forces du PDV, mais depuis 1991, l'Allemagne n'a plus besoin « *d'un coin de parapluie français* » (gal Lacaze).

[107] Le couple Paris-Bonn a été le moteur de l'intégration européenne, mais il reposait sur une Allemagne « moins égale » que la France, la première restant sous surveillance, la seconde rappelant sans cesse sa capacité de libre choix.

[108] En février 1990 encore, les Allemands souhaitaient obtenir sur les conditions de l'emploi éventuel des *Hadès* des éclaircissements et des engagements aussi précis que ceux qu'ils avaient reçus des Américains et des Britanniques sur l'emploi des armes nucléaires de l'OTAN déployées en RFA.

[109] Sous le deuxième gouvernement de cohabitation.

[110] La pression créée par le processus de désarmement, l'incertitude sur le maintien de la dissuasion élargie américaine, le développement de la PESC, auraient pu et pourraient inciter Paris et Londres à accroître leur coopération nucléaire en matière stratégique, technologique, logistique. Mais le renforcement de la dépendance britannique envers les États-Unis dans le cadre du programme *Trident* continue de limiter les chances d'une coopération bilatérale... qui ne doit pas apparaître comme un « traité de Dunkerque » nucléaire (anti-allemand).

[111] Intégrité territoriale, indépendance politique, contribution aux alliances de défense collective en Europe, stabilité du continent et du bassin méditerranéen ainsi que des espaces essentiels à l'économie des pays européens, préservation de la paix et de la sécurité internationales conformément aux principes de la Charte des Nations Unies et aux objectifs de la PESC.

[112] Menace potentielle à l'Est, instabilité sur le pourtour de l'Europe, prolifération NBC, terrorisme, trafics.

[113] Standardisation, recherche de la complémentarité et de l'interopérabilité, planification commune des armements.

[114] Intégration, rationalisation et optimisation du secteur de l'armement européen.

[115] En outre, le Concept commun reprend la vieille antienne selon laquelle la garantie suprême de la sécurité en Europe est assurée par les forces nucléaires de l'Alliance, en particulier celles des États-Unis, tandis que les forces nucléaires indépendantes de la Grande-Bretagne et de la France, qui remplissent un rôle de dissuasion propre, contribuent à la sécurité européenne.

[116] Il était prévu que l'UE agirait après accord de l'UEO. Concrètement, c'étaient les mêmes instances qui étaient concernées : les chefs d'État ou de gouvernement d'une part, les ministres des Affaires étrangères ou de la Défense d'autre part. L'UEO était donc superflue : plutôt que de passer par l'UEO, il était plus simple de décider directement et uniquement au sein de l'UE, en créant un Conseil « Défense ».

[117] Après le transfert de l'UEO à l'UE du Centre satellitaire de Torrejon et de l'Institut d'études de sécurité de Bruxelles, en novembre 2000, subsiste de l'UEO un secrétariat résiduel, l'Assemblée parlementaire et le GAEO.

[118] Ni au sens de l'article 51 ni au sens du chapitre VIII de la Charte des Nations Unies.

[119] Il réunit la France, l'Allemagne, la Belgique, le Luxembourg, l'Espagne. L'EUROFOR, non permanent, réunit la France, l'Espagne, l'Italie, le Portugal (12 000 hommes). L'EUROMARFOR, lui aussi non permanent, est l'équivalent naval de l'EUROFOR (7000 hommes).

[120] Jusqu'en 1999, c'étaient les liens institutionnels UE-UEO-OTAN qui posaient problème : de quelle instance l'UEO recevrait-elle ses ordres ? De l'Union européenne ou de l'Alliance atlantique ? Les traités sur l'Union ne donnaient pas de réponse à cette question. Ils semblaient placer l'UEO sous l'autorité de l'Union, mais ils ne la dégageaient pas des liens avec l'Alliance. Ecartelé entre deux allégeances, le destin de l'UEO était scellé : elle disparut après 45 d'(in)existence.

[121] Comment disait Mitterrand à Kohl, qui lui parlait d'unification de l'Europe et de fédéralisation de la CE : *« je ne peux pas laisser à un pays étranger le soin de décider à notre place de la vie ou de la mort de la France »* (26 avril 1990).

[122] Ce qui revenait à nier les obligations de l'article 5 du traité UEO.

[123] L'interdiction vaut pour l'Italie, la Finlande, la Hongrie, la Roumanie et la Bulgarie en vertu des traités de paix de 1947, pour l'Autriche en vertu du traité d'État de 1955, pour l'Allemagne en vertu du traité UEO de 1954 puis du traité de réunification de 1990.

[124] Dans l'hypothèse où un État membre voudrait quitter l'Union alors que d'autres s'y opposeraient, qu'est-ce qui nous empêche d'imaginer l'éventualité d'une *guerre de sécession* en Europe ? Dans cette perspective, quel rôle aurait l'arme nucléaire ? Il serait plus facile de contraindre un ENDAN qu'un EDAN !

[125] *The European Defence Initiative*, Londres, MacMillan.

[126] Mise à disposition des forces nationales à une Organisation intergouvernementale, avec planification conjointe, sous réserve d'un emploi autonome dès que les intérêts nationaux sont en jeu.

[127] En France, la présidentialisation du régime.

[128] D'après Ph.H. Gordon, l'Union européenne ne sera pas le *challenger* de la superpuissance américaine au XXIème siècle. Elle continuera de dépendre militairement des États-Unis et de s'en remettre à eux. Cela n'empêche pas l'auteur de poser le problème de l'éventuelle montée en puissance de l'Europe et de ses effets sur les relations euro-américaines, qui s'orienterait alors implicitement vers la rivalité (« Europe's Uncommon Foreign Policy », *International Security*, vol.22, n°3, hiver 1997/98, pp.74-100, p.84-96).

[129] T1 : *Das Ende des Provisoriums*, t.2 : *Das Vordringen neuer Kräfte*, t.3 : *Der Zwang zur Partnerschaft*, Munich, R. Oldenburg Verlag, 1971-1972. Somme rédigée par 26 chercheurs.

[130] T1 : *Die Grundlagen*, t.2 : *Herausforderungen*, t.3 : *Interessen und Strategien*, Munich, R. Oldenburg Verlag, 1995-1996. Somme rédigée par 60 chercheurs.

[131] On parlait de « deux États en Allemagne » plutôt que de « deux États allemands ».

[132] Au sens anti-occidental, antilibéral, conservateur et *Ostorientiert* que cette expression avait avant 1918 ou 1945.

[133] Qui succéderait à celle de 1945-1990.

[134] L'élargissement de l'Union européenne et de l'Alliance atlantique.

[135] Le gouvernement français estimait que le poids de l'Allemagne au sein de l'Union serait encore renforcé par l'adhésion des pays d'Europe centre orientale. Mais il soutint cette adhésion pour ne pas laisser les PECO en tête-à-tête avec la RFA et éviter que cette dernière constitue une « zone hégémonique » en dehors de l'UE.

[136] Kohl insistait pour que Gorbatchev puis Eltsine participent aux sommets du G 7.

[137] Il fallut attendre la fin des années 1960 pour que les Allemands de la République fédérale, par un effet de génération, veuillent faire de la Démocratie de Bonn *leur* démocratie.

[138] Tous les partis du *Bundestag* à l'exception des communistes condamnèrent et estimèrent « nuls et non avenus » les accords de Pankow avec Varsovie et Prague sur l'Oder-Neisse et les Sudètes. En 1955, quand le gouvernement de Bonn établit des relations diplomatiques avec Moscou, il souligna que cela n'impliquait aucunement la reconnaissance de la frontière orientale de la RDA.

[139] Jusque dans les années 1980, la représentation cartographique de l'espace allemand en RFA était celle de l'Allemagne de 1937.

[140] Le texte tchèque du traité de 1973 entre Bonn et Prague dit : *« les parties signataires confirment les frontières d'État existant entre elles »*, alors que le texte allemand ne comprend pas le mot « État ». Il ne s'agit pas que d'un problème formel. Dans les traités stipulés entre Berlin et Prague jusqu'en 1939, on a toujours parlé de « frontières d'État », de même que dans les autres traités de 1972 et de 1977 signés par Bonn et Vienne. Or, la sentence de la CCF de 1972 sur la frontière entre les deux États allemands, affirme que les *« frontières existantes »* sont *« semblables à celles des* Länder *de la RFA »*.

[141] Celle-ci définit les territoires dont les minorités allemandes peuvent prétendre obtenir la nationalité fédérale. On remarque que les Autrichiens en sont exclus. C'est là un des effets de l'interdiction de l'*Anschluss*.

[142] Il a été appliqué lors du retour de la Sarre et de l'inclusion des cinq nouveaux *Länder* de l'ex-RDA.

[143] Cette idée était jusque-là peu évidente : pour certains nationalistes, la nation doit rompre avec la conception libérale de la démocratie, et pour certains démocrates, la démocratie doit se réaliser sans référence à la nation.

[144] La loi de 1991 qui règle l'accession des étrangers à la nationalité allemande donne cependant aux immigrés qui sont nés ou ont grandi en Allemagne la possibilité d'acquérir la nationalité allemande.

[145] Les mouvements de libération s'inspirant peu ou prou de Herder ou de Fichte montrent la vigueur du modèle culturel allemand.

[146] 200 000 pour l'armée de terre, 25 000 pour la marine, 75000 pour l'armée de l'air.

[147] Le traité sur le statut des forces de l'OTAN a été révisé le 14 janvier 1992.

[148] Considérée depuis les années 1970 comme l'armée la mieux équipée et la mieux entraînée d'Europe.

[149] Le budget de la défense s'établit à 30 milliards de dollars en 2005 (40 milliards en 1990).

[150] La question était de savoir si, quand et comment le gouvernement fédéral pourrait utiliser la force armée à l'extérieur, c'est-à-dire hormis les cas de mise en oeuvre de la défense de la RFA ou de l'OTAN face à une attaque militaire directe. La procédure avait été engagée sur plainte des groupes SPD et FDP au *Bundestag* contre la décision du gouvernement de participer militairement à des missions de l'ONU, de l'OTAN ou de l'UEO en ex-Yougoslavie ou en Somalie. La Cour devait trancher les questions suivantes. Que fallait-il entendre par « défense » ? Comment interpréter les articles 24, 25, 26, 87a, 115a LF ? Comment articuler le texte constitutionnel avec les engagements internationaux de la République fédérale : traité de Bruxelles, traité de Washington, Charte des Nations Unies ? Quel était le champ de compétences du gouvernement et du Parlement ? L'arrêt donne les réponses suivantes. Les interventions de la *Bundeswehr* trouvent leur base juridique dans l'article 24-2 LF, qui autorise l'entrée de la RFA dans des systèmes de défense ou de sécurité collective -telles l'UEO, l'OTAN, l'OSCE ou l'ONU, que la Cour n'a pas hiérarchisées. Le recours à l'article 24 rend inutile de réviser la Loi Fondamentale (ce qui implique-

rait une majorité des deux tiers, introuvable, au Parlement). Après avoir examiné les constitutions de l'Allemagne depuis 1871 et l'insertion des dispositions sur la *Bundeswehr* dans la Loi Fondamentale en 1956, la Cour a réaffirmé le contrôle étroit du Parlement et qualifié la *Bundeswehr* d'« Armée du Parlement ». Elle a donc exigé que le *Bundestag* donne son accord préalable pour toute opération armée à l'étranger. Le consentement du *Bundestag* à l'adhésion aux organisations de défense ou de sécurité collectives s'étend aux obligations inhérentes à la qualité de membre, ainsi qu'à l'intégration ou à la participation de forces allemandes à ces organisations ou à leurs missions. En cas d'urgence, le gouvernement peut décider l'envoi de la *Bundeswehr* ; mais il doit convoquer sans délai le *Bundestag* ; en cas de vote négatif de celui-ci, les troupes seront rappelées. Le gouvernement a le monopole de l'initiative, mais il a besoin du consentement de l'Assemblée. Il est seul juge de la durée et des modalités de l'intervention, ainsi que de la participation de la *Bundeswehr* à des missions strictement humanitaires, celles-ci étant exemptes de l'aval du *Bundestag*. Le consentement de l'Assemblée est donné à la majorité simple ; il ne signifie pas constat de « l'état de défense », qui est, lui, donné à la majorité des deux tiers ; le ministre de la Défense reste donc le commandant des forces armées, sans que cette fonction soit transférée au Chancelier. Du fait de la discipline des groupes parlementaires, de la bipolarisation et de la personnalisation de la vie politique, on peut affirmer que le consentement du *Bundestag* a toute chance d'être assuré, puisque la majorité suivra probablement le gouvernement et le Chancelier qu'elle soutient. En outre, le refus du consentement n'entraînerait une démission du Chancelier que si le *Bundestag* était en mesure d'en désigner un autre et d'affronter le risque d'une dissolution (art.67, 68). Le gouvernement fédéral ne pourra donc plus s'abriter derrière l'article 24 pour justifier sa non-participation à des actions militaires menées par ses alliés, dont il bénéficiait sans qu'il ait à en supporter les coûts. On a souvent reproché à Bonn son *free riding* ; il convient d'atténuer ce reproche en soulignant que l'article 24 offrait une protection constitutionnelle à un État dont la souveraineté diplomatique et militaire limitée risquait de l'entraîner malgré lui dans des aventures qui n'étaient pas les siennes.

[151] Cf. D. Hanf : « Le jugement de la Cour constitutionnelle fédérale allemande sur la constitutionnalité du Traité de Maastricht. Un nouveau chapitre des relations entre le droit communautaire et le droit national », *Revue trimestrielle de droit européen*, vol. 30, n° 3, juillet-septembre 1994, p. 391-423. L'auteur concluait que le jugement de Karlsruhe représentait *« l'un des nombreux symptômes, de plus en plus visibles depuis 1990, des tendances à la 'normalisation', euphémisme allemand pour un retour au nationalisme ».*

[174] La frontière de Staline.

[175] Avec la confirmation de la renonciation à l'arme nucléaire et le plafond de la *Bundeswehr* à 370 000 hommes.

[176] Jusque-là, la CDU-CSU avait toujours soutenu ces organisations, lesquelles avaient dénoncé dans l'*Ostpolitik* du SPD la rupture du consensus de l'après-guerre sur la non reconnaissance la ligne Oder-Neisse.

[177] Par exemple à travers des procédures de privatisation.

[178] L'éclatement de la Yougoslavie, de l'URSS et de la Tchécoslovaquie a débouché sur la création de « pays confettis » dont on peut douter de la capacité à acquérir une autonomie économique ou monétaire. Seule la Pologne, avec ses 39 millions d'habitants, et, à un moindre degré, la Roumanie, avec ses 23 millions d'habitants, disposent d'un certain poids démographique. Aucun des autres États de la région ne dépasse les 10,5 millions (soit moins que la région Ile de France).

[179] Autriche, Suisse, Luxembourg, Belgique, Pays-Bas, Danemark, Suède, Norvège, Finlande.

[180] France, Grande-Bretagne, Irlande, Espagne, Portugal, Italie, Grèce.

[181] Tchéquie, Slovaquie, Hongrie, Pologne, Lituanie, Lettonie, Estonie, Slovénie, Croatie, Bosnie, Serbie, Monténégro, Macédoine, Roumanie, Bulgarie, Albanie.

[182] Il stipule que les parties « *s'abstiendront de toute menace d'emploi de la force ou de tout recours à la force* », et que « *si l'une des deux parties fait l'objet d'une attaque, l'autre partie ne fournira à l'agresseur ni aide militaire ni aucune forme de soutien* ».

L'HARMATTAN ITALIA
Via Degli Artisti 15; 10124 Torino

L'HARMATTAN HONGRIE
Könyvesbolt ; Kossuth L. u. 14-16
1053 Budapest

L'HARMATTAN KINSHASA
185, avenue Nyangwe
Commune de Lingwala
Kinshasa, R.D. Congo
(00243) 998697603 ou (00243) 999229662

L'HARMATTAN CONGO
67, av. E. P. Lumumba
Bât. – Congo Pharmacie (Bib. Nat.)
BP2874 Brazzaville
harmattan.congo@yahoo.fr

L'HARMATTAN GUINÉE
Almamya Rue KA 028, en face du restaurant Le Cèdre
OKB agency BP 3470 Conakry
(00224) 60 20 85 08
harmattanguinee@yahoo.fr

L'HARMATTAN CAMEROUN
BP 11486
Face à la SNI, immeuble Don Bosco
Yaoundé
(00237) 99 76 61 66
harmattancam@yahoo.fr

L'HARMATTAN CÔTE D'IVOIRE
Résidence Karl / cité des arts
Abidjan-Cocody 03 BP 1588 Abidjan 03
(00225) 05 77 87 31
etien_nda@yahoo.fr

L'HARMATTAN MAURITANIE
Espace El Kettab du livre francophone
N° 472 avenue du Palais des Congrès
BP 316 Nouakchott
(00222) 63 25 980

L'HARMATTAN SÉNÉGAL
« Villa Rose », rue de Diourbel X G, Point E
BP 45034 Dakar FANN
(00221) 33 825 98 58 / 77 242 25 08
senharmattan@gmail.com

L'HARMATTAN TOGO
1771, Bd du 13 janvier
BP 414 Lomé
Tél : 00 228 2201792
gerry@taama.net

Achevé d'imprimer par Corlet Numérique - 14110 Condé-sur-Noireau
N° d'Imprimeur : 104188 - Dépôt légal : décembre 2013 - *Imprimé en France*

[152] Selon le porte-parole des Verts, J. Trittin, « *M. Rühe montre qu'il considère les forces de réaction aux crises comme des forces d'intervention, avec lesquelles il convient de faire la guerre pour imposer des intérêts politiques ou économiques. Il s'agit d'une escalade inacceptable de la politique étrangère allemande* ».

[153] Les gouvernements ont insisté pour que des précautions soient prises afin que la *Bundeswehr* ne soit pas entraînée dans un conflit sans la décision de Berlin : l'armée allemande ne saurait être « à la disposition » de l'ONU, de l'OTAN ou de l'UE.

[154] Comme les autres ministres, il est nommé et révoqué par le Président fédéral sur proposition du Chancelier.

[155] Art.223 TCEE, 223 TCE, 296 VCTCE, 296 NVCTCE.

[156] Berlin est la capitale officielle de l'Allemagne depuis l'entrée en vigueur, le 3 octobre 1990, du traité d'unification signé le 31 août. Le vote du Parlement allemand, les 20 et 21 juin 1991, n'a eu pour objet que de fixer le siège du gouvernement et des assemblées. Berlin a été choisi pour devenir le siège du gouvernement et du *Bundestag*, Bonn abritant le *Bundesrat* et la CCF demeurant à Karlsruhe.

[157] La revendication japonaise a été parallèle et similaire à l'allemande.

[158] On connaît outre-Rhin la logique française de la construction européenne et ses non-dits : la volonté de « lier l'Allemagne » ; la poursuite par la RFA de son rôle de glacis ; le *leadership* de la France avec statut d'associé pour la République de Bonn sur une *Klein-Europa* ; l'opposition réelle à une réunification que la France s'était formellement engagée à promouvoir et qu'elle n'accepta qu'en échange de l'UEM, c'est-à-dire de l'abolition du *deuschemark*. Les réactions françaises face à la réunification, allant de la cécité à la conjuration, auront confirmé la formidable hypocrisie de « l'amitié » franco-allemande : en France, et en particulier dans les milieux « pro-européens », on ne voulait être l'ami que d'une Allemagne dépendante, sur laquelle on partageait avec les alliés de 1945 des droits particuliers ! Comme disait Mitterrand à Gorbatchev : l'Allemagne est une amie, mais la France est plus tranquille avec l'URSS ! La campagne référendaire sur le traité de Maastricht fut encore axée sur la manipulation de la « mémoire » et la crainte de la puissance allemande.

[159] L'UE, si elle devenait un jour une fédération, reposerait sur un fédéralisme équilibré entre petits et grands États, non pas sur un fédéralisme hégémonique des grands États.

[160] Deux économistes sont parmi les figures fondatrices de la RFA : Erhard et Müller-Armack, créateurs d'une culture capitaliste inspirée de la doctrine sociale de l'Église.

161 Le souci de la cohésion sociale précède celui de la puissance militaire. Il est vrai que la puissance n'est pas qu'affaire militaire. L'effondrement du communisme et l'existence de modèles structurels concurrents entre grands États capitalistes attestent du rôle de l'efficacité économique dans la compétition entre pays ou régions. Dans cette logique qui renouvelle le jeu de la puissance et le dilemme de la sécurité, l'Allemagne apparaît comme l'un des principaux compétiteurs mondiaux. Pouvoir et interdépendance ne sont pas antagoniques : les domaines des organisations internationales, du commerce, de la finance ou de l'environnement, fournissent des champs pertinents pour la mise en œuvre de l'influence. Quant à l'interdépendance elle-même, elle ne signifie pas l'égalité entre les partenaires : celui qui a l'industrie, les services et le commerce les plus dynamiques, a l'avantage.

162 Porte-avions, sous-marins nucléaires d'attaque, aviation de transport à long rayon d'action, satellites de renseignement, etc.

163 L'allemand n'a le statut de première langue qu'en Hongrie, en Tchéquie et en Slovaquie. En Pologne et en Russie, l'anglais est davantage appris.

164 Celle du « passé » : les douze années d'Hitler, étendues à la période depuis Bismarck, puis au romantisme, à la Prusse « militariste » et finalement à toute l'histoire de l'Allemagne, au moins depuis Luther, à laquelle on reproche de n'avoir pas suivi le même cours que l'histoire anglo-française.

165 On associe souvent l'Allemagne et le Japon. Mais, au contraire du *Reich*, l'archipel a fait partie des vainqueurs en 1918 ; il n'a pas été envahi en 1945 et sa capitulation n'a pas été inconditionnelle (puisque les Américains durent accepter le maintien de l'Empereur) ; il n'a pas été occupé par l'URSS ni divisé ; il a rejeté la culpabilisation.

166 Même avec l'URSS, la « détente » est devenue un objectif important dès le milieu des années 1960.

167 En France, les mouvements alsacien, breton, occitan, « savoisien » ou corse semblent plus marginaux et périphériques.

168 Au sens ethnique et non étatique.

169 RFA, RDA, « territoires de l'Est ».

170 RFA, République autrichienne.

171 Des Prussiens, Posnaniens, Poméraniens, Silésiens, Sudètes.

172 Trois États allemands avec trois statuts différents.

173 La Yougoslavie (1991), l'URSS (1991), la Tchécoslovaquie (1993) ont disparu, alors que la RFA absorbait la RDA (1990) et intégrait l'Autriche via l'UE (1995).